BORIS
BORIS
BORIS
BORIS
BORIS
BORIS
BORIS
BORIS
Ford
stralian
Open
GRASELLE

Robert Lübenoff (Hrsg.) **Advantage Becker**

Sport Verlag Berlin

ADVANTAGE

BECKER

Robert Lübenoff (Hrsg.)

Inhalt

Vorwort

von Boris Becker

In diesem Buch werden noch einmal wichtige Momente meiner Karriere und meines Lebens nacherzählt. Es kommen Zeitzeugen zu Wort und wichtige Menschen aus meinem Umfeld. Eine interessante Kombination. Es ist von Höhen und Tiefen die Rede, von Triumphen und Tragödien. Auch für die Autoren und Mitwirkenden an diesem Buch waren diese 15 Jahre meiner Tennis-Karriere ein Stück Weg in ihrem Leben. Wir haben Stunden und Tage zusammen verbracht. Auch wenn es immer ´mal wieder Krisen in den Beziehungen gab - so möchte ich mich doch heute für die gemeinsame Zeit bedanken.

Als ich in diesem Jahr zum letzten Mal in meiner Karriere zum Viertelfinal-Match gegen Pete Sampras durch den kleinen Warteraum zum Centre Court in Wimbledon ging, war immer noch dieses Holzschild über der Tür, das mir bereits 1985, bei meinem ersten Centre Court-Auftritt, aufgefallen ist. Darauf steht ein Satz des bekannten Autors Rudyard Kipling aus dessen Gedicht „If" geschrieben. Er hat mich Zeit meiner Karriere als Tennisspieler begleitet, hat mir als Mensch geholfen zu überleben.
„If you can meet with triumph and disaster
and treat those two impostors just the same."

Boris Becker
September 97'

GESICHTER EINER KARRIERE

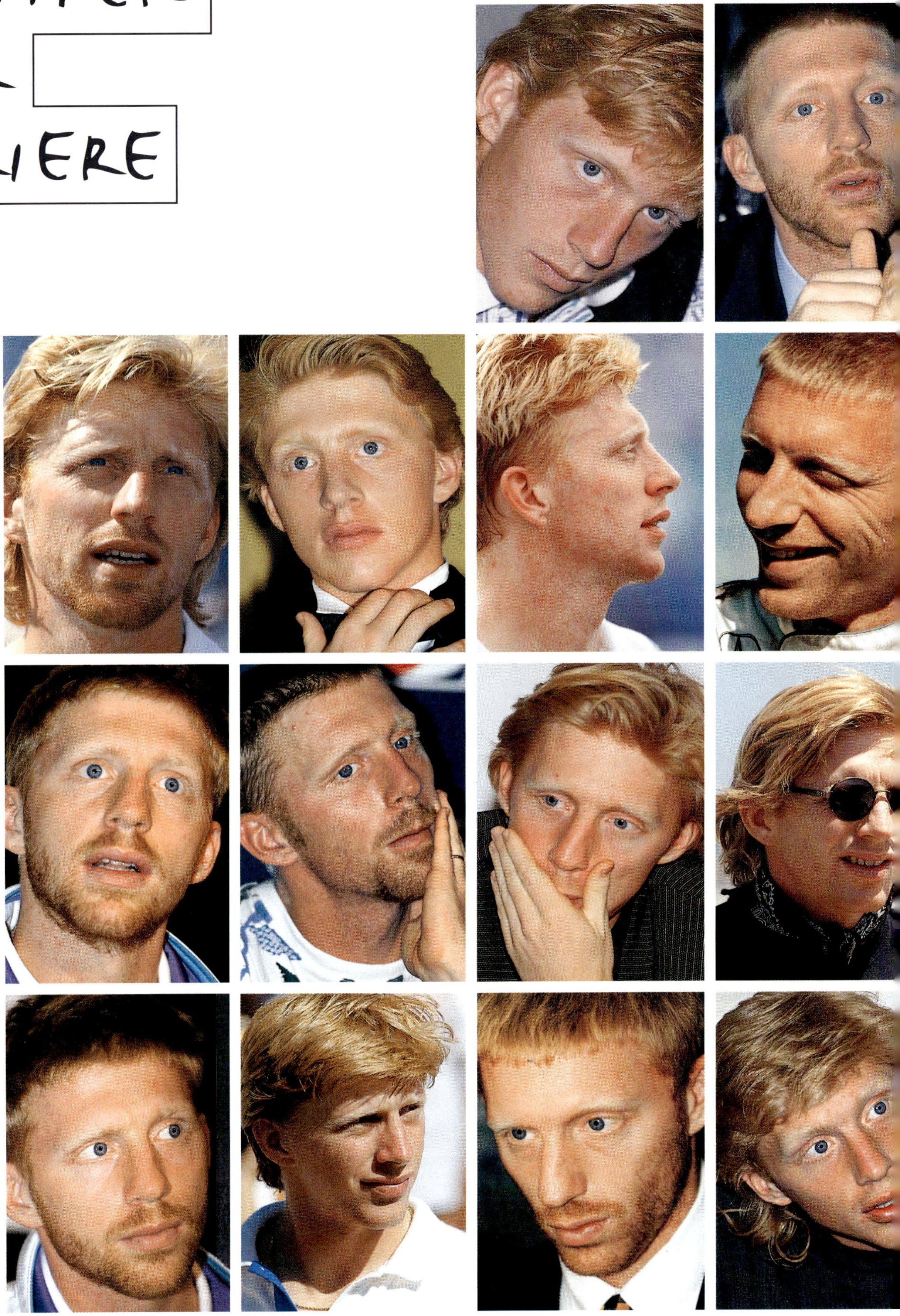

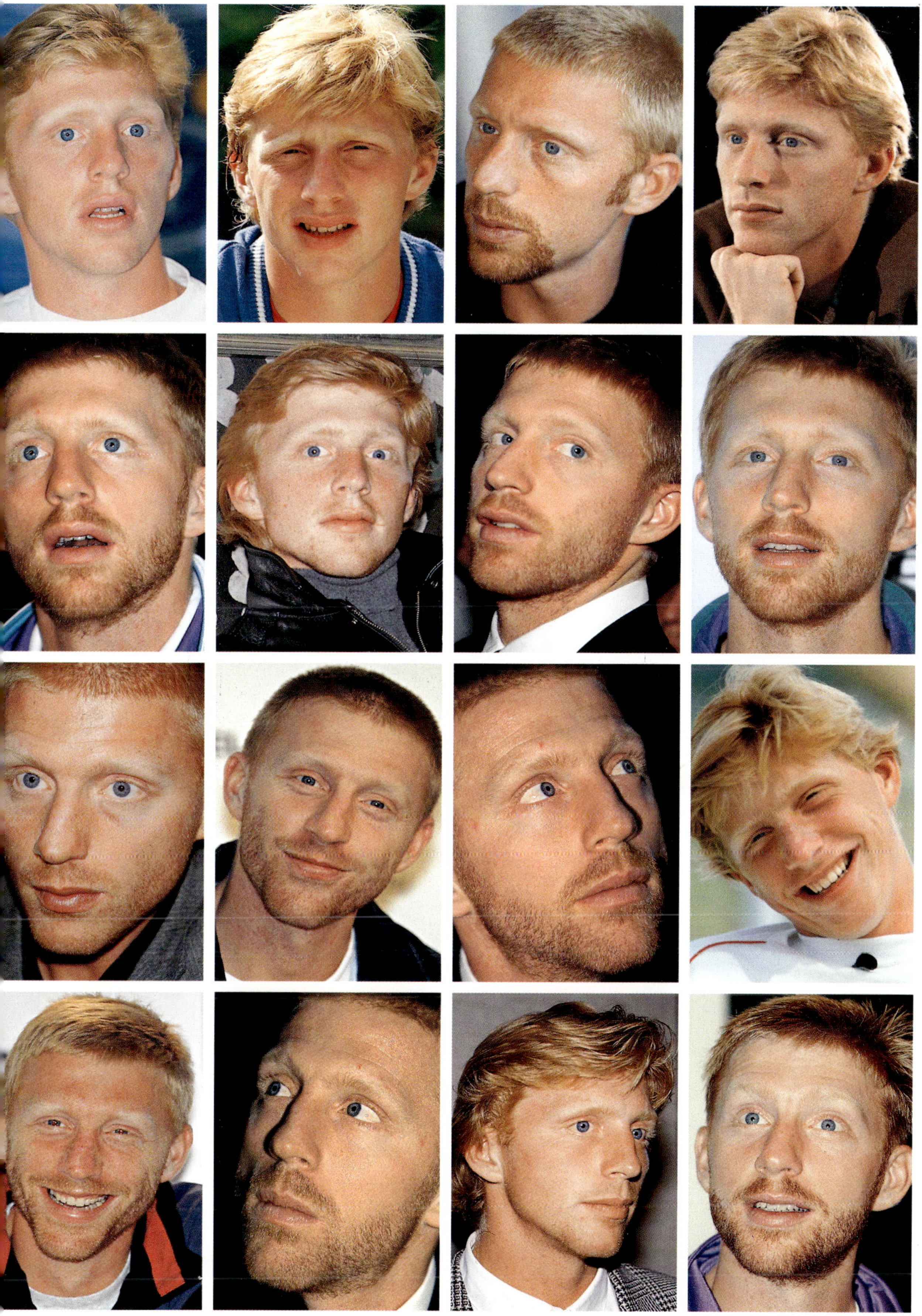

Der ganz normale Wahnsinn

Boris Becker im Wandel der Jahre

Wie ist er eigentlich so? Was denkt er? Kommt er sich toll vor?
Und, ganz wichtige Frage: Kann er richtig nett sein?
München, Biergarten Emmeransmühle, irgendwann im Mai 1991. Der deutsche Tennisheld kommt zu spät zum Termin. Der Reporter nervös. Doch dann plötzlich über allen Köpfen, das rotblonde Haar. Unter seinen ausladenden Schritten knirscht der Kies. Die Leute an den Tischen glotzen. Einige beginnen zu tuscheln. Der Tennisheld lächelt sie gutmütig an, hält den gestreckten Zeigefinger vor die Lippen. Pssst. Plötzlich Ruhe. Becker zwinkert mit dem linken Auge und sagt: „Sorry, bin zu spät."
Macht doch nichts. Man setzte sich dann in irgend eine Ecke und plauderte stundenlang. Becker sprach davon, noch ganz viele Grand-Slam-Turniere gewinnen zu wollen. Er sprach von seiner Jugend und von dem Problem, berühmt zu sein. Und er sprach von den Versäumnissen des Deutschen Tennis-Bundes, der nicht vorbereitet sei auf die Zeit, „wenn ich und Steffi einmal nicht mehr da sein werden, halt, das heißt, wenn Steffi und ich nicht mehr da sind. Sonst klingt es arrogant". Becker aß zwei Nudelsuppen mit Rindfleisch und trank Johannisbeerschorle. Er kam sich nicht toll vor. Und während er über die Dinge sprach, die ihn bewegten, leuchteten seine Augen, jede Geste mit den Händen der Ausdruck eines geborenen Darstellers. Was er sagte, war schlau, wie er es sagte, bewegend. Es war beeindruckend.
Irgendwann kam ein Bekannter des Reporters an den Tisch. Hallo, und lange nicht gesehen, wie geht's denn so? Das übliche. Becker lächelte wieder tapfer, und der zunächst ungebetene Gast ließ sich davon beflügeln und erzählte von gestern und von heute und von seinem Job und Gott und der Welt. Er hatte ein Sport-Geschäft. Auf Beckers Frage, wie der Laden laufen würde, sagte er: „Mountainbike super, Tennis ist mau." Fragezeichen auf Beckers Stirn. Abgang des Sportartikel-Verkäufers.
Becker: „Das ist also ein alter Freund?"
Reporter: „Tja, kann man so sagen."
Becker: „Gibt es viele solcher Freunde?"
Reporter: „Na ja, kommt einiges zusammen über die Jahre."
Becker: „Schade, meine Leute von früher sind alle weg. Ich habe keine alten Freunde mehr, mit denen ich über früher reden kann."
Irgendwann war es später Nachmittag, die Rechnung bestellt. Doch plötzlich geriet der Tennisheld noch einmal in Wallung, monierte, daß hierzulande zu wenig für den Nachwuchs getan werde und daß das nun auch kein Ruhmesblatt sei für den deutschen Verband, der mit ihm soviel Geld verdient habe. Becker redete und redete und redete. Und am Tisch stand und stand und stand der Ober, der kassieren wollte und nicht wagte den Redefluß des Meisters zu unterbrechen. Irgendwann schob der Reporter dem Kellner einen Geldschein zu. Der Tennisheld kam erst Minuten später wieder zurück in die Realität.
Becker: „Es ist doch nicht etwa schon bezahlt, oder?"
Reporter: „Ich wollte den armen Mann nicht länger warten lassen."
Becker: „Aber ich wollte das übernehmen, ich hab' doch mehr Geld, ich mache das gerne."
Reporter: „Keine Sorge, ich verdiene auch nicht schlecht."
Kurze Pause. Und dann griff Boris Becker unvermittelt in die Hosentasche, zog 20 Mark heraus, schob sie über den Tisch und sagte: „Für die Rechnung, wenigstens teilen müssen wir." Soviel zum Nett sein.

Das war vor sechseinhalb Jahren. Damals sagte Boris Becker: „Ich will immer normaler werden." Verdammte Tücke. Normal im herkömmlichen Sinne ist Boris Becker nie gewesen.
Das liegt an den Umständen. Das Los eines Weltstars. Vielleicht hätte Boris Becker sagen sollen: 'Ich will immer anders werden.' Denn irgendwie ist er beständig auf dem Weg zur Selbstfindung geblieben. Match in progress, und diese Partie ist auch jetzt noch lange nicht zu Ende gespielt. Aber vielleicht ist das plausibel bei einem, der mit 17 im Rampenlicht der Weltöffentlichkeit stand, ein schüchterner Junge aus der badischen Provinz, überwältigt von

Sein Leben drehte sich um 180 Grad. **Er zog nach Monte Carlo, verliebte sich in die Tochter des dortigen Polizeichefs (bessere Gesellschaft, klar), turtelte mit Stephanie von den Grimaldis, (Promialltag, auch klar), warb als ultrareines Erfolgsmodell für die Deutsche Bank und lernte, wie man eine Smokingfliege bindet.**

seiner eigenen Großartigkeit. Nach Wimbledon I prallte er auf ein gigantisches Leben, und muß man sich wundern, daß er damals daran nicht zerbrochen ist. Heute weiß man bloß, daß das kleine Leben ihn nicht mehr erreichen wird als Multimillionär und teutonischer Halbgott.

> Man weiß nicht mehr ganz so genau, wie es angefangen hat, **aber irgendwann mal war Guentzi weg. Bosch mußte gehen, weil Becker auf dem Weg zu einer eigenständigen Persönlichkeit war, Boschs Betreuung des jungen Wilden zur fürsorglichen Belagerung geriet?**

Sportlich hat Boris Becker eine gigantische Achterbahn hinter sich, wobei erstaunlich ist, daß er immer wieder nach oben kam, weiß der Teufel wie das möglich war nach seinen diversen Talfahrten. Im richtigen Leben war es ein Zickzackkurs. Und alles zusammen war es der ganz normale Wahnsinn. Becker: „Es gibt nicht viele Menschen in vergleichbaren Jobs, die es schaffen, sich nicht selbst zu verlieren."

Es begann 1985 mit dem jugendlichen Helden und der großen weiten Welt. Boris Becker stand leicht irritiert im Mittelpunkt eines Medienfeuerwerks, das Deutschland zuvor nicht gesehen hatte. Erste Konsequenz: Sein Leben drehte sich um 180 Grad. Er zog nach Monte Carlo, verliebte sich in die Tochter des dortigen Polizeichefs (bessere Gesellschaft, klar), turtelte mit Stephanie von den Grimaldis, (Promialltag, auch klar), warb als ultrareines Erfolgsmodell für die Deutsche Bank und lernte, wie man eine Smokingfliege bindet. Um ihn herum waren Ion Tiriac, der Lebensberater, und Günther Bosch, der Vaterersatz, der immer ein bißchen zu hausbacken wirkte in diesem Milieu. Becker ließ sich stolz auf dem Balkon seiner Wohnung in Monaco mit Blick aufs Mittelmeer fotografieren und sagte harmlose Sachen wie: „In Wimbledon bin ich zum zweiten Mal geboren worden." So ging das bis 1987. Was dann folgte, war die zweite Pubertät und die Suche nach der eigenen Identität. Becker hatte sich an seine Berühmtheit gewöhnt und suchte nach sich selbst. Man weiß nicht mehr ganz so genau, wie es angefangen hat, aber irgendwann mal war Guentzi weg. Bosch mußte gehen, weil Becker auf dem Weg zu einer eigenständigen Persönlichkeit war, Boschs Betreuung des jungen Wilden zur fürsorglichen Belagerung geriet? Folgten Befreiungsschlag und Kehrtwende. Becker verliebte sich in das Fräulein Schulz, eine Studentin, äußerte Verständnis für die Systemverweigerer in der Hamburger Hafenstraße, spielte Tippkick mit Journalisten und lief bei Pressekonferenzen in Birkenstockschuhen herum. Nebenher sagte er ziemlich rebellische Sachen wie: „Ich finde Tennisprofis sind überbezahlt, und es ist nicht richtig, wie andere Menschen mit dem Tennisboom abkassieren." Manchmal hatte man das Gefühl, er wolle so eine Art Mahatma Gandhi des Tennis werden.

1989 begann der verzweifelte Kampf um den absoluten Erfolg im Tennis und die Rückkehr zu den Wurzeln. Er wurde vom jungen Sportler zur jungen Persönlichkeit, doch dann hatte Boris Becker festgestellt, daß diese aber primär Sportler ist. Becker: „Erst nach den US Open 1989 war mir klar, daß ich die Nummer eins werden kann." Da hat Becker sich emanzipiert von dem Rasenspezialistenimage, und fortan alle Anstrengungen in das Tennis gelegt. Er sprach nur noch über die Nummer eins, er arbeitete nur für die Nummer eins, er lebte nur für die Nummer eins. Er trennte sich von Fräulein Schulz, verzichtete 1990 erstmals auf den Daviscup, ein früher undenkbarer Schritt. Stets an seiner Seite inzwischen: der Analytiker, der Hobbyschachspieler und Freizeitphilosoph Bob Brett. Der Trainer und sein Musterschüler. Becker damals: „Ich empfinde Tennis nicht als Müh-

> Er sprach nur noch über die Nummer 1, **er arbeitete nur für die Nummer 1, er lebte nur für die Nummer 1. Er trennte sich von Fräulein Schulz, verzichtete 1990 erstmals auf den Daviscup, ein früher undenkbarer Schritt.**

Inszenierung Boris-Trauer, Dramen und Triumphe

Milch-
Schnitte
isostar

PREVIOUS SETS
6666
317

JUBEL – NICHT JEDER SIEG WAR GLEICH

Beckers Leben war aus den Fugen geraten, **seine Ziele, seine Ideale irgendwo verloren gegangen. Er wechselte die Trainer wie Unterwäsche. Aber wie sollten auch die Smids, Bresniks oder Pilics und vor allem sein Freund Eric Jelen mehr sein als Staffage? Jede Form von systemkonformer Anleitung war ihm suspekt, alles Unbekannte willkommen.**

le. Ich empfinde es als enormes Glück und unglaubliche Freiheit, das tun zu können, was ich gerne mache." Und: „Ich spiele nur ein bißchen Tennis. Ansonsten bin ich genauso klug oder dumm wie jeder andere in meinem Alter." Nie war er als Sportler besser und als Mensch einfacher zu verstehen.

1991, der nächste Wendepunkt, das nächste Drama: Die verzweifelte Suche nach Erfolg im Leben. Er hatte seinen Erfolg auf dem Tennisplatz gehabt, war auf der Spitze der Pyramide, und dann kam der Absturz. Nach Sieg und Nummer 1 bei den Australian Open sagte er: „Ich will noch ein Jahr spielen und dann aufhören. Wenn ich das nicht schaffe, bin ich als Persönlichkeit erledigt, dann hat mich auch Droge Tennis erwischt." Was ihn statt dessen erwischte, war gelegentlich die Droge Alkohol und anderes mehr. Beckers Leben war aus den Fugen geraten, seine Ziele, seine Ideale irgendwo verlorengegangen. Er wechselte die Trainer wie Unterwäsche. Aber wie sollten auch die Smids, Bresniks oder Pilics und vor allem sein Freund Eric Jelen mehr sein als Staffage? Jede Form von systemkonformer Anleitung war ihm suspekt, alles Unbekannte willkommen. Der ehemalige Hochspringer und Neojournalist Carlo Thränhardt wurde zum Chefberater des Tennishelden. Alte

Man hätte fast vergessen können, **daß Becker in der Provinz groß geworden ist, aber plötzlich war er wieder Leimen im Quadrat. Er sprach von Familie und Hochzeit, heiratete Barbara Feltus vor der Geburt seines Sohnes, weil sich das so gehört, wie er meinte.**

Kameraden wie Eric Jelen flogen raus. Becker wollte leben, alles echt, alles neu und am besten im 3D-Format. Und dann verliebte er sich in die Frau seines Lebens, eine unbekannte Schauspielerin.

1993. Salto rückwärts. Man hätte fast vergessen können, daß Becker in der Provinz groß geworden ist, aber plötzlich war er wieder Leimen im Quadrat. Er sprach von Familie und Hochzeit („Ich liebe Verantwortung, ich kann ohne sie nicht leben"), heiratete Barbara Feltus vor der Geburt seines Sohnes, weil sich das so gehört, wie er meinte. Und nebenbei drehte er völlig durch („In meinem Kopf ist nur noch Baby, Baby, Baby") und wurde so dick, daß man vermutete, er sei selber schwanger. Logisch, daß in dieser Phase emotionaler Wucherungen der kühle Stratege, stets materiell orientierte Tiriac für atmosphärische Störungen sorgte. Folgte die Kündigung. Mit der Vaterschaft kam neue Verantwortung. Doch die Phase endete mit der Erkenntnis, daß Papa und Partner sein auf Dauer zu wenig ist für einen, der sonst nichts anderes gelernt hat als Tennis spielen. Daran kam er nicht vorbei. Becker in einem Gespräch mit Robert Lübenoff für das Münchner Magazin „Focus": „Die Faszination eines Sieges, die Gier nach Erfolg ist nicht mehr so bestimmend für mich wie vor fünf Jahren. Doch die Sucht nach diesem einmaligen Gefühl wird mich noch zu dem einen oder anderen großen Ding treiben."

1995. Das Unternehmen Becker und Co. ersetzt den Einzelkämpfer. Tiriac wurde abgelöst von dem alerten Herrn Doktor Meyer-Wölden aus München, kurz MW genannt. MW ist ein Siegertyp im Beruf und im richtigen Leben. Und damit hatte Becker endlich die Orientierung für die finale Etappe. MW ist ein sehr eigener Kopf, zielstrebig und trotzdem voller rumorender Gefühle. Becker hatte das alles auch schon immer. Kurzum: zwei wie Aufschlag und Return. Fortan dominierte das Team Becker nach dem Motto 'Alle für einen'. Damit Becker doch noch seiner Selbstverwirklichung entgegengehen konnte. Masseur, Schlägerbespanner, Ehefrau, väterlicher Freund und Manager - jeder hatte seine Rolle bekommen, das Unternehmen Becker und Co. endlich Konturen. Das Intermezzo mit Trainer-Guru Nick Bollettieri machte in diesem Zusammenhang auch Sinn.

Becker brauchte noch mal einen letzten Kick. Keiner kickt besser als Bollettieri, der zwischen Kasernenhofromantik und Größenwahn die Leute auf Trab bringt.
Der Sieg bei den Australian Open war der späte Lohn für den zweiten Anlauf zum Gipfel, Beckers Match mit Sampras 1996 bei der ATP-Tour Weltmeisterschaft in Hannover ein finales Glanzlicht einer Figur, die inzwischen staatsmännische Züge entwickelt hatte. Becker warb für Mercedes, sorgte sich um den Tennisnachwuchs, kaufte Immobilien in Florida und reagierte offiziell diplomatisch wie ein Politiker, als die Steuerfahndung seine Münchner Villa auf den Kopf stellte. Am Ende paßte alles zusammen. Außer, daß er sportlich am Ende seines Weges angekommen war. „Ich habe es einfach nicht mehr in mir, was man braucht ein Grand-Slam-Turnier zu gewinnen." Da wo, Becker war, war meistens oben. Unten paßt nicht zu ihm. Und deshalb geht er künftig mit Noah Gabriel auf dem Arm seinen Weg anstatt mit dem Racket in der Hand. Spiel, Satz und Schluß.

Fortan dominierte das Team Becker nach dem Motto 'Alle für einen'. Damit Becker doch noch seiner Selbstverwirklichung entgegengehen konnte. Masseur, Schlägerbespanner, Ehefrau, väterlicher Freund und Manager - jeder hatte seine Rolle bekommen, das Unternehmen Becker und Co. endlich Konturen.

Die Bilanz im Leben des Sportsfreundes Becker: Links, rechts, rauf, runter und nur im Wandel beständig. Oder: Phasenweise durch die Extreme. Aber natürlich ist das jetzt nicht so außergewöhnlich. Es soll normale Menschen geben, denen es im richtigen Leben nicht anders geht. Aber meistens guckt da kein Schwein. Vielleicht ist Becker Jedermann auf höchstem Niveau, und wahrscheinlich als Mensch nicht minder faszinierend und irritierend wie als Tennisspieler.
Man stellt sich am Ende großer Karrieren gerne die Frage, was bleiben wird. Boris Becker hat sechs Grand-Slam-Titel gewonnen. So viele wie Edberg, weniger als Lendl, McEnroe, Connors, Borg und natürlich weniger als die großen Australier Emerson, Laver und Co. Sampras hat jetzt schon zehn, und bei dem hat man den Eindruck, er fange jetzt nochmal richtig an. Solche Vergleiche hinken freilich; Leute wie Lendl oder Connors können kein Maßstab sein, weil sie quasi tennissüchtig waren. Becker schien sich immer vor der tödlichen Überdosis zu fürchten. Es gab auf dem Centre Court des Lebens immer Matches, die ihn genauso reizten.
Martina Navratilova hat nach Boris' Rückzug in Wimbledon gesagt: „Sicher, er hat in jungen Jahren mehr versprochen als er am Schluß halten konnte. Er hatte das Talent, jedes Jahr mindestens ein Grand-Slam-Turnier zu gewinnen. Aber er wird als einer der ganz Großen in die Geschichte des Tennis eingehen wegen seiner Persönlichkeit."
Was hätten all die anderen gemacht ohne Becker? Er kam zur richtigen Zeit. Er vollendete den Prozeß der Verjüngung des Tennis, eingeleitet von Borg, Connors, McEnroe. Er war wie eine Vitaminspritze damals. Und er war das Bindeglied zur nächsten Generation, zu Agassi, Ivanisevic, Stich, Sampras, Courier. Keiner, der 1985 schon dabei war, hat so lange ausgehalten gegen diese Kontrahenten und deren Nachfolger mit der Grandezza des großen Champions wie Becker. Und manchmal war er dabei größer als er selbst.
Ion Tiriac hat einmal gesagt: „Alle Sponsoren im Tennis müßten eigentlich Boris bezahlen, egal ob er für sie wirbt oder nicht. Ohne ihn gäbe es das ganze Geschäft nicht." Mit ihm kam Fernsehen, Werbung, das große Geld. Wimbledon hätte heute keinen Court Number One ohne Boris und Deutschland keine Weltklasseveranstaltung wie den Grand Slam Cup. Boris Becker wird später einmal nicht in Siegen gemessen. Er war einer der Angelpunkte der Tennisgeschichte. Große Sieger gab es vor ihm, und es wird große Sieger nach ihm geben. Aber das Tennis war nicht mehr dasselbe, als Boris Becker auftauchte. Und das macht aus einem großen Sieger einen, der in die Geschichte eingehen wird.

Ach so, fehlt noch 1997 ff. Wie wird es werden, das Leben nach dem Tennis? Die Antwort hat Becker selbst 1991 in der Emmeransmühle in München gegeben. Sein Blick wanderte damals über die blühenden Kastanien. Sattes Grün, der Sommer war schon fast da. Es sollte sein Sommer werden, immerhin war er im Januar die Nummer eins und hatte die Australian Open gewonnen. Er freute sich auf die French Open, und gleich darauf wäre Wimbledon dran. 1991 versprach ein goldenes Jahr zu werden. Es war sein letzter wirklich großer Sommer. Vielleicht hat er da schon gespürt, daß er nicht immer auf der Spitze der Pyramide tanzen kann. Aber eines wußte er: „Ich werde immer der berühmte Tennisspieler Becker bleiben."
Er hat bis heute damit recht behalten, und es wird sich auch nicht ändern.

SCHLAG NACH BEI BORIS – TECHNIK FÜRS LEHRBUCH

lotto

lotto
FABER

ATHOS
evian

Wimbledon – Geburt und Tod

Wimbledon – Geburt und Tod

Wimbledon – Geburt und Tod

Wimbledon-Geburt und Tod

Hier begann sie und hier endete sie - die große Grand Slam-Karriere des Boris Becker. Am 7.7.1985 der Sieg als jüngster Wimbledonsieger aller Zeiten. Und am 3.7.1997 nach der Viertelfinal-Niederlage gegen Pete Sampras der Rücktritt von Wimbledon, der Verzicht auf Grand Slam-Tennis, Wimbledon - Geburt und Tod. Den Centre Court nannte er „mein Wohnzimmer". 14 Jahre lang fuhr er jeden Sommer hin. Drei Siege (85, 86 u. 89), vier weitere Finalteilnahmen (88, 90, 91, 95) - Boris und Wimbledon, das war die schönste Tennis-Liebe in den achtziger und neunziger Jahre. Begleiten Sie den ersten deutschen Wimbledonsieger im folgenden Kapitel noch einmal auf die Reise durch das grüne Paradies.

Die Tenniswelt steht kopf

Wimbledon 1985

Rund 400 handverlesene Gäste saßen erwartungsvoll im Ballsaal des Londoner Nobelhotels „Savoy", mit Blickrichtung Ehrentisch. Dort war gerade ein rotblonder, ziemlich blasser Junge aufgestanden, der nun das tun mußte, was alle Jahre wieder der tun muß, der Wimbledon gewonnen hat. Das ist so Sitte, seit es dieses Champions-Dinner nach dem schwersten, traditionsreichsten, wichtigsten Tennis-Turnier der Welt gibt. Und es blieb auch Boris Becker nicht erspart: Der 17jährige mußte eine Rede halten.

Die Stimme schwankt hörbar, als er sich artig bedankt: Für die Ehrenmitgliedschaft in diesem honorigen „All England Lawn und Croquet Club", überhaupt für alles, und vor allem wolle er an dieser Stelle besonders die Verdienste seines Managers Ion Tiriac und seines Trainers Günter Bosch hervorheben. Doch plötzlich stockt der Redefluß. Boris' Gesichtsfarbe wechselte ins Dunkelrot, verzweifelt suchen seine Blicke die Saaldecke ab, als müsse von dort die Hilfe kommen. Nur mühsam unterdrückt Martina Navratilova, die rechts neben ihm sitzt, ein Lächeln. Regungslos sieht der ehrenwerte Hazzard Hadingham, Präsident des Clubs, durch den Schweiger hindurch. Der plötzlich „oh Gott" stammelt. Das hilft. Donnernder Applaus, und Boris findet den Faden wieder. Bekennt seine Befangenheit angesichts all der berühmten Herrschaften im Saal, und setzt sich.

Es war das erste Mal an diesem denkwürdigen 7. Juli 1985, daß Boris Becker aus Leimen, der jüngste Wimbledon-Sieger aller Zeiten, zur Ruhe kam, zumal ihm auch das noch erspart blieb, wofür er zwar im Hotelzimmer kurz mit Muttern trainiert, wovor er aber dennoch „wahnsinnigen Bammel" hatte: der Ehren-Walzer mit der Damen-Siegerin Martina Navratilova. Es wird nicht mehr getanzt, beim Champions-Dinner. Und Boris vernahm's mit Freuden: „So hatte ich wenigstens Zeit, ein bißchen darüber nachzudenken, was alles passiert ist." An jenem Tag, da die Tennis-Welt kopfstand und für den 17jährigen ein völlig neues Leben begann. Jener Tag, der wie ein Film noch oft genug im Kopf des Boris Becker ablaufen wird.

Aufstehen um 9.30 Uhr, Frühstück, Semmeln ohne Butter („auf die verzichte ich schon lange"), zwei Schalen Müsli, Erdbeeren, Ananas, dazu viel Tee. Dann die Fahrt hinaus nach Wimbledon, das Einschlagen mit dem Tschechoslowaken Pavel Slozil, 30 Minuten intensive Gymnastik. Letzte Instruktionen durch Wimbeldons Protokollchef. „Von dem", so Boris, „erfuhr ich, daß ich mich vor der Herzogin von Kent verneigen muß". Dann das Spiel, die Sekunden des Triumphes, das Bad in der Menge, der Kuß auf den häßlichen Pokal. Becker: „Das wurde mir von den Fotografen so befohlen."

Wie ein Dieb stahl er sich vom Centre Court in die Katakomben des Stadions, duschte, ließ sich ins Hotel fahren. Dort zeigt sich Manager Tiriac gnädig: „So 30 Minuten für die deutsche Presse." Und Boris erzählt. Ein bißchen von sich, ein bißchen über sich. Eine kühle Bestandsaufnahme, kein Hauch von Regung, nicht der Anflug eines Lächelns. Nein, meint er, nach Leimen, seinen Heimatort, werde er

„Zu jung, um zu wissen, daß er zu jung war..." Die internationale Presse bejubelt den Wimbledon-Sieg des 17jährigen Boris Becker und ließ dazu Sport-Poeten und „Frontreporter" in die Tasten greifen. Aber auch neidvolle Kritik war zu lesen.

*Die große französische Sportzeitung **„L'Equipe"** schreibt: „Der Superstar des Tennis ist geboren. In den letzten 30 Jahren hat man hier die Ankunft von Lewis Hoad, Rod Laver, Bjorn Borg und John McEnroe erlebt, aber noch nie lag ein solcher Tornado von Gesundheit und Beständigkeit in der Wiege."*

*Für den **„France Soir"** ist „eine Bombe geboren" und die **„Libération"** zweifelt noch: „Becker scheint nur Qualitäten zu haben. Aber es ist zu früh zu sagen, wer er wirklich ist und wie die Mythologie des Tennis diesen starken Jungen mit den Albino-Wimpern einordnen wird."*

*In der **„Neuen Zürcher Zeitung"** heißt es: „Das Auftreten des Teenagers war nicht nur unbekümmert und selbstbewußt, sondern schon nahezu frech und von fast unverschämter Kaltblütigkeit. Er schien zu vergessen, daß er als junger Berufsspieler an sich erst die Lehrjahre absolvieren müßte und zeigte dem Routinier respektlos den Meister."*

*Die südafrikanische Zeitung **„Beeld"** schreibt: „Kevin ausgebummt - die Kraft von Boris zerstört Südafrikas Hoffnung! Becker ist ein Wagehals ohne Angst mit der Ausgelassenheit eines Jungen im Körper eines erwachsenen Mannes. Er sorgte dafür, daß man ihn nicht vergessen wird, solange Tennis gespielt wird."*

Selbst das UdSSR-Fernsehen übertrug das Finale in voller Länge und pries Boris als „Nachfolger von Borg". Der Reporter des US-Fernsehens NBC meinte sein Interview mit dem Deutschen mit den Worten einleiten zu müssen: „Boris über alles" - in deutscher Sprache.

*Am stärksten ließ es wieder die britische Boulevard-Presse krachen. **„The Star"**: „Curren wurde von dem 17jährigen geradezu unterjocht." **„The Sun"**: „Wimbledon-Wunderboy Boris hat die Tür zum Reichtum aufgestoßen." **„Daily Mail"**: „Der Sieg wird ihn bis Weihnachten zum Millionär machen. Um 17.26 an diesem Sonntag hat Boris Becker seine Arme in die Luft gerissen, den Kopf zurückgeworfen und einen Schrei ausgestoßen, der die Luft in Wimbledon durchschnitt. Genau zu diesem Zeitpunkt hat sich ein Leben für immer verändert."*

Beim Kommentator des „Daily Express" werden Erinnerungen wach: „Er stand groß und aufrecht wie ein preußischer Gardist, den goldenen Cup wie einen glänzenden Helm auf seinem Kopf." „The Mirror": „Mein Gott, er rasiert sich noch nicht einmal und hat Wimbledon zu seinem Thronsaal werden lassen."

*Auch in den USA schlug Beckers Sieg hohe Wellen. **„Los Angeles Times"**: „Vielleicht war es Magie. Vielleicht ist Boris auch einem Labor entsprungen." **„Dallas Times"**: „Becker hatte keine Hilfe, außer vielleicht dem Augenzwinkern der Tennis-Götter oder der Gebrüder Grimm." **„The Washington Post"**: „Vielleicht war er zu jung, um zu wissen, daß er zu jung war, Wimbledon zu gewinnen."*

nicht fahren. „Dorthin gehe ich ein anderes Mal. Jetzt fahre ich nach Hause, nach Monaco."
Die Schar der Reporter stutzt. Gut, in Monte Carlo hat Boris aus steuerlichen Gründen seit Anfang des Jahres seinen ersten Wohnsitz. Aber zu Hause? Trainer Günter Bosch murmelt vernehmbar: „Ob das gut ist?" Schließlich sei der Ort gerüstet zum großen Empfang. Tiriac sagt nur: „Der Flug London-Nizza ist längst gebucht." Und Boris sagt: „Ich bin in Leimen geboren und bleibe Leimener. Aber jetzt brauche ich Ruhe." Womit das Thema erledigt ist, Leimen muß warten, bis Freitag wahrscheinlich, wo der berühmteste Bürger der 17 000 Seelen-Stadt dann auf dem Marktplatz präsentiert werden soll.
„Nächste Frage an Becker", sagt Tiriac. Und die sonst hartnäckigen Reporter gehorchen: „Muß", will einer wissen, „die Welt einstürzen, damit Sie Regung zeigen?" Boris schaut so, wie einer schaut, wenn er etwas nicht kapiert. Und spricht dann von dem, was er wohl unter Gefühlen versteht: Abergläubisch sei er, „doch die Gründe gehen niemanden etwas an, die sind privater Natur". Und eine Freundin, nein, die habe er nicht.
An dieser Stelle springt Bosch ein, der 46jährige Trainer, gebürtiger Rumäne, der dem frischgebackenen Wimbledon-Heroen gut 40 Wochen im Jahr Vater, Betreuer, Psychologe und Butler ist. „Ich", gesteht Bosch, „ich habe geweint, als er die Trophäe in den Händen hielt. Es war wunderbar zu sehen, wie er in Wimbledon von Tag zu Tag reifer geworden ist. Er war ein junges, unruhiges Fohlen, das gebändigt werden mußte."
Becker schaut überrascht, Tiriac indigniert, Bosch zieht sich wieder zurück. Und jeder hat gemerkt: Dieser Mann ist die Seele der Tennis-GmbH & Co. KG. Der andere ist Knecht

Der erste deutsche Wimbledonsieger: Boris fasziniert die Massen, übernimmt die Herrschaft im grünen Tennis-Mekka.

„Der Kleine ist wild und verrückt"

VON KEVIN CURREN

Der 7. Juli 1985 war die Geburtsstunde des Tennis-Superstars Boris Becker. Und für Deutschland der Anfang eines unglaublichen Booms, der Beginn des Aufstiegs einer neuen, großen Tennis-Nation. Für mich war es der Knackpunkt meiner Karriere. Statt ganz nach oben, ging es später abwärts. Hätte ich das Wimbledon-Finale gewonnen, wer weiß, vielleicht wäre ich selbst irgendwann später auf den Tennis-Thron geklettert. Den goldenen Pokal, der in unserem Sport alles bedeutet, in den Händen - mit diesem Selbstbewußtsein wäre alles für mich möglich und machbar gewesen. Die Niederlage gegen Boris war deshalb bitter und verhängnisvoll. Aber trotzdem war für mich dieses Match schnell abgehakt. Weil ich anVorbestimmung, an Schicksal, glaube. Ich war damals der klare Favorit, hatte auf dem Weg ins Finale Edberg, Connors, McEnroe geschlagen und dabei keinen einzigen Satz abgegeben. Boris dagegen war nur ein Schuljunge, einer der vom Pausenhof kam. Unerfahren, unbekümmert. So hat er auch gespielt: Ohne Angst. Er hat den Druck gar nicht gespürt, war kein bißchen nervös oder unsicher , sondern cool. Auf diese Weise hatte Becker vorher die Zitter-Spiele gegen Nyström, Mayotte und Jarryd gewonnen. Er stand mehrfach vor dem Aus, am Rand der Niederlage. Diese kritischen Momente hat Boris mit seiner fast naiven Power weggewischt. Er hatte weder Furcht vor dem Sieg, noch zittrige Knie vor dem K.O. Er hat einfach nur gespielt...

Dennoch: Als wir auf den Platz gingen, war ich mir sicher, daß ich nicht verlieren kann. Ich kannte Boris nämlich schon seit 1984... Sein Ex-Trainer Günther Bosch hatte mich ein knappes Jahr vorher in Atlanta als Trainingspartner engagiert. Ich erinnere mich genau: Wir spielten auf Beton, auf Asche, - und Boris hechtete und warf sich nach den Volleys, schlug sich dabei Arme und Knie auf, blutete. Immer wieder. Er spielte hart und schnell, machte aber auch jede Menge einfache, leichte Fehler. Dann schrie er vor Wut und tobte rum. Ich dachte: Der Kleine ist wild und verrückt, dem fehlt noch viel, vor allem die Ruhe des Siegers, die Abgeklärtheit. An diesem 7.Juli 1985 habe ich trotzdem die wichtigste Partie meiner Karriere gegen diesen jungen Burschen verloren. Weil Boris schon damals den Charakterzug zeigte, der ihn zum Mega-Star gemacht hat: den unbeugsame Willen, immer als Erster durchs Ziel zu gehen. Er war vom Gedanken zu gewinnen besessen. Ich agierte immer defensiver, je mutiger, je kraftvoller Boris spielte. Ich war zeitweise wie gelähmt, konnte keine Initiative ergreifen, war eingeschüchtert von einem Grünschnabel. Nie vorher und nie danach habe ich einen Spieler gesehen, der die Filz-

Das Privatleben ist vorbei, Familie Becker wird zum Allgemeingut der Öffentlichkeit. Das Foto mit Mutter Elvira, Schwester Sabine und Vater Karl-Heinz Becker geht um die Welt

„Ich muß das erst begreifen" Was ist dieser Boris Becker doch für ein Teufelskerl! Björn Borg war schon 20 als er 1976 das erstemal in Wimbledon gewann, McEnroe 1981 bereits 22. Aber da waren die beiden schon „wer" im internationalen Tennis. Beckers internationale Erfolgsliste aber las sich bisher recht schnell: Junioren-Weltmeister und Turniersieger im Quenn's Club-Turnier. Und jetzt - im zweiten Anlauf - gleich Wimbledon-Sieger. Als 17jähriger! Mit einem 6:3, 6:7, 7:6, 6:4 gegen den Amerikaner Kevin Curren. Kein Wunder, daß er zunächst sagte: „Das ist alles gar nicht zu fassen. Ich brauche wohl lange Zeit, um das zu begreifen."

Er war für alle Beteiligten - zumindest nach außen- nicht einmal gerührt oder ergriffen. Nur voller Freude.

Wie fast eine Milliarde Fernsehzuschauer weltweit wahrscheinlich auch. Was war das für ein Match! Welch ein Finale, welche Dramatik, welche Klasse. Spannender waren jedenfalls die legendären Kämpfe zwischen Borg und Connors beziehungsweise Borg und McEnroe auch nicht.

Der Senkrechtstarter aus Leimen als Triumphator auf dem „heiligen Rasen", als jüngster Sieger aller Zeiten, als erster Deutscher.Wer hätte das gedacht? Sicher nicht der zehn Jahre ältere Finalgegener Kevin Curren. Keinen einzigen Satz hatte der gebürtige Südafrikaner im ganzen Turnier abgegeben, auch gegen McEnroe und Connors nicht.

Aber er wurde gleich geschockt, als Boris ihm den ersten Aufschlag abnahm, knallhart servierte und als erster ungesetzter Spieler in Wimbledon überhaupt im Finale einen Satz gewann.

Im zweiten Satz hatte sich Curren gefangen, schlug besser auf - und behielt nach 2:4-Rückstand im Tie-Break die Nerven.

Was Boris aber offenbar kaum rührte: Immer dann, wenn er dringend einen Punkt benötigte, machte er ihn auch. Wo hat der Junge bloß die Nerven her? Oder hat er gar keine?

Der vierte Satz bewies es. Und das Bezeichnende: Der Matchball war ein As. Eines von insgesamt 20(!).

„Beim letzten Punkt vorm Matchball war ich mir erst sicher, daß ich gewinnen kann." Originalton Boris Becker eine Stunde nach dem Triumph. Während sein Vater Karl-Heinz auf der Tribüne mit seiner kleinen Kamera herumhantierte, Mutter Elvira vor Freude die Hände vors Gesicht schlug, konnte Boris' Trainer Günther Bosch seine Tränen nicht mehr verbergen.

Nur einer (natürlich) war enttäuscht: Kevin Curren. „Das war die Chance meines Lebens", meinte der 27jährige, „aber dieser großartige Bursche hat meine Hoffnungen zerstört. Er kann jeden schlagen. Sein Spiel ist ungeheuer eindrucksvoll, seine Aufschläge kann man kaum berechnen. Und er wird sich sicher noch verbessern."

Minutenlang mußte sich Boris Becker nach seinem Triumph den 14 000 Fans rund um den Centre Court mit dem begehrten Gold-Pokal zeigen, den doch schon so viele große Namen zieren: Seit 1968 (seitdem Wimbledon für Profis und Amateure „offen" ist) eine Liste ausschließlich von Tennis-Größen: Laver, Laver, Newcombe, Newcombe,

kugeln so brutal hart prügeln konnte.
Ich weiß noch genau: Ich traf einen Return zu spät und glaubte für einen Augenblick mein Arm sei gebrochen. Dann schoß er mir im T-Break des dritten Satzes einen Rückhand-Passierschlag um die Ohren, der so schnell war, daß ich den Ball kaum sah... Aber ich bin auch ganz ehrlich: Trotz seines Wimbledon-Triumphes war ich mir noch nicht sicher, ob Boris wirklich das Zeug zu einem echten Champion hatte oder nur eine einmalige Sensation, eine Eintagsfliege, war. Aber dann fand einige Wochen später das Turnier in New Haven statt. Wieder kam es zum Duell mit Boris, diesmal im Viertelfinale. Ich wollte Revanche - und verlor. John McEnroe kam zu mir und sagte: „Kevin, gegen den Youngster durfte so etwas kein zweites Mal passieren. So gut ist dieser Becker doch nicht. „Ich habe geantwortet: „Warte ab Mac, das kann ein Großer werden.“
In der nächsten Runde mußte dann McEnroe gegen Boris ran und gewann nur knapp... Die endgültige Bestätigung meiner Einschätzung bekam ich dann 1986. Ion Tiriac wollte mit mir wetten, daß Becker seinen Titel auf dem „heiligen Rasen“ verteidigt. Der Einsatz sollte 10 000 Pfund betragen. Ich habe nicht eingeschlagen - und mir damit viel Geld gerettet. Becker siegte tatsächlich nochmal und war damit wirklich ein wahrer Champion. Er hat am Anfang seiner Laufbahn mit Tiriac und Bosch die richtigen Helfer um sich gehabt. Für mich ist Boris sogar der Größte der Neuzeit. Denn er hat über 12 Jahre lang auf diesem höchstem Niveau gespielt, war fast immer unter den Top 10 der Weltrangliste. Ich habe natürlich seine Karriere seit 1985 beobachtet, seine Ergebnisse verfolgt. Ich habe Boris aus der Ferne aufwachsen sehen. Er ist für das Welt-Tennis ein Geschenk gewesen, ein echter Sympathieträger auf allen Kontinenten , ein Publikumsmagnet geworden. Boris ist einer, der immer Emotionen weckt, weil jeder Fan sehen kann, mit welch positivem Fanatismus Boris spielt. Becker lebt Tennis, ist in meinen Augen der perfekte Profi. Deshalb finde ich seinen Rücktritt von den Grand-Slam Turnieren, von Wimbledon sehr schade und halte diesen Entschluß für viel zu früh. Gut, Boris ist langsamer geworden. Aber nur einen halben Schritt. Boris kann auf Rasen, auf schnellen Hallenböden, auf Hardcourts an einem guten Tag immer noch jeden schlagen. Als Boris nach dem Spiel gegen Pete Sampras seinen Abschied vom Centre Court an der Church Road nahm„ war ich traurig, weil man dann erst richtig begreift, wie alt man geworden ist. Das ist natürlich nur ein Spaß... Aber ich habe da erst wirklich registriert, wie lange das Finale von 1985, der Matchball schon vorbei ist. Schließlich habe ich heute noch alle Punkte und Ballwechsel im Kopf...
Uebrigens gibt es noch einen guten Grund warum ich Boris für den Besten halte: Ich habe alle Super-Stars meiner aktiven Zeit geschlagen - von Borg bis Lendl. Nur Boris nie...

Kevin Curren (39), geboren in Durban/Südafrika, lebte fast 20 Jahre lang in Texas/USA, besitzt beide Staatsbürgerschaften und wohnt heute wieder auf einer Farm in Südafrika. Seine höchste Weltranglisten-Position war Platz 5 (am 29. Juli 1985). Curren arbeitet als Fernseh-Kommentator bei den großen Tennis-Turnieren für das südafrikanische Fernsehen, gehört zum Berater-Stab der südafrikanischen Davis-Cup-Mannschaft und ist Mitglied des Nationalen Olympia Komitees. Er war im Alter von 33 Jahren und 10 Monaten der zweitälteste Profi im Tennis-Zirkus hinter Jimmy Connors, der noch zu den Top 100 der Weltrangliste gehörte (1991). Heute tritt Curren noch bei den Jungsenioren-Wettbewerben auf den Grand-Slam-Turnieren an.

Rupprecht. „Noch 30 Sekunden“, sagt Tiriac. Und jeder weiß: Das ist das Ende des letzten kostenlosen Interviews mit Boris Becker. Der Preis ab sofort für zwei Stunden rund 150 000 Mark. Das hat der Manager so festgelegt.
Und noch etwas: In den nächsten Tagen, nach der Auswertung der Berichterstattung von Wimbledon, werde er eine Liste anlegen mit den Journalisten, die für Interviews mit seinem Schützling angenehm erscheinen. Verblüffung, wortlose Betroffenheit in der Runde.
Becker steht auf, Becker geht. Fahrt mit dem Aufzug hinauf in den siebten Stock, wo in seinem Zimmer schon Vater Karl-Heinz, Mutter Elvira und Schwester Sabine warten. Man stößt an mit Champagner, Boris, Antialkoholiker, nippt nur einmal, zieht sich dann um. Das Champions-Dinner wartet.
Da sitzt er nun, links neben dem ehrenwerten Club-Präsidenten Hazzard Hadingham. Und rechts von dem amüsiert sich Martina Navratilova. Zum sechstenmal bereits hat sie den Einzeltitel geholt in Wimbledon. „Ich“, sagt sie, „bin 28 Jahre - und dennoch hat mich mein Erfolg hier aufgewühlt. Wie muß es da erst in diesem Jungen aussehen.“
Die Antwort darauf weiß wohl der Junge selbst nicht. Der stand nach dem Essen auf, verabschiedete sich artig und sprach zu Mister Hadingham: „Wenn ich morgen früh aufwache, werde ich wohl glauben, alles ist nur ein Traum gewesen.“

Leimen, die Geburtsstadt von Boris Becker, im Freudentaumel: Boris wird zu Hause wie ein Staatsmann empfangen

Der wichtigste Sieg

Wimbledon 1986

Was alle erhofft, was viele bereits erwartet haben, es ist eingetreten: Boris Becker, der jüngste Wimbledon-Sieger aller Zeiten, hat seinen Titel vom Jahr zuvor verteidigt. Im Endspiel der 100. All England Championship besiegte der deutsche Tennisprinz (kassierte 476 000 Mark Preisgeld) den Weltranglisten-Ersten Ivan Lendl (damals noch CSSR) 6:4, 6:4, 7:5.

17.12 Uhr mitteleuropäischer Zeit: Boris Becker wirft den Ball zum zweiten Aufschlag in die Luft, feuert die Filzkugel auf den Körper von Lendl - und der Tscheche schlägt den Ball mit der Vorhand ins Netz. Spiel, Satz und Sieg! Boris reißt die Arme in die Höhe, trampelt mit den Füßen auf den heiligen Rasen und schreit immer wieder: „Jaah, jaah, jaah!" Karlheinz und Elvira Becker, die Eltern, umarmen sich auf der Tribüne. Boris' Trainer Günter Bosch und Manager Ion Tiriac schütteln sich die Hände. Tiriac klopft Bosch auf die Schultern - und der Gefühlsmensch, der Freund und Berater des neuen und alten Champion, bekommt feuchte Augen.

Um 17.17 Uhr endlich hält Boris den Goldpokal in Händen. Der Franzose Jean Borotra hat ihn überreicht, der älteste Wimbledon-Sieger dem jüngsten. Die Herzogin von Kent, für diese Übergabe sonst zuständig, gratuliert. Dabei fällt der Deckel des Cups zu Boden. Die Herzogin lächelt: „Junger Mann, Sie haben das Zeug dazu, auch vier- oder fünfmal zu gewinnen." Boris antwortet: „Dann sehen wir uns

Die flammende Rivalität: Boris Becker zerstörte Ivan Lendls Traum vom Wimbledonsieg. Lendl gewann nie an der Church Road und wurde so zur tragischen Figur

„Nichts war mehr wie vorher!"

Von Günter Bosch

Die 14 Jahre, die Boris Becker im Wimbledon gespielt hat, sind viel zu schnell vorbeigegangen. Mir ist, als hätte es erst gestern begonnen, und heute ist schon alles vorbei.

Es ist sehr viel Trauer in mir. Ein bißchen Nostalgie, aber natürlich auch eine Menge Respekt vor seiner Leistung. Es gibt wenige Wimbledon Sieger, die eine solche

Günter Bosch war zusammen mit Ion Tiriac der Entdecker von Boris Becker, führte ihn u.a. zu den beiden ersten Wimbledonsiegen. Im Januar 1987 trennte sich Bosch von Becker am Rander der Australian Open. Heute arbeitet der 60jährige als Tennis-Koluminst der Welt am Sonntag (stellte diese Kolumne zur Verfügung), als Tv-Kommentator und als Nachwuch-Coach in einem Camp bei Salzburg.

Faszination ausgestrahlt haben wie Boris. Er hat Wimbledon fast eineinhalb Jahrzehnte lang geprägt und attraktiv gemacht, nicht nur wegen seiner drei Siege.

Es ist schade für ihn, für sein Publikum, ja, auch für mich, daß er jetzt aufhört. Aber sein Abschied ist hoch ehrenhaft und stark. Er geht nicht durch die Hintertür hinaus, er geht durch den Haupteingang und mit erhobenem Haupt. Nach der Viertelfinal-Niederlage gegen Pete Sampras war Boris Becker auch als Verlierer ein Sieger.

Boris und der Rasen, das war Liebe auf den ersten Blick.

Vor 14 Jahren haben er und ich in Thamesditton, einem kleinen Londoner Vorort, erstmals auf Rasen ein Jugendturnier gespielt.

Damals war es kurioserweise ein genauso regnerischer Sommer wie in diesem Jahr, Spielunterbrechungen waren damals allerdings selten. Bei Regen wurde weitergespielt. So war es eigentlich gar kein Rasen-, sondern ein Sumpfturnier.

Einem Spieler, der unter solchen Umständen zum erstenmal im Leben Rasentennis spielt, wird der Untergrund meist zum Greuel. Nicht so bei Boris: Ihm hat es damals in Thamesditton schon riesengroßen Spaß gemacht, und er kam ins Finale. Es war eine richtige Jugendlager-Stimmung damals. Ich glaube, ich habe zwei Wochen lang jeden Abend bei McDonald's essen müssen.

Ein Jahr später hat Boris dann zum erstenmal bei den Herren in Wimbledon mitspielen dürfen. Das kleine Hotel, das der Deutsche Tennis Bund uns besorgt hatte, machte schon auf den ersten Blick einen merkwürdigen Eindruck. Und dann haben wir auch schnell bemerkt, was los war: Wir waren in einem Bordell gelandet.

Die Qualifikation wurde damals wie heute in Roehampton, einem Londoner Vorort, gespielt. Um Boris in dem großen Chaos dort ein bißchen Rasentraining zu ermöglichen, habe ich den Rasenmeister mit zehn Pfund bestochen. Dann durften wir immer zwischen zwei Spielen ein paar Schläge auf den Plätzen machen. Boris war schon damals süchtig nach Rasentennis.

Er hat dann in Wimbledon zwei Runden gewonnen und sich im Spiel gegen den Amerikaner Bill Scannon die Bänder im

Wimbledon II: Ein einziger Triumphzug für den deutschen Superstar. Die Engländer lagen dem deutschen Rotschopf zu Füßen

Fuß gerissen. Das Bild ist berühmt geworden, wie er im Rollstuhl vom Platz geschoben wurde. Seiner Liebe zum Rasentennis tat das übrigens keinen Abbruch. So hat alles begonnen.
Und dann kam 1985. Boris gewann das Vorbereitungsturnier in Queens, das damals noch mehr als heute Barometer für Wimbledon war. Er kam eines Morgens zum Frühstück und sagte mir, er habe geträumt, die Herzogin von Kent habe ihm den Wimbledon-Siegerpokal feierlich übergeben. Der Traum hat sich bei ihm festgesetzt, und zwei Wochen später hat er ihn sich auch erfüllt.
Von da an war unser Leben ein anderes. Boris und ich hatten gemeinsam den Rasen kennen- und liebengelernt. Nun war Boris mit einem Schlag zum Weltstar geworden. Nichts war mehr wie vorher.
Sein zweiter Wimbledon-Sieg im Jahre 1986 war für mich sein wichtigster. Was wir beide da zustande gebracht haben, ist für mich unauslöschlich. Sein Wimbledon-Sieg 1986 begann eigentlich mit seiner Viertelfinal-Niederlage in Paris gegen den Schweden Pernfors. Wir sind danach direkt nach London geflogen und haben Wimbledon zwei geplant. Wimbledon eins war die Erfüllung eines Traums, Wimbledon zwei war die Erfüllung eines Plans. Eine Woche vor Turnierbeginn habe ich ihm zwei Tage freigegeben für einen Trip zu seiner damaligen Freundin nach Monte Carlo. Ich habe ihn zum Flughafen gefahren und nach dem Kurzurlaub wieder abgeholt. Danach, so hatten wir ausgemacht, wird optimal für Wimbledon trainiert. Es hat dann auch wunderbar geklappt. Nach Wimbledon 1986 war Boris endgültig der „Rasenkönig".
Was unterscheidet den Becker von heute vom damaligen Boris?
Natürlich ist aus dem Jungen ein gestandener Mann geworden, mit Frau und Kind und Verantwortung für seine Familie.
Der Tennisspieler Boris Becker hat sich insofern verändert, als er seine Gefühle auf dem Platz in den vergangenen Jahren immer weniger ausgelebt hat als früher. Dennoch ist er immer der Spieler geblieben, der Seele und Körper in seinem Spiel zu einem Ganzen vereinigt. Er ist abgeklärter geworden, hat aber immer noch so viele Gefühle herausgelassen, daß die Zuschauer mit ihm gefühlt, gezittert, gewissermaßen sogar mitgespielt haben.
Der Tennisspieler Boris Becker ist ein Vorbild. Nie hatte er ernsthafte Probleme mit Schiedsrichtern, nie hat er sich mit seinem Publikum gestritten.
Sein Schützling Nicolas Kiefer hat nach seiner Viertelfinal-Niederlage diese Woche den Platz verlassen, ohne dem Schiedsrichter die Hand zu geben und ohne auf seinen Kontrahenten zu warten. Ich habe bei mir gedacht: Der junge Mann muß noch eine Menge lernen vom Boris. Seine Liebe zu diesem Spiel war größer, als daß er sich von irgend etwas davon abhalten ließ. Er war so fasziniert von diesem Spiel, daß er sich total vergaß, wenn er es spielte.
Sein Rücktritt ist ein besonderer Schock gewesen, nicht nur für mich. Auf der anderen Seite hat er einem schönen Moment gefunden, um „Auf Wiedersehen" zu sagen. Das Spiel gegen Pete Sampras war ein gutes, und wer hätte nicht im vierten Satz noch einmal mitgefiebert, ob er das Match nicht doch noch herumreißen kann?
Boris Becker selbst weiß - besser als sein Arzt, sein Trainer und seine Freunde -, daß er dazu wohl nicht mehr imstande ist. Deshalb geht er nun. Er verzichtet auf das Größte, was es im Tennis gibt: auf Wimbledon. Er verzichtet auf das Wichtigste: die Grand-Slam-Turniere.
Was bleibt ihm?
Ich kann mir nicht vorstellen, daß er lange an dem Plan festhalten wird, kleinere

Der Schock: Zweimal hatte Boris Becker in Wimbledon triumphiert. Der Hattrick aber blieb ihm verwehrt. 1987 kam das Aus in der Runde zwei gegen den Australier Peter Doohan. Der Himmelssturm war gestoppt. 1987 sollte viele Rückschläge bringen für Boris

Turniere zu spielen. Die Idee ist nicht realistisch. Die jungen Wölfe sind wachsam, sie werden den alten beißen, wenn er sich noch mal in die Wildnis wagt. Boris Becker hat sich nie zufriedengegeben mit den unwichtigen Dingen, mit Mittelmaß. Er wird es auch diesmal nicht tun. Ich sehe ihn nicht mehr lange bei diesen kleinen Turnieren rund um die Welt. So wie er als Spieler Charakterhärte bewies, wird er auch als Mensch Härte zeigen und auf ein Comeback verzichten. Er wird sich die Tragik ersparen, sich und sein Publikum mit Comeback-Versuchen wie Borg oder Wilander zu quälen.
Ich spüre eine große Trauer wegen seines Abschieds. Aber noch trauriger wäre ich, wenn ich ihn künftig gegen Spieler verlieren sehen müßte, gegen die er nicht verlieren sollte.
Ein Sieger geht mit dem Blick nach oben. So hat Boris Becker diese Woche den Centre Court von Wimbledon für immer verlassen.

ja in den nächsten drei Jahren wieder." Die Menge braust, tobt, trampelt. Ivan Lendl wird vom Zeremonienmeister in die Kabine geschickt, Boris soll allein seinen Triumph auskosten. Minuten danach liegt er seinen Eltern in den Armen, nimmt unten im Foyer des Centre-Court-Gebäudes die Glückwünsche von Bundespräsident Richard von Weizäcker entgegen.
Später, der Presseraum ist heillos überfüllt: „Dieser Sieg war viel befriedigender für mich als im letzten Jahr. Letztes Jahr war ich zwar spontan glücklicher, doch nun kann ich den Triumph auch gefühlsmäßig erleben."
Nein, auch das war ein anderer Boris als der Becker 1985. Auch im Moment des Glücks hielt er seine Emotionen in Grenzen, so wie draußen auf dem Platz während des Matches gegen Lendl.
Als er ein 0:40 im dritten Satz beim Stande von 4:5 aufholte, habe er die Angst in den Augen von Ivan Lendl gesehen, erzählte Becker nüchtern. Und daß sich beide vor der Partie, als sie sich in dem kleinen Warteraum eine Viertelstunde stumm gegenübersaßen, nicht angeschaut hätten. Becker: „Als sich unsere Blicke im Spiegel trafen, hat jeder weggeschaut."
Auch auf dem Platz sei der Respekt voreinander nicht gewichen, meinte Boris weiter. Weshalb dieses Match auch kein hochklassiges gewesen sei. Ob er denn nun die Nummer eins im Welttennis sei, wurde er gefragt. Der Champion gab sich bescheiden: „Nicht zwei Wochen entscheiden über diese Position, sondern ein ganzes Jahr. Ivan Lendl ist immer noch der Beste." Aber Boris Becker ist der Wimbledon-Sieger. Zum zweitenmal in Folge.

Das deutsche Doppel

Wimbledon 89

Er kennt den Rahmen bestens: Die 400 Gäste in dem in hellblauen Tönen gehaltenen Spiegel-Saal des Londoner Savoy-Hotels waren in feinstes Tuch gekleidet, die livrierten Kellner servierten Cocktails und Champagner. Und an der Wand hingen zwei Flaggen: zweimal Schwarz-Rot-Gold, sie dokumentierten den ersten deutschen Doppelerfolg in den Einzelwettbewerben des berühmtesten Tennisturniers der Welt.
Es war 21.45 Uhr am Abend des Triumphes, da betrat die „Tennis-Gräfin" den Saal, Die Gespräche brachen ab, Steffi, im schulterfreien weißen Kleid mit schwarzen Spitzen und Tüll-Rosen, stand ganz im Mittelpunkt, Mutter Heidi und Vater Peter an der Seite. Da ergreift Fred Perry, der legendäre Tennis-Star von der Insel, die Initiative, geht auf Steffi zu, und wie ein Großvater (Perry ist gerade 80 Jahre alt geworden), der seine Enkelin jahrelang nicht gesehen hat, küßt er die neue und alte Tennis-Queen stürmisch auf die Wangen. Steffi lächelt verlegen, bedankt sich artig.
Von Boris Becker, dem zweiten Ehrengast des „Champions-Dinner", ist zu diesem Zeitpunkt nichts zu sehen. Seine Freundin Karen Schultz ist schon da. Aber wo ist er? Die Offiziellen schauen nun immer wieder beunruhigt zur Tür. Längst sitzen die Gäste an den 32 runden Tischen. Längst hat die Harfen-Solistin ihr Spiel beendet. Und auch als die Feiergemeinde sich geschlossen erhebt, um das Tischgebet zu sprechen, ist der Stuhl des Wimbledon-Champions neben Mrs. Haddingham, der Frau des Wimbledon-Präsidenten, leer.
Eine Stunde nach Steffi erscheint Boris endlich. Die Kellner bringen gerade die Lachs-Pastete. Wie ein Filmstar, der seinen Auftritt publicity-trächtig verspätet wählt, steht der Tennis-Star plötzlich im Raum: Dunkler Anzug, die Frisur seinem Idol James Dean nachempfunden.
Freundin Karen Schultz, rostrote Seiden-Jacke und schwarze Hose, strahlt, als stünde sie vor einem Weihnachtsbaum. „Das ist alles so wunderbar aufregend", murmelt die Blondine aus Hamburg. Und Becker-Mutter Elvira zupft ihrem Mann Karl Heinz am Sakko herum. Das Dinner kann beginnen.
Der Tomatencremesuppe folgen die Wachteln. Boris, der seinen Clan (auch Bayern-Arzt Hans-Wilhelm Müller-Wohlfahrt mit Gattin ist dabei) an einen anderen Tisch, gleich neben der Graf-Familie, plaziert hat, nimmt bei Steffi und den Haddinghams Platz. Und bevor die Nachspeise (Pfirsich Melba) gereicht wird, erhebt Buzzer Haddingham sein Glas

zum Toast. „Auf die Königin", fordert er auf. „Auf die Königin", sprechen ihm die Gäste nach. „Auf die Staatsoberhäupter der hier anwesenden Staaten", fährt er fort. „Auf die Staatsoberhäupter", schallt es zurück. Dann übergibt der ehemalige Deutsch-Student das Wort an Steffi. Stille.

Ein tiefer Seufzer und Steffi legt los. So brilliant, wie sie Stunden zuvor im Endpiel auf dem heiligen Rasen Martina Navratilova geschlagen hatte, so locker parliert die 20jährige nun vor der Londoner Gesellschaft. „Ich bin stolz darauf, daß hier zwei Flaggen an der Wand hängen. Es ist schön, daß auch Boris Becker am Tisch sitzt, ein tolles Gefühl, auch wenn er ein bißchen spät kam." Die Spitze sitzt, und sie fährt fort: „Glauben Sie mir, wir kommen nächstes Jahr wieder."

Boris, an dem es nun ist, zu sprechen ist sichtlich beeindruckt von dem perfekten Vortrag seiner Vorrednerin. Er stockt, hat vor Aufregung fast die Sprache verloren. Schließlich aber beginnt er zu berichten von den guten und schlechten Seiten des Tennislebens, den verschiedensten Erfahrungen, die man als Racket-Star so macht. Und daß es ein langer Weg gewesen sei seit 1986, wieder auf den Wimbledon-Thron zurückzukehren.

„Das ist ein sehr bedeutender, emotionaler Moment für mich, ein tolles Gefühl", sagt er und witzelt: „Ich habe mir

Man sprach Deutsch in Wimbledon: Steffi Graf und Boris Becker gewannen - und Deutschland stieg zur Tennis-Nation Nummer 1 auf

Der dritte Schlag

Da stand er, dieser Boris Becker - und er streckte den goldenen Wimbledon-Pokal hoch in die Luft, eigentlich nur einer Person entgegen. Seiner Freundin Karen. Zum dritten Mal nach 1985 und '86 hatte der 21jährige Leimener triumphiert im grünen Tennis-Mekka, Titelverteidiger Stefan Edberg geradezu pulverisiert mit dem 6:0, 7:6, 6:4 nach 2,12 Stunden. Und Beckers Augen waren nur auf Karen gerichtet, blitzten vor Freude.

„Das ist ein wundervoller Moment, ich bin unfähig, dieses Gefühl zu beschreiben. Ich könnte ihn umarmen", stammelte Karen Schultz. Und die 25jährige, die sich sonst immer und überall in der Gewalt hat, ließ eine kleine Träne aus ihrem rechten Auge laufen. Boris hatte nur für sie gewonnen.

Er hatte gekämpft, wie lange nicht mehr zuvor auf dem heiligen Rasen, den er als seine Geburtstätte bezeichnet. In 22 Minuten schoß er Edberg den ersten Satz 6:0 weg. Der Schwede konsterniert, mit den Nerven völlig fertig. Im zweiten Durchgang schien sich der Titelverteidiger zu fangen, schaffte sogar ein Break zum 6:5. „Da dachte ich, Junge der Satz ist weg", erinnerte sich Becker später. Der deutsche Tennis-Held aber schlug fünf Zauberbälle in Serie, wandelte einen 0:40-Rückstand bei Edbergs Service in einen Spielgewinn um. „Das war der Schlüsselmoment für das Match", war sich Becker in der Pressekonferenz sicher. Edberg verlor den Tiebreak 1:7 und den dritten Satz schließlich 4:6.

„Das tut sehr weh, aber es war nicht mein Tag. Becker hat mich einfach überrannt." Edberg konnte das Desaster auch eine Stunde danach nicht fassen. Boris dagegen war sehr kühl, geradezu nüchtern.

Nachdem er um 17.19 Uhr, kurz bevor erneut der große Regen einsetzte in Wimbledon, seinen ersten Matchball mit einem krachenden Aufschlag verwandelt hatte, hob er stumm die rechte Hand, zeigte mit dem Finger zum Himmel. Sekunden verweilte er so, schleuderte dann seinen Winner-Schläger in die Menge. Und die glückliche Jill aus Birmingham, die ihn auffing, versprach: „Den Schläger nehme ich heute mit ins Bett, und da kommt er nie mehr raus."

Bevor Boris dann die Trophäe endlich von der Herzogin von Kent überreicht bekam, saß er stumm, gedankenversunken auf dem grünen Spielerstuhl. „Da habe ich an einen Menschen gedacht, der an diesem Tag nicht im Stadion war", meinte Becker später geheimnisvoll, „wer das ist, das ist Privatsache."

1985, der erste Sieg beim wichtigsten Turnier der Welt - das sei sein Traum gewesen, 1986 dagegen schon eher realisierbar. Und heute? „Heute", sagte Becker, „heute bin ich stolz, weil ich weiß, was es heißt, dieses Turnier zu gewinnen. Und was es heißt, es zu verlieren."

Zur gleichen Zeit öffnete gerade Mutter Elvira und Schwester Sabine in der Kaffee-Bar des Klubhauses die dritte Flasche Schampus. „Der Junge hat ganz schön schuften müssen", meinte da die Mama (war zusammen mit Tochter und Vater Minuten vor dem Match aus Leimen eingeflogen), „ich hab' ja nicht daran geglaubt."

den Gold-Pokal genau angesehen, da ist noch mehr Platz für meinen Namen." Becker schließt: „Ich danke Gott, daß ich meine Familie habe, meine Freundin, einen guten Trainer und einen guten Arzt."
Die, die zuvor noch ein bißchen verärgert waren wegen seiner Verspätung, klatschen nun auch zufrieden Beifall. Mit einem selbstgereimten Fünfzeiler beschließt Buzzer Haddingham kurz nach Mitternacht den Tag, der Einzug halten wird in die bundesdeutsche Sportgeschichte, wie der 18. Juni 1936 als Max Schmeling Joe Louis schlug, oder der 4. Juli 1954, als Deutschland erstmals Weltmeister im Fußball wurde. Entgegen früheren Wimbledon-Traditionen wird beim Champions-Dinner nicht mehr getanzt. Also kein Walzer der Gräfin mit dem Becker. Steffi verläßt das Haus, Boris bleibt mit seinem Clan noch ein wenig länger. Beide haben mit diesem Tag ihren Sport wunderbaren Zeiten entgegengeführt.
„Der ohnehin schon starke Boom wird noch einmal einen Schub bekommen", glaubt Claus Stauder, Präsident des Deutschen Tennis-Bundes, an eine Filzball-Zukunft ganz in Rosarot. Und Becker-Manager Ion Tiriac rechnet „Milliarden" hoch, die dieser doppelte Triumph am 9. Juli 1989 der bundesdeutschen Tennis-Wirtschaft bescheren könnte. Für Steffi und Boris, so Tiriac, sei dieser Erfolg wohl „lediglich" zehn Millionen Mark wert. Immerhin eine nette Zugabe zu dem „tollen Gefühl".
Wurden 1988 bereits 70 Millionen PR-Mark in den weißen Sport hierzulande investiert, erwarten Experten, daß Tennis der deutschen liebstes Kind Fußball (bekam 75 Millionen Mark aus der Wirtschaft) auch auf dieser Ebene überflügelt.
Und das alles nur, weil eine 20jährige und ein 21jähriger aus Baden, die beide zehn Kilometer voneinander entfernt aufwuchsen, besser Tennis spielen können als jeder andere auf der Welt.
„Ich war elf und die Steffi zehn", erinnert sich Becker, „ich war der Beste bei den Jungen und sie bei den Mädchen." Oft gesehen haben sie sich in ihrer Kindheit trotzdem nicht, gekreuzt haben sich ihre Wege eigentlich erst in Wimbledon. „Hier bin ich mit Steffi mehr zusammengekommen als je zuvor", sagt Boris. Wochen später gewinnen beide auch die US Open - Deutschland im Tennisrausch.

Der Stich

Wimbledon 1991

In die Dämmerung mischten sich ein paar Regentropfen. Der Tag ging zur Neige, und Boris Becker stand auf der Terrasse des Hauses, das der Deutsche Tennis-Bund gemietet hatte für seine Aktivitäten. Wimbledon, Burghley Road 16. Es war Sonntag, der 7. (?) Juli 1991. Boris Becker hatte eine verbeulte Trainingshose an und ein verschwitztes T-Shirt. Zweieinhalb Stunden nach dem Finale auf dem Centre Court des All England Lawn Tennis and Croquet Clubs stand er barfuß auf kalten Steinplatten, die Sprunggelenke immer noch bandagiert, eingekreist von Journalisten. Gerade fragte einer, was er im Alter von zwölf Jahren hätte werden wollen. Und ein anderer fragte, was gewesen wäre, wenn er das Endspiel noch einmal hätte spielen können an einem anderen Tag. Seine halbe Lebensgeschichte und die ganze Zerschlagenheit hat er in seinen Antworten offenbart. Nicht wenige waren schwer ergriffen und sogen nervös an ihren Zigaretten. Zitterne Hände krakelten flüchtige Notizen auf Schreibblöcke. Der Star trauerte, und die Reportermeute murmelte Beileidsbekundungen. Es war zum Weglaufen und so grotesk, daß es einem zum Bleiben anregte.
Wo hätte Boris Becker aber auch hingehen sollen? Angefangen hatte es mit einem spontanen Entschluß von Michael Stich, noch ein bißchen was zu sagen zu seinem triumphalen Erfolg. Erst waren Stich und Becker allein im Deutschen Haus, dann kam der von Stich bestellte Besuch. Becker fragte konsterniert: „Was macht Ihr denn hier?" Er stand auf, ging in die Küche und kam zurück mit belegten Broten. Er stellte sie auf den Tisch. Sie waren nicht für ihn gedacht. Seinen Platz auf dem Sofa hatte inzwischen der Korrespondent des Münchner Merkur eingenommen.
Stich im Mittelpunkt. Michael hier, Michael da, Michael tralala. Zeit zu verschwinden. Becker ging auf die Terrasse und schaute mit glasigen Augen in die Botanik. So was war noch nie vorgekommen. Dutzende von Reportern nebenan, und keiner interessierte sich für Becker. All die Leute, die zwei Wochen vorher bei einem kleinen Empfang des großen Meisters sich noch nervös um die besten Plätze drängelten. Doch nun passierte etwas Unfaßbares: Fixstern Becker im Abseits, Satellit Stich im Rampenlicht. Erst als dieser zur großen Feier ging, war Becker dran. Zweite Wahl. Boris Becker war immer erste Wahl. Das war nicht ganz einfach für einen, der in der Öffentlichkeit bis zu diesem Tag zum Nationalhelden gemacht wurde oder zum Hanswurst. Je nachdem. Er hat das erfahren in einem Alter, in dem andere noch zur Schule gehen. Er war an diesem Tag der Verlierer, der alles schon hinter sich hatte. Nur nicht das: ein Vehikel am Rande. „Es ist schwierig zu erklären, was ich jetzt fühle", sagte er, „das wird bestimmt ein paar Wochen dauern."

Wie sollte man auch die symbolische Bedeutung verstehen, daß sich das alles abspielte vor der Kulisse einer der größten Sensationen der Sportgeschichte? Becker hatte 1985 als jüngster Leimener aller Zeiten, als jüngster Deutscher, erster Ungesetzter und was sonst noch alles das legendärste Tennisturnier gewonnen.
„Hier wurde ich ein zweites Mal geboren", sagte er gerne. Oder: „Wimbledons Centre Court ist mein Wohnzimmer." Danach hatte er noch zweimal hier gewonnen, einmal die US Open und das Turnier von Australien, der DTB hätte in dieser Zeit kein einziges Mal den Daviscup errungen und wäre arm geblieben wie eine Kirchenmaus. Er war die Nummer eins gewesen, und er wurde sie es trotz der Niederlage gegen Stich wieder. Jeder wußte, wer Boris Becker war und was er geleistet hatte. Selbst der erfolgreiche Herausforderer Stich meinte in der Stunde seines Triumphes: „Ich würde mich nie mit Becker vergleichen, er ist ein Spieler, der weitaus mehr geleistet hat und geschaffen. Er ist der beste Spieler der Welt."

Es ehrte Stich, daß er das im Moment seines unvorstellbarsten Triumphes sagte. Es ehrte Becker, daß er Stich nichts von der Bedeutung seines Erfolges genommen hatte, und keine große Affäre aus seiner Niederlage machte. Nur wohlwollende Worte. Respekt. War er nicht nach dem Matchball übers Netz gestiegen und hatte den kühlen Hanseaten in seine kräftigen Arme genommen und brüderlich geherzt? Das war eine große Geste eines großen Verlierers. Und nun stand er da mit blauen Fußnägeln in der Dämmerung, auf der Schattenseite des ausklingenden Tages. Und wer genau hingesehen hat, wird das so schnell nicht vergessen.
Da stand Boris Becker. Ein Mensch, der wirkte wie du und ich, obwohl er durch Sachen gegangen war, die du und ich sich nicht mal vorstellen konnten. Da waren Neid, Haß, Mißgunst, Bewunderung und Hysterie gewesen, der Verlust jeglicher Privatsphäre, Erwartungen so schwer wie ein Mühlstein. Auf der Terrasse von Wimbledon sagte er damals: „Ich hatte mir ernsthaft überlegt aufzuhören, wenn ich dieses Spiel gewinne." Er machte weiter. Er mußte weitermachen. Er war 23. Zu jung, um aufzuhören, zu alt, um alles bloß ein zweites, drittes, viertes Mal zu erleben. Boris Becker sagte damals: „Es ist alles bloß ein Tennisspiel." Aber natürlich stimmte das nicht, und er wußte es.
PS Es dauerte ein paar Jahre, bis er diesen Tag verstanden hatte. Boris Beckers Karriere wäre, wie er später oft eingestand, „ganz anders verlaufen ohne diesen Tag". Weil dieser Tag zur Geburtsstunde einer der markantesten Rivalitäten im Tenniszirkus wurde. Becker und Stich, sie spielten später zusammen Daviscup und wurden Olympiasieger, sie genossen es, den anderen zu demütigen, wenn sie sich gegenüberstanden. Sie gaben vor, Freunde zu sein, und waren sich sichtbar nicht gewogen, und ohne dieses Finale von Wimbledon wäre das vielleicht ganz anders gewesen. Jedenfalls hat Boris Becker sechs Jahre nach diesem Finale noch mal ein Grand-Slam-Turnier gewonnen, und das war gar nicht so lange, bevor der Spieler Stich seinen Rücktritt ankündigte.

Der historische Moment: …h schlägt Becker im Wimbledon-Finale und umarmt ihn. Die Geburtsstunde eines unerbittlichen Duells um die Macht im deutschen Tennis

„Diese Rivalität war sehr wichtig für mich."

Von Michael Stich

Es war Samstag, der Tag des Damenfinales, als ich im deutschen Haus zum 2. Mal in meiner Karriere eine Art Pressekonferenz abhielt. Beim ersten Mal war es nach dem Wimbledonsieg '91, diesmal, um den Medienvertretern meinen sofortigen Rücktritt vom aktiven Profitennis bekanntzugeben. Den Rücktritt hatte ich schon im Mai in Hamburg angekündigt. Ich wollte aber noch einige Wochen gutes Tennis spielen; das gelang mir in Wimbledon mit dem Halbfinale. Ich spielte auf einem hohen Level und wußte, daß dies mein letztes Match sein würde. Mein Traum, mit einer großen Leistung meine Karriere zu beenden, ging in Erfüllung.

Als ich auf dieser Pressekonferenz im Deutschen Haus gefragt wurde, ob ich eine Kolumne über Boris schreiben würde, habe ich sofort zugesagt. Schließlich hat uns über 10 Jahre eine sehr enge Rivalität verbunden.

Michael Stich beendete in diesem Jahr seine Karriere. Nach Boris Becker war er der beste deutsche Tennisspieler, gewann 18 Turniere (darunter Wimbledon), schaffte den Sprung in die Finals der US Open und der French Open. Stich gewann mit dem DTB-Team 1993 den Daviscup, holte mit Becker im Doppel Olympisches Gold.

Um es vorweg gleich klarzustellen, ich habe vor Boris sportlichen Leistungen den allerhöchsten Respekt und bewundere das, was er erreicht hat.

Meine erste Begegnung mit Boris hatte ich 1989 bei einem Grand-Prix Turnier in Frankfurt. Boris hatte sich bereit erklärt, mit mir Doppel zu spielen. Es war sehr aufregend, und ich weiß noch, daß ich nicht besonders gut gespielt habe. Wir verloren glatt. Mein erstes Einzel spielte ich gegen Boris in Paris Bercy. Ich bekam eine Lehrstunde in Sachen Tennis. 6:1, 6:2 wurde ich vom Platz geschickt und dachte nur, wie weit weg er von mir ist. Und dann passierte es. Wimbledon '91. Finale gegen Boris. Zum ersten Mal zwei Deutsche im Finale von Wimbledon. Der Alteingesessene gegen den Herausforderer. Der Tag an dem unsere Rivalität begann und ich Boris seine wahrscheinlich schlimmste Niederlage beibrachte. Es wurde damals so dargestellt, daß die Tatsache, Boris geschlagen zu haben, wichtiger war als der Wimbledonsieg. Das war mit Sicherheit nicht so!

Die Tatsache, daß ich das wichtigste Tennisturnier der Welt gewonnen hatte, war weitaus bedeutender als die Tatsache, daß ich Boris geschlagen hatte. Boris hatte an dem Tag seinen Status als „Held" etwas eingebüßt. Er mußte plötzlich die Aufmerksamkeit der Medien teilen. Und das mit mir. An dem Abend nach meinem Sieg gab es dieses Pressegespräch, wo sich der Sieger mit den Medien trifft. Ich war logischerweise dort, aber Boris auch. Er servierte Drinks und tat so, als wenn ihm das alles nichts ausmachen würde. Ich glaube, daß er versuchte, die Aufmerksamkeit von mir auf sich zu lenken. An dem Abend hat es mich nicht gestört, aber wenn so eine Situation heute entstehen würde, würde ich ihn bitten zu gehen.

In den Jahren nach Wimbledon haben Boris und ich uns oft in den Medien gegeneinander aufstacheln lassen und Dinge gesagt, die nicht nötig gewesen wären. Aus diesem Grund ist zwischen uns auch nie eine persönliche Beziehung außerhalb des Platzes entstanden. Ich hatte nie das Bedürfnis, mit Boris tiefgreifende Gespräche zu führen und umgekehrt, glaube ich, genauso.

Unsere Einstellung zum Leben wie auch zu unseren Mitmenschen war grundverschieden. Aber auch zum Sport, und das wurde besonders deutlich für mich in Barcelona bei den Olympischen Spielen. Boris hat den Sport immer für seine eigene Selbstdarstellung genutzt und es so geschafft, die Menschen, die ihm zuschauten, in seinen Bann zu ziehen. Er hat dieses Verhalten auf dem Tennisplatz perfektioniert und außerhalb manchmal übertrieben.

In Barcelona wohnten wir anfangs alle im olympischen Dorf und genossen die spannende Atmosphäre dort. Ich dachte, daß man mit Boris auch ganz normal Spaß haben kann. Doch nach zwei Tagen zog Boris aus dem olympischen Dorf aus und zog in ein Hotel. Dies sicherlich, um sich die Voraussetzungen für einen sportlichen Erfolg zu schaffen, aber auch, um zu demonstrieren, daß er anders ist.

Da wir beide im Einzel früh verloren, war das Doppel für uns die letzte Chance. Die Goldmedaille war sicherlich einer unser größten sportlichen Erfolge unserer Karrieren. Aber es war trotz allem der Erfolg einer „Zweckgemeinschaft". Obwohl wir uns jeden Tag sahen, wußte ich von Boris als Mensch nicht mehr nach diesem Turnier. Wir verbrachten keine freie Minute miteinander. Ich war einer von vielen im olympischen Dorf, Boris wie immer einer von den „wenigen", die im Hotel wohnten. Aber eines muß man Boris zugestehen, seine Erfolge geben ihm recht und zeigen auch, daß er seinen Weg gefunden hat, um seine Ziele zu verwirklichen.

Persönlich hatte ich nie ein Problem mit Boris. Mein Problem bestand darin, daß ich nur selten die Anerkennung für meine eigene Leistung bekommen habe, wie ich sie verdient hätte. Es war immer er, der selbst in schlechten Momenten mehr Aufmerksamkeit bekommen hat. Das hat mich gewurmt, und oft habe ich Boris dafür verantwortlich gemacht, obwohl es nicht immer seine Schuld war. Auf der anderen Seite hat es mich aber auch angespornt. Wir haben uns gegenseitig angestachelt. Nicht, besser zu sein als der andere, aber mehr aus sich herauszuholen. Das war das Positive an diesem Duell.

Die Rivalität ist nicht weniger geworden, ist heute noch da. Beide sind wir irgendwo Perfektionisten, nur versuchen wir, diese Perfektion unterschiedlich zu erzielen. Wir sind beide bis an die Grenzen gegangen, um das Beste zu schaffen. Das ist die einzige Gemeinsamkeit, die wir, soweit ich das heute sagen kann, haben. Mir fällt sonst nichts ein, in dem wir uns gleichen. Aber wer weiß, was noch kommt; denn man sagt ja, daß sich Gegensätze anziehen.

Selbstverständlich würde ich heute mit Boris Golf oder Skat spielen. Es ist doch nicht so, daß ich seine Person meiden muß. Es liegt nur in der Persönlichkeit von Boris, daß er keine gleichwertigen Partner im Beruf neben sich akzeptiert. Deswegen wird es auch schwer sein, daß wir in Zukunft etwas Gemeinsames für das deutsche Tennis machen werden. Dann wären wir wieder da, wo wir die letzten 10 Jahre waren. Natürlich ist er derjenige, der mehr sportliche Erfolge hatte, den Boom auslöste. Aber für ihn und die Öffentlichkeit waren alle anderen deutschen Tennisspieler immer nur eine Ergänzung zum Tennisspieler Boris Becker. Auch heute auf einer anderen Berufsebene wäre das noch so. Ich fühle mich aber nicht als Ergänzung, sondern ich möchte die Chance haben, meine eigenen Ideen und Träume zu verwirklichen.

Abschließend muß man sagen, daß wir uns früher oft nicht clever verhalten haben. Ich kann aber sagen: Im nachhinein war diese Rivalität für meinen sportlichen Werdegang sehr wichtig und hat mir auch als Mensch enorm geholfen. Ich glaube, daß wir beide aus dieser Zeit sehr viel gelernt haben und daß wir einander dankbar sein sollten, daß es uns zur gleichen Zeit im Tenniszirkus gegeben hat.

Boris gewinnt als Verlierer

Wimbledon 95

Es gibt ihn nicht wirklich den Knigge für Sportler. Aber es existiert der Verhaltenskodex für die modernen Gladiatoren in kurzen Hosen mit gestählten Muskeln. Zumindest als ungeschriebenes Gesetz in den Köpfen der gefeierten Helden. Eine Grundregel besagt, daß der Sieger eines Wettkampfes sich bei den Zuschauern, bei seinen Fans bedankt. Mit einer Ehrenrunde.

Man kennt diese schöne Pflicht beispielsweise aus der Fußballbundesliga, wenn die ganze Mannschaft zu den Stehplätzen im Stadion läuft, wo die treuesten Verehrer warten. Manchmal fliegen Trikots in den Publikums-Pulk, fast immer klatschen die Spieler ihrem Anhang Beifall für die Unterstützung.

Merci, daß es Euch gibt - so heißt die freie Übersetzung der Zeichensprache. Darum joggte auch Pete Sampras nach dem gewonnenen Finale von Wimbledon 1995 über Boris Becker mit dem goldenen Pokal in der Hand gemächlich um den Centre Court, badend im Applaus der Menge.

Boris, der Geschlagene, stand in Gedanken versunken auf dem Platz, grübelte über die Niederlage und wartete darauf, daß der Amerikaner, der den Becker-Traum vom vierten Triumph auf dem heiligen Rasen, vom krönenden Jubiläums-Sieg 10 Jahre nach dem Tennis-Urknall an der Church Road zerschossen hatte , endlich den obligatorischen Umzug hinter sich gebracht hatte, um dann in den Katakomben zu verschwinden. Aber die 15 000 Menschen klatschten weiter, als Sampras seine Tasche packte, die berühmte, wertvolle Trophäe wieder an die Offiziellen zurück reichte, weil man als Champion nur eine Imitation in Miniatur-Format erhält.

Der Beifall wurde zum Orkan. Und man hörte „Boris, Boris"-Rufe. Sampras schubste den verdutzten Kollegen an und grinste: „Die meinen Dich." Also schnappte sich Boris Becker seine Silberschale des Zweiten Siegers und lief los. Die Menschen auf den Tribünen standen auf, johlten, tobten, trampelten vor Begeisterung.

Und Boris lachte. Vor Glück. Vor Stolz. Bei jedem Schritt mehr. Oben in der kleinen Box für die Gäste und Familien der Stars flossen Tränen. Becker-Mama Elvira schluchzte, und Barbara Becker heulte ebenfalls hemmungslos. Nicht, weil Boris von Sampras chancenlos verprügelt worden war. Nein, an das verlorene Endspiel dachte in diesem Augenblick niemand mehr. Die Becker-Ladies weinten vor Rührung. Ein schöneres, feierlicheres Ende des wichtigsten Grand-Slam-Tuniers für die Familie Becker und ihren Boris konnte es nicht geben.

Zum ersten mal in der bis zu diesem Zeitpunkt 118 Jahre währenden Geschichte Wimbledons lief ein Verlierer eine Ehrenrunde. Zum ersten mal überhaupt im Tennis.

Die Zuschauer bedankten sich damit bei Boris.

Für 10 Jahre Wimbledon.

Für drei unvergeßliche Siege.

Für vier Finalteilnahmen.

Für etliche Filzkugel-Krimis, Dramen und Partys auf Gras - nicht nur auf dem einen Platz, den Boris seit 1985 sein Wohnzimmer nannte. Und sie sagten Danke für den vielleicht größten, wichtigsten Sieg in Wimbledon in der einmaligen Karriere des Boris Becker: den Thriller-Triumph über Andre Agassi im Halbfinale. Es war das beste, aufreibendste Match des Turniers. Ein offener Schlagabtausch zweier Systeme, Generationen. Eine sportliche Achterbahnfahrt ohne Anschnallgurt. Festhalten war sinnlos, gepackt, geschüttelt wurde jeder. Es war ein Duell, das man nie vergißt, wenn man Tennis liebt. Und auf Boris steht...

Es war der 7. Juli 1995. Beckers Wimbledon-Geburtstag. 10 Jahre danach. Es war das 70. Match von Boris in Wimbledon. Aber der jüngste Sieger aller Wimbledon-Zeiten wehrte sich schon seit der Ankunft in England gegen die Vergangenheit und die Besonderheit dieses Auftritts im Mekka des Tennis. Schroff blockte er das Thema Jubiläum, Geburtstag, Melancholie ab: „Denke ich nicht dran, spielt keine Rolle, was war, ist eben passiert." Erst hinterher am Abend des Endspiels gibt er zu: „Ich habe dieses Datum nur verdrängt, um im Jetzt erfolgreich zu sein. Wenn mir vorher jemand erzählt hätte, daß ich 10 Jahre nach dem Erfolg über Kevin Curren nochmals um den Titel spiele, hätte ich das für einen Scherz gehalten." Aber es war kein Witz. Es war die reinste Form der Realität. Möglich gemacht durch das Duell mit Agassi.

Es beginnt um 15.40 Uhr Ortszeit. Mit dem Münzwurf zur Platzwahl durch Schiedsrichter Mike Morissey. Andre Agassi, ganz in Weiß, mit Piratentuch über die Glatze gewickelt, gewinnt, entscheidet sich für den Return und hämmert los. Er klaut Becker den Aufschlag, bringt seinen eigenen Service glatt durch. Nach 33 Minuten Tennis-Trommelfeuer steht's 6:2 für den, wie ein auf Vernichtung eingestellten Racket-Roboter Agassi. Boris wirkt geschockt, hilflos., außer Atem. Ein bißchen wie ein alter Mann. Es geht weiter im Formel 1-Tempo, ohne Geschwindigkeitsbegrenzung. Boris muß sich vorkommen wie in einem Karussell in Runde 20, und der Kirmesansager verkündet frohgelaunt, daß die nächste Fahrt rückwärts geht - einfach schwindelig. Agassi breakt Becker zum 2:1, zum 4:1 im zweiten Satz mit einer Leichtigkeit, mit einer Lässigkeit, daß die Kollgen der Nachrichtenagenturen sicherheitshalber schon mal die Version der Niederlagen von Boris Becker in die Laptops hacken. Man weiß schließlich nicht, ob Agassi noch einen Zahn zulegen kann, dann wäre die Partie vielleicht in 10 Minuten vorbei oder so... Becker wird unterdessen auf seinem ge-

Nachdenklich, am Ende aber doch glücklich: Becker-Gattin Barbara und das befreundete Ehepaar Westernhagen

liebten Rasen gedemütigt. Agassi, der von klein auf die gelben Bälle mit seiner beidhändigen Rückhand über das Netz prügelt, passiert Boris sogar nur mit einer Hand. Halbe Kraft reicht auch gegen dich - heißt diese Botschaft. Becker vergräbt beim Seitenwechsel den Kopf unterm Handtuch. Später sagt er: „Bis zu diesem Zeitpunkt hat er mich abgeschossen, lächerlich gemacht. Ich wußte nicht, was ich tun sollte. Agassi spielte wie ein Außerirdischer." Auf der Tribüne schminkt sich die „blaue Lagune" Brooke Shields schon mal die Lippen für die Siegesfeier danach, während Barbara Becker verzweifelt den Blick von Boris sucht, um ihn noch mal aufzubauen, ihm zu signalisieren: Wir glauben noch an dich." In Wirklichkeit aber glaubte keiner mehr an Becker... Aber dann passierte Komisches: Becker gewann Agassis Aufschlag, verkürzte auf 2:4 und feierte den Gewinn dieses Spiels ironisch mit seiner berühmten Faust, hob beide Arme in Luft. Das Publikum schmunzelte mitleidig, vermutete reine Ergebniskosmetik. Doch bei Agassi war unerklärlicherweise etwas zerbrochen: Das Selbstbewustsein. Hinterher erklärte der" weiße Riese von Wimbledon", der 11 Tage lang das Turnier zu seiner persönlich Show umgewandelt hatte, aber nun von Boris auf Zwergenformat zurechtgestutzt wurde: „Es war, als ob ich einen Berg rauflaufen wollte, der kein Ende nahm und immer steiler wurde."

Der Berg Boris.

Er spielt von dieser Minute an das Match seines Lebens. Das Erstaunliche: Becker schlägt Agassi von der Grundlinie, nicht mit nur seinem Aufschlag oder der üblichen Serve und Volley-Taktik. Der tapsige Bär wird von einer Minute auf die nächste spritzig, mutig, gelenkig, geduldig. Becker kann jede Geschwindigkeit mitgehen, alle langen Ralleys sogar für sich entscheiden. Zwischendurch raubt er mit seinen Aufschlaggeschossen dem Ami die letzte positive Kraft. Becker spielt, zaubert wie in Trance. Seit 1992 hatte er keinen Satz mehr gegen Agassi gewonnen, seit 1989 geschweige denn ein ganzes Match. Agassi war für Becker das Synonym für K.O. Bis zum 7. Juli 1995 um 18.55 Uhr. Boris verwandelt den Matchball, stößt die Faust in den sonnigen Himmel, zeigt auf Barbara. Aber er lacht nicht. Sein Gesicht ist verzerrt vor aggressiver Konzentration, vor Anstrengung. Boris wirkt elektrisch geladen, wie aufgedreht. Er hat einen Geburtstag zelebriert, an den das altehrwürdige Wimbledon noch lange zurückdenken wird. Becker gegen Agassis auf Rasen wird ein Klassiker, und die frechen Sprüche des Siegers, der den Anführer der neuen, respekt- und sorglosen Star-Generation genüßlich durch den Kakao zieht: „Es ist leichter, sich zu motivieren, wenn der Gegner nicht dein Freund ist. Agassi ist nicht mein Freund, er ist ein Einzelgänger, der im ganzen Zirkus keinen Kumpel hat. Der Typ ist nur eine Show mit seinem Turban. Andre läuft in Klamotten rum, die ich meinem Sohn nicht anziehen würde. Außerdem übt sein Sponsor Nike Druck auf die Turnierveranstalter aus. Darum durfte er die ganzen Tage auf dem Centre Court ran, und ich mußte auf die Außenplätze. Das hat mir nicht gefallen. Der Sieg über Agassi ist das Bedeutendste der letzten Jahre." Worte wie ein Schmetterball. Punkt und Schluß, keine Widerrede.

Barbara Becker sitzt allein im Restaurant „San Lorenzo fuoriporta". Sie trinkt ein Glas Champagner, kreuzt auf der Menükarte die gewünschten Gerichte an, bestellt noch einen Tisch für 8 Personen und verschwindet. Ihr Gesicht trieft vor Glück... Es ist 19.20 Uhr. Der Applaus der begeisterten Fans vibriert noch in ihren Ohren. Boris will mit ihr und seinem Sohn Noah in dieser Nacht allein sein. Es gibt keine rauschende Fete. Die gemietete Tafel ist für seine Eltern und Freunde gedacht. Er holt am Hintereingang des Lokals in T-Shirt, kurzer Hose und Badeschlappen später selbst das Essen in einer großen, dampfenden Kiste ab. Karl-Heinz und Elvira Becker speisen mit den Bekannten ihres Sohnes: mit Marius Müller-Westernhagen, dem Rocksänger und dessen Frau Romney, und Carlo Thränhardt, dem Vertrauten und gelegentlichen Fitneß-Trainer. Es gibt Scampis auf Reis und Thunfischcarpaccio... Andre Agassi schaut auch im San Lorenzo mit seiner Brooke und Trainer Brad Gilbert vorbei. Besser gesagt: Er läßt Gilbert die Lage checken. Als der den Becker-Anhang gut gelaunt lachen hört, flüchtet Agassi. Niederlagen können schrecklich sein... BILD feiert Boris am Tag nach dem historischen Erfolg: „10 Jahre Wimbledon. Boris, Dein größter Sieg! Jetzt hol Dir die Krone!" Das geht aber nicht. Alle Kraft-Kanister sind leer schon vor dem Endspiel gegen Sampras. Körperlich ist Becker platt und ausgelaugt. Nach jedem Match war er nach der obligatorischen Massage in ein Eisbad geklettert, um die geschwollenen Gelenke zu kühlen, die Schmerzen zu lindern. In der Nacht vor seinem 7. Finale muß Becker ins Krankenhaus. Sein linker großer Zeh-Nagel ist vereitert. Weil Narkosemittel auf der Dopingliste stehen, verzichtet Boris auf Betäubung und läßt mit einer heißen Nadel ein Loch in den Nagel bohren, damit der Eiter abfließen kann. Später wird uns Boris seine geschundenen Füße zeigen, blutunterlaufen an den Sohlen vom Stop-and-go-Tennis auf Rasen. Seine Muskeln haben keine Power mehr. Der 251minütige Marathon im Viertelfinale

gegen Cedric Pioline (6:3, 6:1, 6:7, 6:7, 9:7), die Schlacht mit Agassi - die Kraft des wie ein Teenager wirkenden Becker (schrieb die Londoner Daily Mail) war ausgegeben, verbraucht. Und auch der seelische Tank hatte keinen Sprit mehr: Den Erzfeind besiegt, wieder im Finale - „alles, was jetzt kommt, ist wie eine wunderschöne Zugabe", sagt Boris. Klar, Becker will auch Sampras schlagen - aber die Wut, die ihn so gut macht, ist nicht da. Er kann nicht mehr zulegen, keine Schippe übermenschlicher Kraft, die er gegen den „perfektesten und besten Tennisspieler aller Zeiten" (Becker über Sampras) braucht zur Sensation.

■

Das Finale.

Bis auf den ersten Satz geht alles ziemlich schnell. In diesem Start-Durchgang rettet sich Boris noch in den T-Break und gewinnt. Aber die Welle des geistigen Rausches ist verebbt und Pistolen-Pete zu gut. Er läßt Boris nicht mal ein bißchen am Duft des möglichen Erfolgs schnuppern, zieht sein Programm ohne Fehler durch und Becker glatt ab. Es wäre der große Frust ausgebrochen beim Erfolgs-Fanatiker Boris, der vom Gedanken und Willen, nicht zu verlieren besessen ist, der nach Pleiten manchmal stundenlang allein in irgendeinem Hotelzimmer sitzt und nicht ansprechbar ist. Nicht einmal für seinen Frau. Niederlagen fressen ihn normalerweise auf. Diese nicht. Die Ehrenrunde läßt ihn Gänsehaut spüren, ergriffen flüstert er danach in die Mikros: „Das war der schönste Moment meines Tennislebens. Ich spürte, daß ich auch in der Niederlage ein Teil von Wimbledon und seiner großen Geschichte bin." Er nimmt bis nachts um drei Uhr Abschied von dem Ort, den er so liebt, an dem er zum Star geboren wurde 10 Jahre vorher. „In Wimbledon ist der Spieler Becker immer noch ein bißchen besser als sonst", sagt Boris und bastelt so selbst am Mythos des Gras-Giganten. Partystimmung. „Mir ist nach feiern zumute", lächelt der schwarzrotgoldene Tennis-Held, „traurig bin ich nicht. Ich hatte keine Chance gegen Pete." Entspannt lädt er wieder in sein Stammlokal San Lorenzo„ küßt nachts seine Mutter, lauscht den a cappella-Einlagen von Freund Marius, stößt mit seiner Gattin erst mit Schampus, dann mit Rotwein an. Was Boris immer noch nicht weiß zu dieser frühen Morgenstunde: Barbara hatte lange überlegt, ob sie den kleinen Noah mit zum Spiel bringen sollte. Sie erzählt: „Boris hatte sich das gewünscht, gesagt, wenn ich das Finale erreiche, soll er auf der Tribüne sitzen. Aber ich hatte Angst vor den Kameras der Fotografen, vor dem Krach. Noah wäre bestimmt durchgedreht." Die Familie Becker fliegt nicht gleich am nächsten Tag nach Hause, sondern wandert vom gemieteten Haus am Ridgeway Place durch das gemütliche Village, wo keine grünlila Fahnen mehr hängen und die Preise in den Lebensmitteln gefallen sind, weil die anderen Tennismillionäre längst in den Flugzeugen sitzen, hinunter zum All England Lawn Tennis and Croquet Club. Außer ein paar Platzarbeitern ist niemand da, als Boris seinem Noah ganz allein den Centre Court zeigt, sein Wohnzimmer, das ihm nicht mehr gehört. Denn er hat es Sampras übergeben: „10 Jahre hat dieser Platz mir gehört, jetzt ist er Petes Eigentum. Er ist der neue König von Wimbledon. Aber ich komme wieder."

„Ich habe auf Dich gesetzt!"

Von Boris Becker

Pete Sampras hatte gerade seine Ehrenrunde auf dem Centre-Court beendet, allen seinen Siegerpokal gezeigt. Er stellte sich neben mich - und die Zuschauer klatschten einfach weiter. Plötzlich rüttelte mich Pete an der Schulter: „He, die meinen dich, Boris." „Mich?", ich war perplex, denn das hatte es noch nie gegeben in Wimbledon, daß der Verlierer eines Finales auch zur Ehrenrude gebeten wurde. Als ich dann mit der kleinen Silberschale über den Centre-Court lief, brach ein regelrechter Beifallssturm los. Das war einer der bewegendsten Momente meines Tennislebens. Ich spürte, daß ich auch in der Niederlage ein Teil von Wimbledon, von seiner großen Geschichte bin.

Zehn Jahre waren in diesen Juni- und Julitagen 1995 seit meinem ersten Wimbledonsieg am 7.7.1985 vergangen. Alle Welt hatte mich daran erinnert, vor und während des Turniers. Ich aber versuchte, dieses Datum zu verdrängen, nicht in der Vergangenheit zu leben, sondern im Jetzt erfolgreich zu sein. Doch das Kuriose war, daß die Vegangenheit mich in diesem Jahr in Wimbledon auf Schritt und Tritt verfolgte. Da traf ich zum Beispiel nach vielen Jahren ausgerechnet in London Hank Pfister wieder - den Mann, den ich 1985 in der ersten Runde geschlagen hatte. Und im Umkleideraum begegnete ich plötzlich Kevin Curren, meinem damaligen Finalgegner. Er sagte lächelnd: „Ich habe fünf Pfund auf einen Wimbledon-Sieg von dir gesetzt."

Natürlich habe ich mir diesen Sieg auch zugetraut, war bestens vorbereitet. Doch mit Pete Sampras traf ich im Finale auf einen Spieler, der keine Schwächen zeigte, an diesem Tag einfach unmenschlich spielte. Früher haben die Leute immer gesagt, daß mir der Centre-Court von Wimbledon gehört. Heute muß ich sagen: Jetzt gehört der Centre-Court Pete Sampras. 1985 hätte ich freilich nie gedacht, daß ich zehn Jahre später noch einmal im Wimb-

ledon-Finale stehen würde. Wenn man so will, habe ich deshalb am 7. Juli 1995 nicht nur mit Andre Agassi das Symbol der neuen Tennisgeneration bezwungen im Halbfinale von Wimbledon, sondern auch ein wenig die Zeit besiegt. Vor allem mir selbst wollte ich beweisen, brauchte die Bestätigung, daß ich es noch kann, sogar weitaus besser als in den Jahren davor.

Was stand nicht alles während Wimbledon vor allem in den englischen Zeitungen! „Der alte Löwe aus Leimen", „der alte Held", „der elder statesman Becker" - als wäre ich ein Opa. Noch aber bin ich nicht 34, noch wachsen mir keine grauen Haare. Meine Konkurrenten aus den 80er Jahren - Conners, Lendl, McEncroe, Wilander, Edberg - sie alle sind schon in Pension oder nicht mehr in der absoluten Weltspitze. Aber ich bin noch da! Und mit mir muß sich die junge Generation noch einige Jahre rumschlagen. Es macht mir einfach noch zuviel Spaß.

Boris Becker schrieb diese Kolumne für Robert Lübenoffs Buch „Grand Slam '95", erschienen im Sportverlag, Berlin.

Der Schock

Wimbledon 1996

... Becker darf inzwischen Glückspfennige zählen oder seine Hasenpfote streicheln aus Dankbarkeit, nachdem sich die Auslosung vor ihm geöffnet hat. Nur noch zwei Gesetzte haben in seiner Hälfte den Feuersturm der ersten beiden Runden überlebt. Hier ist Boris, aufgefordert auf den Platz zu gehen mit Neville Godwin. Ja, Sie dürfen fragen: Neville wer? Boris und Court One werden ihm heute den Schlußvorhang bescheren.

Aus dem offiziellen Programmheft „Wimbledon 1996. The Fifth Day", verfaßt von Ronald Atkin.

Barbara war da in einem türkisfarbenen Ledermantel und sah aus wie Madame Superchic, Boris' Manager und väterlicher Freund, Dr. Axel Meyer-Wölden, saß strahlend auf der Holzbank, und an der Stirnseite des Platzes fieberten Deutschlands prominenteste Boris-Fans: Bertis Buben. Die sollten bei der Fußball-Europameisterschaft zwei Tage später das Finale bestreiten. Es war alles gerichtet an diesem 28. Juni für eine Glanzvorstellung des Mannes, der noch einmal überraschend zum Top-Favoriten von Wimbledon avanciert war. Und das alles auf Court One, jener legendären Bühne in Wimbledon, auf der historische Matches stattgefunden hatten und Becker schon so viele Schlachten bestanden. Was sollte Neville Dingsda daran ändern?

17.05 Ortszeit, nach 52 Minuten im ersten Satz und einem Spielstand von 1:0 für Godwin im Tiebreak, spielte Becker einen zweiten Aufschlag seines Gegenüber. Der Ball tropfte vom Rahmen, ein Schrei, ein Griff mit der Linken zum rechten Handgelenk, Beckers Gesicht wurde zur schmerzverzerrten Grimasse. Auweia. Zehn Minuten später war das Match zu Ende. Der Physiotherapeut war gekommen, hatte bandagiert, Becker noch einen Probeschwung gemacht. Nichts ging mehr. Mit betroffenen Mienen saßen die Menschen da. Konnten es nicht fassen. Einen Becker sieht man nie gerne gehen. Und schon gar nicht so.

Pressekonferenz. Der Offizielle mit dem schütteren Haar, dem grauen Jackett und der Krawatte in den Vereinsfarben von Wimbledon machte ein trauriges Gesicht, die Journalisten wirkten ernst und besorgt, und Becker sprach sehr leise. Er gab sich alle Mühe, souverän zu wirken, aber hinter seinen traurigen blauen Augen weinte er innerlich. Ja, er müsse jetzt ins Krankenhaus zum Röntgen. Ja, er habe große Schmerzen. Nein, so eine Verletzung habe er noch nie gehabt. Doch das einzige, was wirklich wichtig war, war etwas anderes. Becker sagte: „Ich war einer der wenigen, die dieses Ding hätten gewinnen können. So eine gute Chance hatte ich schon lange nicht mehr. Und wenn ich ir-

gendwo gut abscheiden möchte, dann ist es Wimbledon, es ist der Höhepunkt meines Jahres."
Höhepunkt des Jahres? Es war immer der Höhepunkt seines Tennislebens. Und: Agassi, Courier, Kafelnikov, alle raus in seinem Tableau. Der Weg ins Finale war frei. Er wußte, so einfach würde es nie wieder werden. Zu glauben, alles sei permanent wiederholbar, ist ein Privileg der Jugend.

Southfields gepinnt werden wird? Nach wem werden sie sich so voller Ehrfurcht die Hälse verrenken auf den billigen Plätzen? Wird es jemals einen zweiten Lord von Wimbledon geben? Irgend jemand zitierte einen klugen Sportjournalisten, der einmal schrieb: „Athleten sind wie ein Stück Seife. Irgendwann sind sie aufgebraucht."
„Beckaagh!", titelte tags darauf der Daily Mirror, und der

Aufgabe, Schock, Hoffnung: Eine Handgelenkverletzung zwingt Becker zur Aufgabe gegen Godwin. Später erklärt er der Presse: „Es wird weitergehen".

Becker war in den Jahren zuvor in Wimbledon stets an jugendlichem Sturm und Drang gescheitert, an Ivanisevic oder Sampras verzweifelt. Er sagte: „In meinem Alter weiß man Chancen zu schätzen." Es war ein Jammer, eine Tragödie. Als er in einer schwarzen Limousine weggefahren wurde ins Krankenhaus, fing es an zu regnen. Es war, als ob der Himmel ein bißchen weinte aus gegebenem Anlaß. Unablässig tropfte es in die Buschrosen am Clubhaus, der Oleander ließ den Kopf hängen, und die Veilchen gingen in die Knie. Stumm stand die Bronzestatue von Fred Perry im Niesel, und um die geparkten Autos auf dem Golfplatz gegenüber der Church Road bildeten sich schlammige Pfützen. „No further play today", kam aus dem Lautsprecher. Und durch den Regen trotteten 31653 Zuschauer durch die traurige Kulisse enttäuscht nach Hause.
Boris Beckers Laufbahn war stets eine Achterbahn. Irgendwann kam er immer wieder oben raus. Es war wie ein Naturgesetz. Nach dem Tief im Anschluß an die ersten Wimbledon-Siege war das so; nach den vergeblichen Versuchen, die Nummer eins zu werden; nach der Niederlage gegen Stich im Finale des All England Club; nach der Geburt seines Sohnes. Doch an diesem traurigen Tag gab Boris Becker Wimbledon und der Welt erstmals wirklich eine Ahnung von seinem Ende. Er selber sagte zwar: „Noch bin ich in dem Gewerbe, noch hoffe ich." Aber der zuvor undenkbare Gedanke, daß es mal ein Wimbledon ohne Becker geben würde, hatte sich festgesetzt. Und die Frage, welches Gesicht dann auf die Reklamereiter an der U-Bahn-Station

Rest der Gazetten zelebrierte eine Beerdigung erster Klasse mit Bildern des leidenden Helden auf Seite 1. Es war Samstag, der Tag danach. Am Nachmittag sollte Becker im Deutschen Haus eine kleine Stellungnahme abgeben. Erst saßen die Journalisten auf einem taubenblauen Sofa, neben Glasschränken mit Nippes sowie Kommoden aus Edelholz und machten Becker-Witze. Sie waren nervös, und Spekulationen vom abrupten Karriereende machten die Runde. Dann kam er. Hand in Gips. Die Diagnose: Strecksehnenanriß, die Hand mußte vier Wochen ruhiggestellt werden. Die Rekonvaleszenz sollte zehn Wochen betragen. Meyer-Wölden sagte: „Noch ein Schlag mehr und die Sehne wäre gerissen." Becker meinte: „Die Ärzte gehen davon aus, daß ich wieder 100prozentig fit werde."
Wieder war es ein stiller Moment, das Ganze hatte etwas Feierliches. Becker stand noch ein bißchen herum und plauderte. Dann fuhr er weg, es war genau einen Tag, nachdem die britische Presse ihn zum Top-Favoriten von Wimbledon ernannt hatte. Draußen wurde es sehr schnell dunkel, und es sah nach Regen aus.
PS Das Wimbledon-Finale 1996 bestritten die ungesetzten Richard Krajicek und MaliVai Washington. Becker hatte vier Monate später einen grandiosen Auftritt bei der ATP-Tour-Weltmeisterschaft, wo er sich im Finale mit Pete Sampras ein Duell der Extraklasse lieferte. Aus Neville Sowieso ist nicht mehr viel geworden, und Court One haben sie sofort nach dem Turnier abgerissen. Eigentlich schade. Der Spitzname 'Hinterhof des Henkers' hat gut gepaßt.

Der Abschied

Wimbledon 1997

Das Lachen war plötzlich eingefroren. Pete Sampras blieb wie angewurzelt stehen, seine Gesichtszüge entgleisten, seine braunen Augen meldeten Schockzustand. Dabei hatte der Mann gerade gewonnen. Den Klassiker gegen Boris Becker. Im Viertelfinale von Wimbledon, auf dem Centre Court. Das vorweggenommene, das wahre Endspiel 1997. Aber beim obligatorischen Händeschütteln am Netz nach dem Matchball war offensichtlich irgend etwas Schlimmes passiert. Von der Tribüne aus konnte man nur erahnen, daß zwischen den beiden Superstars der Szene Bedeutendes mit Worten ausgetauscht wurde. Nur ganz kurz, aber auf einen bestimmte Weise freundschaftlich intim. Automatisch wandert in solchen Momenten der Blick des Reporters in die Box des Becker-Clans, sucht Barbara, um eine mögliche Antwort auf das Fragezeichen im Kopf zu finden. Die Frau des Tennisspielers Boris Becker steht einen kurzen Augenblick länger als der Rest der Boris-Roadies auf der Tribüne und sieht auf den Platz, setzt trotz Abenddämmerung die Sonnenbrille auf und verschwindet mit schnellen Schritten in der Zuschauermenge. Merkwürdig. Die Augen des Reporters scannen den Centre Court im Kleinhirn ein. Alarmstufe Rot. Boris Becker verläßt den heiligen Rasen mit langsamen Schritten, lächelt charmant in die königliche Tribüne hoch über der Grundlinie, wo die Herzogin und der Herzog von Kent applaudieren. Dann bleibt Boris plötzlich stehen, dreht sich um, seine Augen wandern durch das Stadion, das er so liebt. Die Fans klatschen. Boris verbeugt sich wie ein Opernsänger in alle Richtungen, lacht. Und geht. „That was it." Das war's. Die Worte zerschneiden die gespannte Stille in der Pressekonferenz im kleinen Interview-Raum unterhalb des berühmtesten Tennisplatzes der Welt. Die Stifte der internationalen Medienvertreter sausen aus den Taschen, fliegen im Staccato-Rhythmus über das Papier, die Diktiergeräte werden mit einem Gemeinschafts-Klack angeworfen. Oben auf dem Podium sitzt Boris Becker und erklärt seinen Rücktritt. Von Wimbledon. Von den Grand-Slams. „Ich fühle, daß ich keine Kraft mehr habe, um ein großes Turnier zu gewinnen. Der Hunger ist weg. Pete Sampras ist der beste Spieler aller Zeiten. Mich mit ihm zu messen, hat mich in den letzten Jahren getrieben, mir den Thrill gegeben. Jetzt brauche ich das nicht mehr, gibt es Wichtigeres. Ich habe ihm das nach dem Spiel gesagt, das dies mein letzter Aufritt in Wimbledon war, daß es eine große Ehre für mich war, gegen ihn noch einmal anzutreten, hier wo ich als Star geboren worden bin." Die Tastaturen der Laptops leisten Akkordarbeit. Das Pressezentrum, zumindest die deutsche Kolonie dort, vibriert, hämmert. Die Stimmung ist hektisch, melancholisch. Man fühlt sich wie betäubt. Manche Kollegen haben sogar feuchte Augen. Tränen fließen heimlich. Der Tennisspieler Boris Becker war schließlich für jeden Tennis-Reporter ein Teil des Lebens. Zumindest eines wichtigen Abschnitts voller Höhepunkte. Jetzt kündigt sich das Ende an. Noch einmal die US

Viertelfinalniederlage gegen Pete Sampras:
Das war's - goodbye Wimbledon

Open, dann als Titelverteidiger Abschied vom Grand Slam Tennis beim Compaq Grand Slam Cup in der Münchner Olympiahalle.

Das Deutsche Haus in Wimbledon, Burghley Road Nummer 16. Rund 300 Meter Luftlinie vom Centre Court entfernt. Boris sitzt auf der blaün Coach im Wohnzimmer, umlagert vom Heer der deutschen Journalisten. Vorher hat er in der Küche ein Bier gezischt, Nudelsalat gefuttert. Jetzt ist er entspannt und bastelt geschickt an seiner eigenen Legende, am Mythos Boris Becker. Seine Abschiedsrede von Wimbledon ist wohlüberlegt: „Mein Verstand hat mir schon lange geraten, Schluß zu machen. Wenn man älter wird, gibt es immer Spieler, die schneller, stärker, klüger sind. Ich konnte mich lange dagegen wehren, jetzt ist der Zeitpunkt gekommen, wo ich nicht mehr will und kann. Der Entschluß, nicht mehr zurückzukommen, ist schon vor einem halben Jahr bei den Australian Open gefallen. Nach dem Erstrunden-Aus gegen den Spanier Moya habe ich meiner Frau gesagt: „Hör mal, Barbara, so kann es nicht mehr weitergehen, ich gehöre hier nicht mehr hin. Wir müssen nur die Zeit bis Wimbledon irgendwie rumkriegen."

Es ist dunkel geworden im Garten des Deutschen Hauses. Boris sitzt im Scheinwerferlicht der einzelnen TV-Teams und schildert seine Gefühle nach dem Rücktritt: „Ich bin froh, daß es raus ist. Ich spüre keine Wehmut." Dann aber verrät sich Boris für einen kurzen Moment: „Ich wollte meinen Abschied hier verkünden. In Wimbledon. An meinem schönsten Ort. Aber ich konnte doch nicht nach der Verletzung im letzten Jahr gehen. So ein Rücktritt hätte mich umgebracht..." Da war die halbe Wahrheit. Die ganze Geschichte aber passierte im Match gegen Sampras. Boris hatte keine Chance, gewann den zweiten Satz nur, weil ein Vorhand-Return verunglückte und der Ball vom Schläger-Rahmen Beckers an Sampras vorbei ins Feld flog. Sonst wäre die Angelegenheit schon in drei glatten Sätzen geklärt gewesen. Boris hat in diesem Spiel gemerkt, daß Sampras, den er 1996 immerhin zweimal schlagen konnte, mittlerweile Lichtjahre von der Masse entfernt ist. Ein Außerirdischer in der Weltrangliste eben. Und nur am Tennis-Alien Sampras hat sich der Racket-Dino Becker orientiert. An dessen Perfektion. Je stärker Sampras in den letzten Jahren auftrumpfte, desto besser wurde auch Boris. Doch nun mußte Becker erkennen, daß er nicht mehr kontern konnte. Auch in Zukunft nicht. Elf Jahre in den Top 10 der Welt - die Energieleistung hat Spuren hinterlassen, den Körper ausgezehrt, Schwachpunkte offenbart. Die Klasse von Boris Becker war und ist die realistische Einschätzung der eigenen Fähigkeiten. Becker hat instinktiv meistens die richtige Entscheidung im richtigen Moment getroffen. So war

Liebling der Medien

VON ULRICH KAISER

Damals haben sich die Reporter ein bißchen darüber amüsiert, als der Sechzehnjährige auf einmal auf der Pressetribüne erschien und meinte, er wolle sich zu seinen Freunden setzen. Dann schaute er zu, wie dort auf dem Platz einer namens Ivan Lendl spielte und gewann - nach einer Weile sagte der 16jährige, das sei nicht schlecht, und ging wieder. Die Reporter amüsierten sich erneut über den rothaarigen Bengel - sie packten das in jene Schublade, wo die unkomplizierten Teenager lagern, die noch nichts wissen von diesem Geschäft und schon gar nichts von dem, was auf der Welt vor sich geht. Als Boris Becker ein paar Tage später die Bänder am Knöchel rissen, war das eine Notiz, mehr nicht. Gewonnen hat das Turnier 1984 in Wimbledon dann John Enroe gegen Jim Connors - und zwar so überlegen, daß man ihm noch eine jahrelange Herrschaft zutraute. Aber zwölf Monate später siegte Becker, immer noch erst siebzehn, immer noch der vertrauensselige Teenager. Dieses Mal amüsierten die Reporter sich, als er fragte, wieviel Geld er eigentlich gewonnen habe, - und als er von „der Frau dort" sprach, mit der er die Herzogin bei der Siegerehrung meinte.

Ulrich Kaiser, Herausgeber der Zeitschrift Tennis Revue, freier Journalist und Buchautor sowie Autor von TV-Sendungen, kennt Wimbledon besser als die meisten Briten.

Natürlich kann man Unbefangenheit nicht lernen - auch nicht dieses „Frisch-von-der-Leber-weg"-Reden, das den Bundespräsidenten erheiterte und den langgedienten Fernseh-Moderator jauchzen ließ. Der Manager seinerzeit sprach von Charisma, was sich - ein bißchen dick - auch als 'Gottesgabe' übersetzen läßt. Richtig ist sicherlich, daß dieser ganz und gar nicht schüchterne Boris in jener Zeit ein Talent bewies, mit den Medien umzugehen - unbewußt natürlich, aber deswegen nicht weniger wirkungsvoll.

Die Routine kam erst in den folgenden Jahren hinzu, aber da bestand bereits das unzerstörbare Image: „Unser Boris" sagten sie auch, wenn er verloren hatte - sie sagten nicht „der Becker".

Selbstverständlich kam ihm die Tatsache entgegen, daß Mitte der achtziger Jahre plötzlich die kommerziellen Fernsehsender in die Wohnzimmer flimmerten, die ein Programm brauchten, nach Möglichkeit mit einem Star, und kein anderes Spiel paßt so gut auf einem Bildschirm wie Tennis. Der Boom der Lizenzvergaben führte zeitweise so weit, daß allein in Deutschland bis zu vierzig Prozent dieses weltweiten Marktes stattfand. Die gedruckten Medien hatten gar keine andere Wahl, als das zu berücksichtigen. Hinzu kam, daß dieses einst so elitäre Spiel populär geworden war - es füllte Freizeit in ordentlicher Gesellschaft, den Leuten ging es gut, die Mitgliederzahl des Verbandes hatte sich in zwanzig Jahren verzehnfacht.

Der Teenager, der zum Twen wurde, lieferte alles, was die Branche benötigte: Die Dramen in den Stadien zusammen mit der psychologisch interessanten Ausbreitung aller Gefühle - die wirtschaftlichen Aspekte mit immer neuen Millionen-Verträgen - politische Diskussionen darüber, ob er seinen Wehrdienst ableisten soll, seine Steuern zu Hause bezahlen oder eine Meinung zur Hamburger Hafenstraße äußert, - schließlich auch Freundinnen mit verschiedener Haarfarbe, was für einen jungen Mann nicht eben ungewöhnlich ist. Die Zeitungen mit den großen Buchstaben

es im Match. So war es jetzt nach dem Match. Denn Boris hat sich schon lange nicht mehr für die Rangliste interessiert. Es war nur der Vergleich mit Sampras, mit dem Besten, der ihn motivierte. Nur deshalb konnte einer wie Becker nach einem Viertelfinal-Aus gehen. Die Runde war egal, es war der Gegner, der den letzten Auftritt zum Fest machte... Der endgültige Entschluß, „Auf Wiedersehen Wimbledon" zu sagen, fiel imSpiel. Das konkrete Vorhaben allerdings in der Regenpause. Da saß Boris allein in der königlichen Ehrenloge, starrte ins Rund, blätterte in einem Buch. Titel: Der Champ, von Norman Mailer...

Ein letztes Mal Wimbledon. Angefangen hatte das wichtigste Turnier im Tennis-Leben von Boris Becker bereits Anfang Juni, während der French Open. 10 Tage lang hatte Becker auf den Außenplätzen im Aorangi Park trainiert, den neuen Court Nummer eins noch vor der feierlichen Einweihung inspiziert. Danach war er ins westfälische Halle geflogen. Rasen-Test unter Turnierbedingungen. Ergebnis bei den Gerry Weber Open: Halbfinale. Über München ging's zurück nach London. Aber zum erstenmal seit über 10 Jahren bezieht Becker kein Haus im Wimbledon Village! Er hat zwar eine Landvilla in der Bathgate Road gemietet, ein kleines High-Tech Schloß mit 6 Schlafzimmern und Bädern, ausgestattet mit Fernsehern in jedem Raum, mit Fax, mit schnurlosen Telefonen in rauhen Mengen und einem parkähnlichen Garten. Aber Boris checkt zur Überraschung im Hyatt-Carlton-Tower Hotel ein. In London. Das Haus, das 21 000 Mark Miete pro Woche verschlingt, übergibt er an sein Mercedes-Team. Der Chef persönlich kommt nur vor seinen Matches zum Kaffee, ausruhen, plaudern in den vielen Regenpausen. Wie in Melbourne 1996 ändert er aus Aberglauben seine Gewohnheiten, um zugewinnen. Das Stammquartier der drei vorangegangene Jahre am Ridgeway Place lehnt er im Vorfeld der Planungen kategorisch ab wegen vermuteter „negativ Vibrations". Er denkt ans verlorene Finale von 1995, das Verletzungs-Aus 1996. Boris Becker quält sich also morgens durch den Berufsverkehr zum Training in den Queens-Club oder raus nach Wimbledon. Fahrzeit: Über 2 Stunden täglich. Verlorene Zeit, die er gerne in Kauf nimmt, um das Turnier zu gewinnen. Nur das Ritual der Kleiderfrage überlebt den Traditionsbruch mit den wichtigen Kleinigkeiten. Wie immer hat sich Boris für Wimbledon eine neue Kollektion von Ausrüster „Lotto" anfertigen lassen, die er nur dort auf dem grünen Gras trägt. Er wählt einen grauschwarzen, senkrechten Bruststreifen hielten das für genauso auflagesteigernd wie die seriösen Magazine. Boris Becker überbrückt so manche Sauregurkenzeit. Natürlich ging im Lauf der Jahre die jungenhafte Unbefangenheit und wurde durch ein manchmal sogar berechtigtes Mißtrauen, durch kühlere Berechnung ersetzt - logisch für einen, der erwachsen wird, der über den Tellerrand hinaus geblickt hat, der eine Familie hat - der darübe nachdenkt, was später einmal sein wird. Die Spontanität, mit der er einst auch die zur Distanz verpflichteten Reporter gewann, ist in der Öffentlichkeit längst verschwunden - was aber keine große Rolle spielt, da soviel Popularität nicht von heute auf morgen versickert. Es soll gar Tränen gegeben haben, als er während des Wimbledon-Turniers '97 erklärte, er werde hier nie mehr spielen - vielleicht waren diese Tränen auch nur der Erkenntnis zuzuschreiben, daß es in Zukunft ein bißchen schwerer werden könnte, das tägliche Drama für die Zeitungsgeschichte zu finden. Es hat allerdings auch noch nie einer seiner Vorgänger so wirksam seinen Abschied erklärt. Was unsere Oma anbetrifft, die sich einst wegen ihm die Kabel für das Fernsehen in Haus legen ließ, so sollte man wissen, daß sie - wie viele andere Omas, - zur Expertin wurde. Sie ließ sich auch druch Dinge nicht von ihrer späten Zuneigung abhaltne, die nicht unbedingt positiv klangen - sich sagte: „Aber er hat mir beigebracht, Tennis anzugucken!" Dagegen vermag niemand zu argumentieren.

mit Reißverschluß als Farbtupfer für sein weißes Hemd. Die Klamotten werden wie immer zwei Tage vor Turnierbeginn geliefert und sollen am Sonntag vor dem Start beim Training eingeweiht werden. Doch Boris ist am Sonntag gar nicht in London! Die Wade schmerzt, der Halswirbel, der Rücken, die Schulter. Boris fliegt heimlich mit einem Privatjet nach München zu Dr. Müller-Wohlfahrt und abends nach der Spritzenkur wieder nach England zurück. „Nichts Ungewöhnliches", sagt Stuart Wilson, der Mann, der für die Becker-Family in England immer alles regelt, organisiert und möglich macht. „Boris ist in fast allen Jahren heimlich nach Deutschland geflogen, hat seine Wehwehchen behandeln lassen. Das ist nur ein Zeichen von Nervosität und der Ernsthaftigkeit. Boris will den vierten Wimbledon-Titel!" Der Marsch des erfolgsbesessenen und abergläubischen Filzkugel-Künstlers, der mit Rheumapfalstern beklebt seine Matches locker gewinnt, nicht einen einzigen Satz bis zur Runde der letzten acht abgibt, wird erst von Sam pras gestoppt.

Der Tag nach dem Rücktritt.
Es regnet mal wieder. „Sogar der Himmel weint über Beckers Abschied", grinst ein englischerKollege. Abschied? Für immer? Es ist unvorstellbar. Eigentlich. Die Hoffnung, daß alles nur ein Mißverständnis war, wird von Boris genährt: „Ich höre ja nicht ganz auf, spiele bei kleineren Turnieren weiter. Weil mir Tennis Spaß macht, ich diesen Sport zu sehr liebe." Na also, denkt jeder in der Euphorie, ist doch nichts passiert. Boris überlegt sich das sicher noch einmal. Aber dann verläßt der Mann, der in den letzten 12 Jahren siebenmal das Finale erreichte, drei Titel holte am Donnerstag, dem 4. Juli um 14.27 Uhr die Anlage, nachdem er seinen Spind Nummer 7 unter dem Centre Court leer geräumt hat. Die Tasche geschultert, den Blick gesenkt.

Zum letzten Male auf dem blauen Sofa im deutschen Haus: Boris Becker erklärt offiziell seinen Grand Slam-Rücktritt

Becker geht durch das Gate 13 zum Parkplatz Richtung Auto. Ein Fotograf ruft: „Dreh Dich mal um." Boris dreht sich um. Aber nicht für den Fotografen. Für sich selbst. Ein stolzer Blick huscht über die mit Efeu bewachsene Kulisse, den historischen Wasserturm am Platz 13 bis hoch zur Kirche im Village, der sagt: „ Das hat alles mir gehört." Dann ist er weg, der Tennis-Held Boris Becker. Er wird nicht mehr zurückkommen. Ganz sicher.

DER NATIONALE BORIS-DAVISCUP

Der nationale Boris - Daviscup

DER
NATIONALE
BORIS -
DAVISCUP

Der nationale Boris-Daviscup

Der nationale Boris. Zum erstenmal in der Geschichte des traditionsreichsten Team-Wettbewerbs im Tennis gewinnt eine deutsche Mannschaft den Davispokal (1988 gegen Schweden in Göteborg) und verteidigt diesen Titel im Jahr darauf gegen den gleichen Gegner. Boris Becker schreibt deutsche Tennis-Geschichte und wird endgültig zum nationalen Helden. Er bestreitet 60 Einzel und Doppel (Stand: 1. 9.1997), tritt von 1985 bis 1989 bei 16 Begegnungen in Folge an. Becker verliert nur drei Einzel und vier Doppel. Tauchen Sie im folgenden Kapitel noch einmal ein in die faszinierende Welt der Becker-Auftritte im Daviscup.

Der Hit: Becker gegen McEnroe

Das Jahrhundertmatch von Hartford

Welch eine Spannung, welche Dramatik. Das Wort „Jahrhundertmatch" machte die Runde. 399 Minuten Weltklasse am laufenden Band, 399 Minuten Krimi, 399 Minuten voller Emotionen- das Daviscup-Match zwischen John McEnroe und Boris Becker im amerikanischen Hartford sprengte jeden Rahmen. Noch nie in der Geschichte dieses seit 1900 existierenden Wettbewerbs haben sich zwei Spieler so lange bekämpft.

Becker danach: Nicht nur „jüngster Wimbledon-Sieger", nun auch: „Sieger im längsten Daviscup-Match der Geschichte." 4:6, 15:13, 8:10, 6:2, 6:2 lautete das Ergebnis für den Deutschen. Zuvor hatte Eric Jelen ebenfalls nach einem hervorragenden Kampf Tim Mayotte 6:8, 6:2, 1:6, 6:3, 6:2 bezwungen. 2:0 für Deutschland nach dem ersten Tag. Am Ende hieß es sensationell 3:2 für den DTB - der Klassenerhalt war geschafft!

„Das da draußen war Krieg", urteilte der 19jährige Leimener später - und er rechnete mit den Amerikanern ab: „Ich war sehr enttäuscht von dem US-Team. John hat einige Male die Regeln gebrochen, unter die Gürtellinie geschlagen. Aber das ist man ja von ihm gewohnt. Die anderen, draußen auf der Teambank, haben Dinge gemacht, die unwürdig sind. Das Ganze ist immer noch ein Spiel, und wir sind Menschen. Aber das haben die wohl vergessen." Beim Seitenwechsel nämlich wurde Boris von der US-Truppe angepöbelt, verhöhnt, beschimpft und einmal gar bespuckt. Der deutsche Tennisheld freilich ließ sich nicht be-

McEnroe: „Es war die Hölle!" Er war der Hexenmeister von Hartford an diesem Abend, der Magier, der die Massen in seinen Bann zog: John McEnroe im Match gegen Boris Becker, das war der beste McEnroe, den es in den letzten Jahren zu sehen gab. Wundertennis und Wutausbrüche, Show-Schläge und Schimpfkanonaden - er hatte alles drauf, der 28jährige Amerikaner. Und verlor dennoch.

Da saß er nun kurz vor Mitternacht im Presseraum, abgekämpft, mit geröteten Augen. Ein Ekel, das sich plötzlich höflich gab. „Es war die Hölle von einem Spiel. Und Becker ist ein höllischer Kämpfer", lobte die ehemalige Nummer eins seinen Kontrahenten. Und: „Boris wird in den nächsten fünf bis sieben Jahren ein wichtiger Bestandteil dieser Szene sein. Aber er soll heute Gott danken, daß wir hier gespielt haben und nicht woanders."

Stinksauer nämlich war „Big Mac" über die eigenen Anhänger, von denen er sich im Stich gelassen fühlte. „Sie haben hier immer noch nicht begriffen, um was es geht. Erst war die Hälfte der Menge da draußen gegen mich, dann ging Dreiviertel, als das Match in die entscheidende Phase kam, zum Dinner. Das war unglaublich. Der Erfolg im Daviscup hängt vor allem vom Heimvorteil ab - und den haben wir verschenkt." Immer wieder hatte McEnroe mit rudernden Armen versucht, das Publikum zu stimulieren, anzuheizen.

Und am Ende seiner Rede kam auch noch Boris „dran". „Wir respektieren uns als Sportler. Mehr nicht", stellte der Linkshänder aus New York fest, „aber wir kennen uns auch nicht gut genug. Wenn wir miteinander reden, dann über das, was er will. Ich denke mir meinen Teil dazu. Aber was will man anderes erwarten von einem 19jährigen." Sprach's und ging. Ein geschlagener Star. Im weiteren Leben wurden die beiden gute Freunde, feierten manche Party zusammen.

Emotionen pur in Hartford. „Big Mac" heizt die Emotionen der Massen auf (l.), Boris sucht nach Konzentration und Ruhe (o.). Der Gladiator mit Teamchef Nikola Pilic Minuten nach dem geschichtsträchtigen Matchball, der ihn zur Legende macht (oben) Zwei Freunde , ein Sieg. Boris Becker „stemmt" Doppelpartner und Matchwinner Eric Jelen nach dem Erfolg gegen die Favoriten

eindrucken, spielte konstant, ohne abzubrechen, ohne schwache Phase. Und mit ungeheurer Nervenkraft.
Nachdem er den ersten Satz unter dem Gejohle der 12 000 Zuschauer McEnroe überlassen mußte, lag Becker im zweiten Durchgang beim Stande von 10:11 und eigenem Aufschlag 0:40 zurück. Doch Boris schlug dreimal unglaublich auf, wehrte noch zwei weitere Satzbälle ab und gewann den Durchgang schließlich nach zwei Stunden und 37 Minuten. „Ich habe gedacht, das ist jetzt der Punkt, wo ich ihn habe - doch McEnroe hat alles gegeben, nie aufgesteckt. Er hat phantastisch gespielt", meinte Becker.
Eine Vielzahl der rund 10 000 US-Fans verließ nach diesem Satz die Halle, gaben sie doch keinen Cent mehr für John McEnroe. Doch der 28jährige, der sieben Wochen verletzungsbedingt kein Match gespielt hatte, kämpfte weiter wie ein Löwe, holte sich den dritten Satz, obwohl Boris hechtete, rannte wie ein Wiesel, eigentlich die dominierende Figur war.
Als es nach genau fünf Stunden in die viertelstündige Pause ging, wirkte Becker allerdings geradezu ausgeruht. „Ich bin unter die Dusche gegangen, habe dort getänzelt wie ein Boxer, als sei ich noch auf dem Platz. Meine Fitneß war letztlich ausschlaggebend für den Sieg." Becker ging dann raus, ließ seinem Gegner nun nicht mehr die Spur einer Chance. „Es war sicher eines der größten Matches in meiner Karriere", meinte der Weltranglisten-Vierte in der Pressekonferenz, „der Sieg hier in Amerika im Daviscup über John McEnroe - das bedeutet mir sehr viel. Für dieses Ziel habe ich hart gearbeitet. Und es tröstet mich über einige Tiefschläge in diesem Jahr hinweg, die mir sehr weh getan haben."
Beckers Manager-Coach Ion Tiriac gab sich nur noch stolz auf seinen Schützling: „Mit diesem Sieg hat Boris sehr viel Kredit zurückgewonnen." Und das in einer unglaublich gehässigen Atmosphäre. Was die beiden auf dem Platz neben Aufschlägen, Volleys und Returns boten, war Psycho-Terror. Der berechnende Griff zum Handtuch, der provozierende Blick über das Netz, das Fäusteballen, all die kleinen und großen Tricks, die zum Profi-Tennis gehören, wurden in Perfektion demonstriert. Beim traditionellen Händedruck am Netz aber sagte Becker zu John: „Ganz gleich, was auf dem Platz passiert ist, es hat Spaß gemacht."

Papa, Boß, Sieger und Star

Mit einer Wundertruppe holten die Deutschen erstmals den Daviscup

Der schwere schwarze Samtvorhang öffnet sich. Mats Wilander betritt die Bühne. Seine Gitarre jault auf, er spielt Songs von Fleetwood Mac und Bruce Springsteen. Das „Valand", Göteborgs Disco-Dom, kocht. Die Gäste liegen sich in den Armen, kreischen wild durch den Saal: „Wir haben den Pokal, den Daviscup geben wir nicht mehr her."

Auf den Tag genau ein Jahr danach: Aus den Riesen-Boxen des Valands röhrt die Rockgruppe Queen. „We are the Champions". Auf der Tanzfläche hat sich ein Kreis klatschender Menschen formiert. Inmitten vier junge Männer, die sich immer wieder begeistert umarmen: Boris Becker, Carl-Uwe Steeb, Eric Jelen und Patrick Kühnen - die den Wikingern in der Schlacht von Göteborg die begehrteste Tennis-Trophäe der Welt abgejagt haben: den Davispokal. Dreimal in Folge konnten ihn die Schweden zuletzt gewinnen, ein deutsches Team holte ihn in der 88jährigen Geschichte dieses sagenumwobenen Wettbewerbs aber noch nie. Und Becker und Co. haben sich genau den Ort ausgesucht für ihre Jubel-Fete, an dem die Schweden 365 Tage zuvor ihren Triumph über Indien bis zum letzten Tropfen Bier ausgeko-

stet hatten. „Wir haben den Cup aus der Höhle des Löwen geholt," grinst Becker, wischt sich den Tanz-Schweiß von der Stirn, „keiner kann wirklich fühlen, was das bedeutet. Für mich ist es größer als mein erster Wimbledon-Sieg."
Ein paar Schritte abseits, das Glas Bier in der Hand, steht ein Mann, von dem man meinen könnte, er sei der Vater dieser Jungs. Er lächelt leise, obwohl ihm die ohrenbetäubende Musik zu schaffen macht wie keinem sonst. Niki Pilic, der Kapitän der neuen deutschen Wundertruppe, wollte eigentlich seine Schützlinge alleine feiern lassen. Doch Boris rief Pilic von der Disco aus an: „Komm her, du gehörst zu uns, also feierst du auch mit." Pilic ganz gerührt: „Wir haben gewonnen, weil wir Freunde sind." Die Glorreichen Fünf - keine Frage: Sie haben Tennisgeschichte geschrieben.
Es war Samstagnachmittag, 17 Uhr 18. Die Schweden erstarrten entsetzt. Was keiner für möglich gehalten hatte, wovon die Deutschen nur geträumt hatten, wurde Wirklichkeit: Boris Becker verwandelte mit einem Rückhand-Volley den ersten Matchball im Doppel mit Eric Jelen gegen die Schweden - und das stärkste Tennis-Team der Welt war bereits am zweiten Spieltag des Finales zu Hause in Göteborg, auf seinem Lieblingsbelag Sand, mit seinen Lieblingsbällen und trotz Unterstützung durch die englischen Schiedsrichter bezwungen. „In die Asche von Göteborg geworfen", wie Göteborgs Tageszeitung „Göteborg Postn" jammerte.

Mit Boris in einem Bett

VON CARL-UWE STEEB

Wir waren 10 Jahre alt, als Boris und ich uns bei den Jugendturnieren kennenlernten.
Wir haben bei den Junioren-Wettbewerben häufig gegeneinander gespielt. Bis wir ungefähr 14 Jahre alt waren, hieß der Sieger meistens Steeb. Wenn ich mich richtig erinnere, müßte die Bilanz bis zur Profizeit mit 8:1 Siegen für mich stehen. Mir wäre es allerdings lieber gewesen, ich hätte ihn als Profi häufiger geschlagen. Boris ist als Jugendlicher am Platz häufig nach Niederlagen völlig ausgerastet. Es sind auch mal Tränen geflossen. Er konnte und wollte einfach nicht verlieren. Diesen Charakterzug hat er bis heute beibehalten, der hat ihn geprägt und so weit nach oben im Tennis gebracht.
Mit 14 war Boris dann körperlich und spielerisch weiter entwickelt als die anderen, machte immer mehr Druck im Spiel und zog seinen riskanten Stil stets durch. Der Übergang vom Junioren-Tennis zum Profitum ging bei Boris dann rasend schnell und vollzog sich natürlich in einer ganz anderen Dimension als bei mir.
Sein Erfolg war für mich immer Ansporn und hat mir Mut gemacht. Ich habe mir immer gesagt: Wieso sollte ich nicht auch in die Weltspitze kommen. So habe ich mich zum Teil an Boris orientiert. Ich selbst habe versucht, kontinuierlich zu schuften, um eigene Akzeptanz zu erhalten.
Boris und ich haben es trotz des Konkurrenzkampfes, der im Profigeschäft Tennis unwillkürlich herrscht, bis heute geschafft, die Freundschaft zu pflegen, Sport und Privatsphäre zu trennen. Manchmal jedoch waren die Übergänge fließend.
Die verrückteste Geschichte passierte 1991 in Wimbledon. Wir trafen in Runde 1 im direkten Duell aufeinander. An einem Freitag - es hatte die ganze Woche geregnet. Auch an diesem Tag noch einmal kurz vor Matchbeginn. Also schlenderte ich ins deutsche Haus, um mich eine Stunde hinzulegen, auszuruhen. Auf dem Weg dorthin traf ich Boris. Meinen Freund und Gegner. Der wollte auch noch eine Stunde schlafen. Aber im deutschen Haus war nur noch ein Doppelbett frei.
Also haben wir zusammen in einer Koje gelegen! Das wäre für andere Profis sicher unvorstellbar. Dann sind wir gemeinsam runter zur Anlage. Auf dem Platz war's dann aber vorbei. Ich habe verloren. Sobald ein Netz zwischen uns ist, wird der andere zum Gegner. Da gibt es kein vertrauliches Wort.

Carl Uwe Steeb legte in Göteborg den Grundstein zum Sieg - er schlug unerwartet Mats Wilander. Heute zählt der Schwabe zu Boris besten Freunden

Nur einmal war alles anders: 1990 beim Turnier in Sydney. Wieder mußte ich gegen Boris ran. Normalerweise haben wir zwei Stunden vor dem Match nicht mehr miteinander gesprochen, wir sind uns normalerweise aus dem Weg gegangen. Aber in Australien wollte Boris kurz vor dem Match quatschen. Da habe ich gemerkt: Boris hat heute keine innere Spannung, ich habe eine Chance und die konnte ich nutzen. Bei dem einen Sieg blieb es leider auch, bei allen anderen Partien hat

Fünf Freunde, ein Team - der Triumph in Göteborg war das Ergebnis einer einzigartigen Partnerschaft

mich Boris klar geschlagen.
Es ist schwer, gegen jemanden zu spielen, den man in- und auswendig kennt, von dem man weiß, wie er tickt, was er bei wichtigen Punkten macht. Da kommen dann ganz verrückte Sachen raus, weil jeder den anderen doch überraschen will.
Boris ist als Sportler und Mensch eine Ausnahmeerscheinung. Es gibt ein Wort, das ihn gut beschreibt: Unberechenbar. Er entscheidet häufig instinktiv, manchmal, wenn es um Tennis geht, auch ohne Rücksicht. Immer den Sieg und sein Wohl im

Fokus. Daran mußte sich auch die Öffentlichkeit gewöhnen. Wie oft hat er irgendwelche Turniere gemeldet - und dann wieder abgesagt. Aus seinem Gefühl heraus entschieden, und kein anderer hat es verstanden. Das hat ihn frisch gehalten, hat ihm immer die entscheidenden Kraftreserven bewahrt. Diese Freiheit hat er sich immer genommen, und es war sehr wichtig für seine Karriere.
Oder zu unseren Daviscup-Zeiten. Da mußte ich oft mit Boris´ Extravaganzen leben. Wenn es dann doch manchmal zuviel wurde, konnte ich mit ihm darüber sprechen, denn Boris wollte - wie wir alle - Spaß und Harmonie im Team, was wir auch immer hatten. Er war und ist im Daviscup immer ein 100prozentiger Mannschaftsspieler, der den Kollegen mit Tips geholfen hat, weil er die gegnerischen Top-Spieler oft besser kannte. Er half, wo es nur ging.
Boris ist auf dem Platz ein Meister der psychologischen Kriegführung. Dort provoziert er mit Gesten oder Blicken. Aber am schlimmsten ist es beim Golf! Wenn er zurückliegt, versucht er den Gegner aus dem Rhythmus zu reden. Er quasselt einen derart voll, bis Kopf und Ohren glühen, bis man die Konzentration und natürlich dann den Schwung verloren hat. Privat habe ich Boris als unkomplizierten Menschen kennengelernt, der fast immer gut gelaunt ist, der Lebensfreude ausstrahlt und für seine Freunde durchs Feuer geht.
Boris ist trotz seines Superstar-Status nie abgehoben, sondern viel näher am alltäglichen Leben dran als die meisten glauben. Sein Berufsleben ist oft sehr kompliziert. Deshalb sucht er im Privaten häufig das Einfache. Ich war oft dabei, als Boris ganz bewußt nicht in das edle Feinschmeckerlokal zum Essen gegangen ist, sondern in die ganz normale Kneipe. Dabei sind die Menschen, die ihn bei den sonstigen öffentlichen Auftritten bedrängt haben, ihm viel natürlicher begegnet. Das liebt er.
Eine lustige Episode gibt es noch von Boris zu erzählen: 1989 nach dem Daviscup-Sieg sind wir mit einer riesigen Clique nach Ischgl zum Skilaufen gefahren. Boris hatte uns vorher immer erzählt, er sei schon als kleiner Junge Rennen gefahren. Als wir ankamen und auf die Piste wollten, hat Boris plötzlich erklärt, das sei ihm zu gefährlich, er hätte Angst vor einer Verletzung, er gehe lieber wandern. Also ist er mit Carlo Thränhardt losmarschiert. Als es dunkel wurde, haben wir Boris dann getroffen: Sein Skianzug war zerfetzt, er hatte sich die Hüfte geprellt - weil er beim „sicheren" Wandern ausgerutscht und hingeflogen war. Wir anderen haben uns kaputtgelacht. Vielleicht klappt es ja mit der Skitour nach seiner Karriere. Boris, ich freue mich darauf.

„Träume von Göteborg"

VON NIKI PILIC

Ein paar Stunden ist es her, da hatten wir den Schweden in der Höhle des Löwen die begehrteste Tennis-Trophäe der Welt abgejagt - den Davis-Cup. Dreimal in Folge konnten ihn die Wikinger zuvor gewinnen, ein deutsches Team noch nie. Wir waren die ersten. Wir haben in Göteborg Tennisgeschichte geschrieben. Jahrzehntelang bin ich als Spieler diesem Ziel nachgejagt - nun hatte ich es als Kapitän der deutschen Mannschaft endlich erreicht. Ein Märchen war wahr geworden an diesem Wochenende im kalten und tristen Göteborg. Mit knapp 50 Jahren durfte ich den größten Erfolg meiner Sportler-Karriere feiern.

Verständnisvol, ruhig und konzentriert: Niki Pilic gilt nicht von ungefähr als der Vater des deutschen Daviscup-Erfolges

Jeden Sieg, den ich als Spieler errungen habe, gebe ich dafür her. Als Kapitän hast du viel mehr Verantwortung, damit auch ein viel größeres Freuden-Gefühl, Stolz auf die Spieler, Stolz auf die eigene Arbeit, Stolz durch und durch.
Samstagnachmittag, den 17. Dezember 1988, punkt 17.18 Uhr. In Göteborg war es bereits dunkel - und in der hellerleuchteten Halle des „Scandinaviums" erstarrten die Schweden vor Entsetzen. Was keiner für möglich gehalten hatte, nun war es Realität. Boris Becker verwandelte mit einem Rückhandvolley den ersten Matchball im Doppel gegen die Schweden - und das stärkste Tennis-Team der Welt war bereits am zweiten Tag des Daviscup-Finals zu Hause in Göteborg, auf seinem Lieblingsbelag Sand und mit seinen Lieblingsbällen geschlagen. 3:0 für Deutschland - ein Sensationsergebnis. „Die Deutschen haben uns in die Asche von Göteborg geworfen", jammerte Göteborgs Tageszeitung „Göteborg Postn".
Die Arena im „Scandinavium" glich einem Fußballstadion. Die rund 1000 deutschen Schlachtenbummler hatten längst mit Stimmgewalt die Macht an sich gerissen, skandierten Deutschland-Rufe. Boris hob seinen Partner Eric Jelen in die Höhe, dann fiel der ganze Troß über die beiden her. „In dem Moment wußte ich nicht, ob es Tag oder Nacht war", meinte Boris später zu mir, „ich wußte nur, daß in diesem Moment etwas Großartiges passiert war."
Die Ehrenrunde absolvierten wir wie in Trance. In der Kabine dann lagen wir uns für Sekunden stumm in den Armen. Schließlich stimmte Carl-Uwe Steeb an: „Ole, ole, Super-Daviscup".
Noch heute denke ich gerne an diesen Moment zurück. Ein Jahr später verteidigten wir den Cup, holten ihn dann 1993 noch einmal. Aber dieses erst Mal war das intentivste. Manchmal träume ich noch von Göteborg.

Wir sind nicht Beckers Affen

VON ERIC JELEN

Heute morgen habe ich mich in den Arm gekniffen, wollte einfach wissen, ob ich träume. Mensch, wir haben den Daviscup geholt, den deutschen Traum in diesem Wettbewerb wahr gemacht. Ich weiß, daß es so ist, wir feiern, lassen uns gratulieren - aber begreifen kann ich es nicht.
Unser Kapitän, der Niki, der stand nach dem Doppel-Match in der Kabine, hatte Tränen in den Augen. Niki, sonst wirklich ein harter Hund, der keine Gefühle zeigt, dieser Niki Pilic heulte! Das ganze Tennis-Leben ist er hinter dieser Silberschüssel hergelaufen - und jetzt haben wir sie ihm gewonnen. Ich glaube, der freut sich am meisten von uns allen.
Nicht zuletzt sein Verdienst ist es, daß wir eine dufte, unkomplizierte Truppe sind. Wenn ich immer höre: Boß Boris, Becker ist der Chef - da kann ich nur mit dem Kopf schütteln. Natürlich hat er ein paar Sonderrechte. Aber er ist nicht der Typ, der diese Rechte auskostet. Und wir fühlen uns nicht wie Affen, die nach seiner Pfeife tanzen. Wenn er sagt, wir gehen heute zum Italiener essen und zwei von uns wollen lieber zum Franzosen, dann gehen wir zum Franzosen. Es ist ein ständiges Miteinander. Deshalb gebe ich auch offen zu: Der „Held von Göteborg" heißt Charly Steeb. Es war völlig richtig, daß er spielte. Ich glaube aber nicht, daß er mich aus der Mannschaft verdrängt hat. Ich habe nicht nur geholfen, dieses Team ins Endspiel zu bringen, sondern auch einen halben Punkt zum größten Triumph beigetragen. Ich bin nicht abgestiegen, nicht aus dem Rennen. Fair und freundschaftlich sage ich dem Charly hiermit den Konkurrenzkampf an. Freiwillig räume ich meinen Platz nicht, Charly!
Eigentlich aber müßten wir morgen mit dem Tennis aufhören. Wir sind ganz oben, die Könige im Moment - in ein paar Wochen geht die Turnierhatz wieder los. Da verliert einer von uns irgendwo auf der Welt in der ersten Runde eines Turniers, und schon ist er für die Öffentlichkeit wieder der letzte Depp. Das ist unser Sport, das bringt unser Leben mit sich. Aber manchmal kommt es uns reichlich überzogen vor. Deswegen wünschen wir uns alle: Macht uns im Erfolg nicht zu Göttern und in der Niederlage nicht zu Prügelknaben.

Eric Jelen schrieb diese Kolumne für die Münchner AZ. Jelen war zwischenzeitlich Beckers Trainer, ist heute Tennis-Manager.

Die Arena im Scandinavium glich einem Fußball-Stadion. Die rund 1000 deutschen Fans hatten längst mit Stimmgewalt die Macht an sich gerissen, skandierten Deutschland-Rufe. Boris hob seinen Partner Eric Jelen in die Höhe, dann fiel der ganze Troß über die beiden her. „In dem Moment wußte ich nicht, ob es Tag oder Nacht ist“, erinnerte sich Becker später, „ich wußte nur, daß in diesem Moment etwas ganz Großes passiert war.“ Die Ehrenrunde absolvierten sie wie in Trance. In der Kabine dann lagen sie sich für Sekunden stumm in den Armen. Schließlich stimmte Carl-Uwe Steeb an: „Olé, olé, Super Daviscup.“ Draußen, vor der schweren Eisentür, drückte Becker-Manager Ion Tiriac einem Fan, der sich das Gesicht schwarz-rot-gold bemalt hatte, 400 US-Dollar in die Hand. „Hier Junge, geht tanzen. Ihr wart wunderbar.“

Dreimal war der Rumäne selbst in einem Daviscup-Finale gestanden - doch zum großen Griff hatte es nie gereicht.

„Ich danke dem Herrgott“

Drunten im weiten Rund des „Scandinavium“ zu Göteborg liefen Boris und Co. noch ihre Ehrenrunde. Verfolgt von vielen der rund 1000 deutschen Tennis-Fans. 4:1 Titelverteiliger Schweden besiegt, erstmals den Daviscup geholt - „so ein Tag, so wunderschön wie heute“. Drinnen, im VIP-Raum des Hallenstadions sitzt Elvira Becker. Blicke wie Blitze wirft sie ihrem Mann Karl-Heinz zu. „Jetzt hör endlich auf zu reden. Der Boris will das doch nicht“, zetert sie. Doch Karl-Heinz Becker ist nach dem Triumph zum Reden zumute. Ja, der gestandene Badener kämpft sogar mit den Tränen, als er der Münchner Abendzeitung das folgendes Interview gab.

Herr Becker, Sie sind sehr gerührt...

BECKER: Ich möchte dem Herrgott danken. Nicht weil der Boris den Daviscup gewonnen hat, sondern weil der Junge trotz all den Schwierigkeiten, den Erfolgen und Niederlagen, dem Rummel und dem Geld, unser Boris geblieben ist. Ich kann gar nicht sagen, wie stolz ich auf diesen Jungen bin.

Was bedeutet dieser Daviscup-Erfolg speziell für Ihren Sohn?

BECKER: Die Trophäe ist etwas Neues im unserem Regal. Aber sie ist die Krönung des wohl besten Tennis-Jahres im Leben des Boris Becker. Sicher, er hat zweimal in Wimbledon gewonnen, dieses Jahr dort im Endspiel verloren. Doch 1988 war trotz der vielen Verletzungen das konstanteste Jahr von ihm. Er hat sich als Spieler und Mensch auf eine neue Station bewegt.

Worin sind die Gründe für diese Entwicklung?

BECKER: Boris hat mit Bob Brett einen neuen Trainer gefunden, der einen außerordentlichen Einfluß auf ihn hat. Er hat sein Verhältniss zu Ion Tiriac verändert. Tiriac ist nur noch sein Manager, mehr nicht. Das alles hat Boris sehr gut getan. Dadurch hat er selbst nun eine wirklich ernste Einstellung zu diesem Beruf gefunden.

Tiriac: „Jetzt hat Boris für mich das Ding geschafft.“

In München, drei Jahre zuvor, hatte Becker den Davispokal (sieben Kilogramm reines Silber) schon einmal zumindest angefaßt nach der 2:3 Niederlage im Endspiel gegen die Schweden. Jetzt hat er ihn sich geholt. „Hätten wir den Daviscup damals gewonnen, wäre das sicher zum falschen Zeitpunkt gewesen. Die Hysterie um Boris war nach seinem ersten Wimbledonsieg im gleichen Jahr zu groß. Jetzt können wir einen solchen Erfolg viel besser würdigen. Und: Deutschland ist nun die Tennis-Nation Nummer eins.“

Claus Stauder, Präsident des Deutschen Tennisbundes, fühlte sich, als habe er den Pokal ein bißchen mitgewonnen. Spontan lobte das Präsidium 100 000 Mark Prämie für die Mannschaft aus, dazu für jeden Spieler einen Traumurlaub seiner Wahl.

Was war wirklich entscheidend für den Erfolg? Boris Becker war der absolute Boß in der Mannschaft. Höchstpersönlich regelte er in Göteborg den Umgang mit den Medien, diktierte das Auftreten der Mannschaft, die Zeiten und die Orte. Und so ganz nebenbei erlaubte sich der Super-Star auch, Freundin Karen Schultz nach Göteborg einfliegen zu lassen, obwohl Niki Pilic seinen Schützlingen schon vor drei Jahren striktes Frauenverbot während der Daviscuptage auferlegt hatte. Die flotte Hamburgerin wohnte zwar in einem anderen Hotel, ging aber ständig in der Luxus-Herberge der Spieler ein und aus.

„Wir akzeptieren Boris' Ausnahmestellung“, meinte auch Carl-Uwe Steeb. Der Schwabe, der mit seinem Sensationssieg über Tennis-König Mats Wilander im ersten Spiel den Grundstein legte für den Triumph, wußte sehr wohl, daß er nun hinter Becker der neue Star in der weißen Branche war. „Held von Göteborg“, steht heute in der Chronik des 21jährigen.

Sie alle haben in Göteborg von den schwedischen Journalisten Titel bekommen: "Papa Pilic", „Boß Becker“, „Star Steeb“ - und Eric Jelen, der Neusser, der das Team mit seinen Erfolgen in den Runden zuvor erst nach Göteborg brachte, wurde der „Sieger“ genannt. Blieb Patrick Kühnen, der 22jährige Mannheimer. Er war nur Reservist. „Der Patrick hat aber trotzdem eine wichtige Rolle gespielt“, verteilt Becker auch Lob an ihn, „er ist der Freund, er hat uns im Training manchmal mitgerissen.“ In der Disco freilich war der lange Schlaks zumindest auf der Tanzfläche Chef im Ring. Immer wieder zerrte er Becker aufs Parkett, gruppierte Mädchen um seinen Spezl, wählte die Songs aus.

Eine halbe Stunde nach Mitternacht war die Jubel-Orgie für die Spieler vorbei, Becker blies zum Abmarsch. Kaum war das deutsche Team gegangen, erschienen die Schweden. Als Gag für eine Sponsor-Party hatten sie sich in Frack gekleidet, die Haare im Mozart-Zopf zusammengebunden. Stumm tranken sie vor sich hin - auf der Bühne des Valands wollte an diesem Abend keiner von ihnen.

Der Triumph von Stuttgart

Boris, das beste Team der Tennis-Welt

„Das war das beste Match in meiner Karriere", stammelte Boris Becker unmittelbar nach der Partie im TV-Studio des ZDF. Er hatte den willensstarken Schweden einfach zerbrochen da draußen auf dem schnellen, grünen Belag, nach den Siegen über Indonesien, die CSSR und die USA sein Team auch diesmal wieder zum Daviscup-Sieg geführt, den Titel von Göteborg verteidigt. Und Wilander gestand staunend: „Ich hatte den besten Platz in der Halle, einen der größten Spieler aller Zeiten siegen zu sehen. So, wie Boris hier gespielt hat, war er nicht zu schlagen, von niemandem auf der Welt".

Siebenmal breakte Becker den 25jährigen Schweden, schlug 13 Asse, ließ Wilander keine Luft zum Atmen. Um 15.53 Uhr war es dann soweit: Matchball für Becker - und der Schwede schlug einen Return resignierend ins Netz. 6:2, 6:0, 6:2 - Spiel, Satz und Sieg, Boris Becker!

Die Cup-Verteidigung: Das Team der Freunde mit Patrick Kühnen, Boris Becker, Eric Jelen, Carl-Uwe Steeb und Niki Pilic (v. links) hatte wieder zugeschlagen

Wie eine Triumph-Statue stand er da, der Boris, die beiden Arme in die Luft gereckt. Niki Pilic rannte auf ihn zu, schloß ihn in die Arme, wie ein Vater, der seinen verlorenen Sohn wiedergefunden hatte. Zu sehr hatte der Teamchef um diesen Erfolg gezittert. Doch Boris wackelte nie, war der Garant für den 3:2-Triumph von Stuttgart.

In der Kabine spritzte Eric Jelen Boris mit Champagner ab, Pilic herzte noch einmal seinen Star. „In 40 Jahren habe ich keinen gesehen, der besser Tennis spielt“, meinte der Teamchef. Becker, der insgesamt bei seinen beiden Einzeln in sechs Sätzen (am Freitag zuvor gegen Stefan Edberg 6:2, 6:2, 6:4) nur zwölf Spiele abgab in Stuttgart, aber hatte Mitleid mit Mats Wilander: „Das war sehr hart für den Mats. So klar wollte ich es auch wieder nicht machen.“

Niemals zuvor in der Geschichte dieses Wettbewerbs hatte es im Finale zwischen zwei Top-Spielern so ein deutliches Resultat gegeben. Und Becker wunderte sich über sich selbst: „Besser geht es nicht, ich weiß auch nicht, warum ich so gut bin. Jetzt habe ich fast alle Titel gewonnen. Die Nummer eins zu werden in den nächsten Monaten, wäre nur noch das i-Tüpfelchen.“

Die rund 350 000 Mark, die Becker für diesen Triumph kassiert (Ersatzspieler Patrik Kühnen bekam immerhin noch 270 000 Mark) sind für einen Millionär wie ihn nur eine Dreingabe. Für Becker zählt das Ideelle mehr. „Der erste Daviscupsieg in Göteborg war wie ein Märchen, der jetzt in Stuttgart aber ist der schönste Titel, weil wir viel stärkere Teams schlagen mußten.“ Ein krönender Abschluß auch für das beste Tennisjahr im Leben des Boris Becker.

Kann Siegen schöner sein? Mit der unwiderstehlichen Aufschlagkraft von Boris zum zweiten Daviscup-Erfolg

Samba in Rio

Der letzte heroische Auftritt im Davis Cup

Es war der 31. Januar 1992, ein Freitag. 11 Uhr, acht Minuten. Die Sonne stand beinahe senkrecht über dem Parkplatz des Barra Shopping Center von Rio de Janeiro. Boris Becker schlurfte auf den provisorischen Sandplatz und war offensichtlich guten Mutes. Rings um ihn Samba auf Stahlrohrtribünen, lärmende Menschen mit nacktem Oberkörper. Trommeln, Trompeten, Gejohle, Pfiffe. Becker atmete tief durch. Noch mal ein Blick über die gut gefüllten Tribünen. Davis Cup pur garniert mit Folklore. So was mochte er schon immer.

In der Hitzeschlacht von Rio mußten die Spieler alles geben. Boris war am Ende „mausetot".

Zweieinhalb Stunden später, selber Schauplatz. Auf einem Stuhl unter einem Sonnenschirm saß der Teamchef des Deutschen Tennis-Bundes, Niki Pilic. Er zupfte nervös an seinem Hemdsärmel herum, er blickte verstört auf den Boden. Der Oberkörper schlapp, schweißgetränkte Strähnen in der Stirn, das Gesicht ein Ausdruck grenzenloser Verzweiflung. 14.45 Uhr. 6:4, 5:7, 1:6, 2:5 und 0:40. Drei Matchbälle für Luiz Mattar, Brasilien. Boris Becker war am Ende, platt, mausetot. Auf der Tribüne helle Begeisterung, Gebärden von Spott und Hohn. Beckers Gesicht ist krebsrot, das Leibchen durchweicht, in den Schuhen stand das Wasser, er was ein Bild des Elends. So was mag niemand.

Noch mal eine Stunde und zwölf Minuten später. Wieder alles anders. Die Trommeln verstummt, die Samba eines jähen Todes gestorben, Pilic in bekannt aufrechter Haltung, Brust raus, und Boris Becker lächelte müde aber zufrieden in die Menge, die gerade einen seiner leichten Fehler mit hämischem Gelächter quittierte. Es war15 Uhr 57, Boris Becker hatte Matchball. Ein letzter Schlag, das Racket sank nach unten, und in den sonnigen Himmel reckte der deutsche Held seine blasse Faust. Endlich vorbei. Pilic scheiterte anschließend im Versuch, vor Freude seinem Schützling das rechte Ohr abzubeißen. Er sagte: „Heute hat uns Gott geholfen." Gott? Becker meinte: „Der liebe Gott hilft dem, der sich selber hilft."

Dieser Becker. Vier Stunden, 20 Minuten. Wieder mal hatte er ein Spiel umgebogen, das längst verloren war. Wieder mal hatte er einer Davis-Cup-Partie seinen unverwechselbaren Stempel aufgedrückt. Wie war das noch mal in Hartford gegen McEnroe? In München gegen Agassi? In Dortmund gegen Camporese? Und das sind nur einige der Matches gewesen. Becker und Davis-Cup, das war fast immer große Oper, klassisches Drama, Hollywood auf dem Centre Court. In Rio ganz besonders. Pilic sagte: „Klar, er hat all die anderen Spiele auch gewonnen." Aber dann wurde der seriöse Kroate temperamentvoll: „Aber nicht auf Sand!

Nicht bei diesen Umständen!! Die Hitze, großer Gott, diese Hitze!!!" Das Davis Cup-Match, 1. Runde, Brasilien - Deutschland damals war bei mindestens 40 Grad Celsius eine Tour der Leiden. Und sie hatte kein Happyend. Aber dazu später.

Ein gigantischer Kampf, aber kein Happyend: Boris im Glutofen von Rio.

Becker war immer ein Meister des Grenzbereichs. Mattar hatte ihn müde gespielt, unter leisem Jammern taumelte er am Ende des vierten Satzes an der Grundlinie entlang. Er berichtete später, den Platz „nur noch verschwommen gesehen zu haben". Teamarzt Keul verabreichte Aspirin gegen Kopfschmerzen und Sonnenstich. Die Kumpels Eric Jelen, Markus Zöcke und Charly Steeb munterten auf. Pilic gab sein Bestes und flehte um Geduld: „Schau Boris, da hinten kommt Schatten."

Was kam, waren drei Matchbälle bei 2:5. Das machte Becker kurzzeitig lebendig. Vorhand longline, Vorhand cross, Rückhand cross. Matchbälle abgewehrt. Break. 4:5. Noch mal drei Matchbälle. Pitsch, patsch, Netzroller. Matchbälle abgewehrt. Vorher hatte Becker keinen Ball getroffen, aber dann kam wie aus dem Nichts der geballte Wille, der geballte Ehrgeiz. Becker sagte nach dem Match: „Ich kann mir das auch nicht erklären, obwohl ich zwei Stunden nachgedacht habe, wie das klappen konnte. Ich ziehe den Kopf nicht ein, ich strecke ihn raus, das ist so ein Markenzeichen von mir. Ich habe gewußt, daß ich die Stütze der Mannschaft bin, und wenn ich verliere, ist die Stütze weg." Niemand konnte ahnen, daß er zum letzten Mal diese Stütze im deutschen Team war. Zum letzten Mal der Garant, der die Last der anderen mittrug.

Becker im Davis Cup? Ein Mann, eine große Show (with a litte help from his friends). 1985 begann es mit dem 17jährigen Wimbledonsieger und dem Finale in München gegen die Schweden. Dann kamen die Triumphe von Göte-

„Ich habe immer an Boris geglaubt"

VON DR. CLAUS STAUDER

Bevor es losgehen konnte, kam der Regen. Boris Becker war in der Umkleidekabine des Rothenbaum-Stadions in Hamburg. Wie ein Boxer tänzelte er um Coach Niki Pilic herum, hieb mit seinen Fäusten gegen einen imaginären Gegner. Dabei redete er sich in Rage: „Es ist Sonntag, es steht 2:2 - und Boris Becker kommt." Noch war es Freitag, der erste Ball nicht geschlagen im Daviscup-Match gegen die Amerikaner, da legte sich Boris sein Szenario schon fest. Er wollte die entscheidende Partie spielen, die Siegpunkte für Deutschland holen.

Das war 1985. Doch diese Einstellung ist ihm geblieben, hat seine Karriere geprägt. Boris hat immer die Herausforderung gesucht, wollte immer den schweren, den harten Weg gehen. Zu seinen Besonderheiten gehörte auch, daß er damals am liebsten seine Gegner mit deren Waffen bezwingen wollte: Einen Grundlinienspieler wie Muster von hinten, Agassi, den besten Rückschläger über den Return, Vorhand-König Ivan Lendl über die Vorhand oder damals in Hamburg Aaron Krickstein mit Stops, nachdem der Amerikaner Beckers Teamgefährten Hansjörg Schwaier mit Stops zermürbt hatte. Boris wollte immer das Ungewisse probieren, liebte den Reiz, über seine Grenzen zu gehen.

Ich hatte und habe das große Glück und Vergnügen, diese Ära von Beginn an als Präsident des Deutschen Tennis Bundes zu begleiten. Im Februar 1985 wurde ich erstmals in dieses Amt gewählt - fünf Monate später gewann Boris erstmals Wimbledon. Kein Sportler hat mit einem Schlag seine Sportart so verändert wie dieser 17jährige Junge aus Leimen damals das deutsche Tennis mit seinem Wimbledonsieg. Für uns war 1985 das Jahr Null in einer neuen Zeitrechnung.

Ein unglaublicher Boom folgte. In den zehn Jahren nach seinem ersten Wimbledonsieg ist der DTB um rund 500 000 Mitglieder gewachsen. Gab es 1984 rund 50 Stunden Tennis live im Fernsehen zu sehen, waren es 1990 über 2000 Stunden! Die Turniere auf deutschem Boden konnten sich vor Zuspruch kaum retten. Und mit dem Masters (heute ATP-WM), dem ATP Tour-Turnier in der Stuttgarter Schleyer-Halle, dem Grand Slam Cup in München und den Gerry Weber Open kamen vier weitere Tennis-Großveranstaltungen hinzu. Boris löste diesen Boom nicht nur aus, er war auch sein Motor, entfachte immer wieder das Feuer durch neue Glanztaten und sensationelle Leistungen.

Dr. Claus Stauder ist seit 17 Jahren Präsident des DTB. Im normalen Leben ist er Chef der Privatbrauerei Stauder in Essen.

Natürlich hat Boris auch mein Leben verändert. Gab es mal Rückschläge, war das deutsche Tennisvolk gespalten. Doch ich glaubte immer an ihn. Schließlich wußte ich, daß er sich immer wieder Pausen nehmen mußte, auch den Abstand zum Tennis brauchte. Nur so konnte er bei der Kraft, die sein Spiel mental und physisch benötigt, solange so erfolgreich sein. Deshalb hatte ich auch immer Verständnis, wenn Boris einmal nicht Daviscup spielen konnte. Im Vordergrund mußte seine persönliche Karriere stehen. Sie war schließlich das Barometer für das deutsche Tennis. Und außerdem: Die meisten haben sehr schnell vergessen, daß Boris von 1985 bis 1989 16 Daviscup-Begegnungen in Folge mitgemacht hat, einmal mit seinem Team im Finale (1985) stand und zweimal (1988, ´89) den begehrtesten Mannschaftspokal des Tennis holte. Kein anderer Weltklasse-Spieler hat in den letzten 20 Jahren so intensiv und ohne Unterbrechung seinem Land im Daviscup zur Verfügung gestanden.

Wir führten immer - in gewissen zeitlichen Abständen - längere Gespräche, wußten ziemlich genau, was der andere denkt und plant. Wir haben uns gegenseitige respektiert, vor allem vertraut. So weiß ich auch, daß Boris im nächsten Jahr ganz sicher weiterspielen wird. Seine Konzentration gilt 1998 dem Daviscup. Darüber freue ich mich als DTB-Präsident natürlich sehr.

Das Wichtigste aber ist: Egal, was Boris im Tennis für Titel gewonnen hat, egal, welche Reichtümer er geschaffen hat - Boris ist heute wie damals noch immer ein Sportler durch und durch. So wird er sich ganz und gar in die Arbeit mit seinem Nachwuchs-Team stürzen, das Bestmögliche für die Zukunft des weißen Sports hierzulande versuchen. Boris ist kein Mann der halben Sachen. Tennis hat ihn groß gemacht - und er wird dem Tennis dafür sehr viel zurückgeben

borg und Stuttgart, dazwischen der Thriller von Hartfort, als Becker den Abstieg der USA besiegelte, und Dutzende herausragender, mitreißender Matches. Das DTB-Team war ein eingeschworener Haufen, Kumpels mit einem Primus inter pares. Er half sich selber, den anderen und ihm half Gott. Und manchmal war Becker im Davis Cup größer als Gott. Bis Rio kam, der letzte große Sieg des großen Alleinunterhalters, der nur ein halber war.

Am nächsten Tag unterlag das Doppel mit Becker (und Jelen), nachdem Steeb bereits verloren hatte. Und am letzten Tag streckte die Stütze der Mannschaft bloß noch den Kopf aus der Sprecherkabine von Sat.1 Becker war dehydriert, müde, gebrochen. Die Strapazen der Anreise über die Südsee, wo er einen kleinen Urlaub eingelegt hatte, die Hitze, die erbarmungslos agitierenden, unfairen Zuschauer hatten ihn geschafft. Vor Beckers Augen kämpfte der Berliner Davis Cup-Debütant Markus Zöcke am Schlußtag einen verzweifelten Kampf, hatte Matchball gegen Jaime Oncins und verlor, geplagt von Wadenkrämpfen und Schwindelanfällen. Rio kreischte vor Jubel, die Samba feierte wie im Karneval, und Becker schlich zum Fahrservice und fuhr zurück ins Hotel.

Boris Becker hat nach Rio nie wieder den Davis Cup gewonnen, 1993 beim dritten Triumph des DTB war Michael Stich der Held, die alte Mannschaft auseinandergebrochen und Becker nicht dabei. Es gab einen heftig dotierten Millionenvertrag, der Beckers Antreten garantieren sollte, ein paar beachtliche Auftritte, aber im Endeffekt bloß halbe Sachen, auch wenn sie kosmetisch geschickt in Szene gesetzt wurden. Nie wieder hat Boris Becker einen Davis Cup dominiert. Irgendwas ist gestorben in der Asche eines provisorischen Tennisplatzes neben einem Einkaufszentrum am Stadtrand von Rio de Janeiro. Keiner weiß warum, und natürlich hat das damals niemand ahnen können.

Der unerfüllte Traum

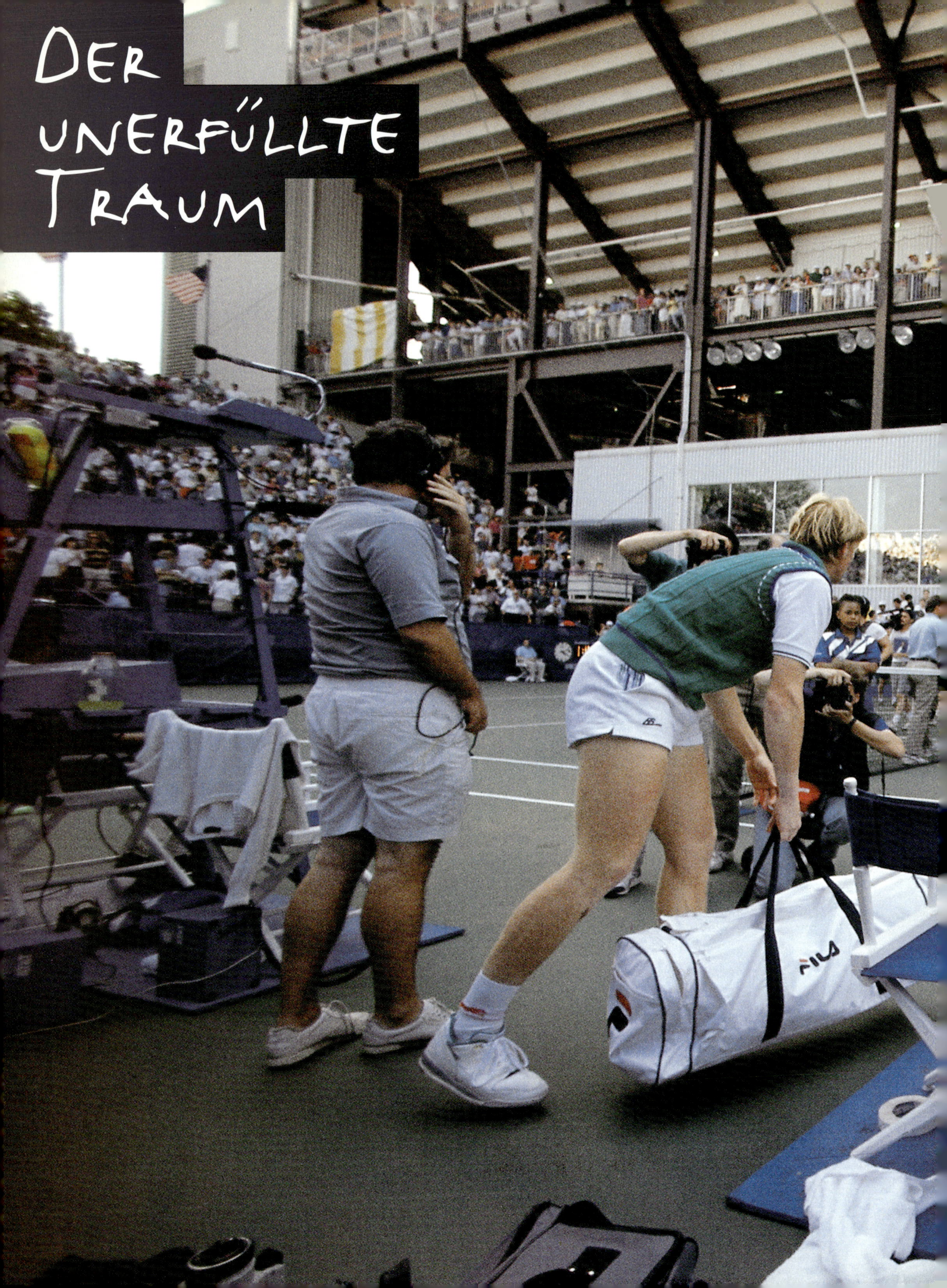

US OPEN
SPONSORS

Der unerfüllte Traum

Open

Der unerfüllte Traum

Der unerfüllte Traum

44 Grand Slam-Turniere stehen in seiner Statistik - jetzt soll Schluß sein mit seinen Auftritten bei den „Großen Vier“. Neben drei Wimbledon-Siegen gelang Boris Becker noch bei den US Open (90) und den Australian Open (91 u. 96) der „große Schlag“. Der Traum vom Grand Slam, dem Sieg in Melbourne, Paris, Wimbledon und den US Open, blieb ihm zwar versagt, in der Ahnen-Galerie der größten Spieler aller Zeiten aber hat Boris Becker seinen Platz sicher. Seine Siegeszüge bei den Australian Open, sein heroischer Kampf bei den US Open und der Fluch von Roland Garros - das folgende Kapitel ist die Geschichte großer Momente aber auch die Story eines unerfüllten Traumes.

Die Machtübernahme

US Open '89

Da stand er, dieser Boris Becker, streckte beide Fäuste in den Himmel und schrie ein erlösendes „Yeeees" in die Nacht von New York. Er schleuderte seinen Sieger-Schläger ins Publikum, setzte sich nach einem kurzen Händedruck mit Ivan Lendl auf den blau-weißen Stuhl, starrte sekundenlang in den dunklen Himmel über dem Flushing-Meadow-Park und flüsterte vor sich hin: „Nein, ich glaube es nicht, es ist wie ein Märchen."

In einer dramatischen Tennisschlacht bei bis zu 50 Grad Hitze und 98 Prozent Luftfeuchtigkeit hatte er soeben in 3:51 Stunden im Finale der 109. US Open Tennis-König Ivan Lendl 7:6, 1:6, 6:3, 7:6 niedergerungen, sich nach seinen drei Wimbledon-Titeln erstmals den Silber-Pokal im Louis Armstrong-Stadion geholt. Becker - der erste deutsche Sieger hier überhaupt.

„Das ist der beste Moment in meinem Leben", stammelte Boris in das Platzmikrophon. Seine Freundin Karen, die es zeitweise vor Spannung kaum ausgehalten hatte auf der Tribüne, umarmte erst Manager Ion Tiriac, dann küßte sie seinen Trainer Bob Brett im Überschwang: „Ja, er ist der Größte." Ausgerechnet der sonst so stille Australier flippte vor Freude fast aus. Und in seiner unmittelbaren Nähe wollte Eisprinzessin Kati Witt (Tiriac hatte ihr Karten besorgt) gar nicht aufhören mit dem Applaudieren. „Ja", sagte sie, „er ist der Beste."

Zwei Minuten Sieger-Pose für die Fotografen, einige Autogramme - dann verschwand Boris in den stickigen Katakomben. In dem Raum, in welchem die Fotografen ihr Material lagern, legte er sich zwischen Metallschränken einfach auf den Boden. Hinter der grauen Backsteinwand saß der geschlagene Ivan Lendl, analysierte die Niederlage mit einem Satz: „Boris hatte einfach mehr Power als ich." Achtmal war Lendl hier schon im Finale, nur dreimal aber konnte er es gewinnen. Ivan, die tragische Figur des Abends. Ion Tiriac kommt zur Tür rein, trägt Beckers Tasche und Schläger. Die Augen blitzen. „Boris hat richtig gespielt", sagt er, „er hat besser gespielt

„Ich habe das Turnier lieben gelernt." Bruce, der Spielerbetreuer, hatte den deutschen Satz extra vor dem Match auswendig gelernt: „Herzlichen Glückwunsch, Boris, Du bist der wahre Grand-Slam-Champion." Becker bedankte sich artig, schaute seinen neuen Silber-Pokal an wie ein verliebter Primaner seine erste Freundin - und bevor er sich mit seinem Clan in die 16-Zimmer-Villa auf Long Island zum Feiern zurückzog, gab er den AZ-Reporter ein Interview.

Herr Becker, ist dieses Siegesgefühl hier und heute mit Ihren Empfindungen nach dem ersten Wimbledonsieg 1985 vergleichbar?

Becker: Es ist stärker, das Ganze hier ist viel emotionaler. Ich habe das Turnier am Anfang gehaßt. Ich mußte es lieben lernen. Trotz der lärmernden Düsenjets, trotz der unmöglichen Zuschauer, trotz der Hitze. Ich mußte lernen, Spaß zu haben. Ich wäre gegen Derrick Rostagno beinahe wieder sehr früh gescheitert, doch ich habe zwei Matchbälle abgewehrt. Das war wie ein zweites Leben für mich. Und dann dieses Happy-end. Es ist unbeschreiblich, nicht zu begreifen im Moment.

Warum sind Sie als Sieger vom Platz gegangen und nicht Lendl?

Becker: Lendl war hier achtmal im Finale, ich noch nie. Mein Hunger war einfach größer nach diesem Titel.

Sie wirkten ungeheuer konzentriert, mit einem ungeheuren Kampfeswillen ausgestattet. Wo nehmen Sie am Ende einer schweren und erfolgreichen Saison diese Willenskraft noch her?

Becker: Ich habe mehr über das Leben gelernt, deshalb ist dieser Geist in mir. Wenn ich heute verliere, geht für mich die Welt nicht mehr unter. Das ist die Grundlinie meines Lebens - und das macht stark. Außerdem hat mir mein Trainer Bob Brett gemacht, daß Tennis harte Arbeit ist. Da kommt viel zusammen.

Glauben Sie, daß es nun in Deutschland eine neue Becker-Ilusterie geben wird?

Becker: Die Leute müssen eines wissen, an erster Stelle nbin ich kein Tennisspieler, sonder ich bin ein normaler Mensch. Und so sollen mich alle behandeln, egal welcher Hautfarbe oder Rasse.

Fühlen Sie sich jetzt als wahre Nummer eins?

Becker: Ivan hat das ganze Jahr konstante gespielt, aber nur kleine Turniere gewonnen. Ich habe gelernt, daß für uns da oben nur die Grand Slams zählen, und davon habeich nun zwei gewonnen in diesem Jahr. Auch wenn es der Computer nicht sagt, ich bin sicher, daß mich die Leute im Dezember beim Masters in New York zum „Spieler des Jahres" wählen werden. Jedenfalls sind Ivan und ich jetzt ganz nahe zusammengerückt. Keiner ist mehr stärker als der andere auf irgendeinem Belag. Die Nummer eins ist nicht mein Hauptziel. Wenn du die ganze Zeit daran denkst, dann machst du dich so verrückt, daß du nicht mehr spielen kannst. Mein Ziel ist es, mein bestes Tennis zu spielen.

Im Focus der amerikanischen Öffentlichkeit: In den USA nannten sie Boris den Mann mit dem Tiger-Auge

als in Wimbledon gegen Lendl und letztes Jahr im Masters. Er hat Lendl keine Minute Luft und Freiheit gelassen. Er ist der einzige Spieler, der im nächsten Jahr ernsthaft den Grand-Slam angehen kann. Dieser Sieg ist für ihn mehr wert als alle Schecks dieser Welt." Nett gesagt: Immerhin bekam Boris 600 000 Mark für den Erfolg.
Tatsächlich war Becker auf Lendls „Heimplatz" ständig Chef im Ring. Auch wenn er nach gewonnenem ersten Satz den zweiten Durchgang klar 1:6 verlor - Becker ignorierte einfach das Waschküchen-Klima, kämpfte, hechtete bis die Beine blutig waren, spielte Zauber-Tennis. Vor allem der letzte Tiebreak, den er 7:4 gewann, war eine Demonstration seiner Spielkunst. Becker, der wegen einer leichten Oberschenkelverletzung zweimal behandelt wurde auf dem Platz, hatte Lendl regelrecht zerbrochen.
„Vielleicht kann man von zwei Spielern als Nummer eins sprechen. Auf jeden Fall spielen wir beide besser als alle anderen," verteidigte König Ivan seinen Thron. Tatsächlich erschien Becker auch anschließend auf der aktuellen Weltrangliste der ATP immer noch als Nummer zwei, rund sechs Punkte hinter Lendl. Doch auf der vom Hamburger „Grand-Slam-Magazin" erstmals berechneten Grand-Slam-Weltrangliste (Vorläufer der Qualifikationsrangliste für den Compaq Grand Slam Cup), die nur die Ergebnisse der großen vier Turniere von Melbourne, Paris, Wimbledon und New York zugrunde legt, hatte der 21jährige Leimener Lendl in der Hitze dieser Nacht überholt. Ein Machtwechsel in Etappen.

Die Nummer 1

Australian Open '91

Melbourne, 14. Januar 1991, 19.41 Uhr: Boris Becker gewann sein erstes Spiel gegen den Briten Jeremy Bates. Und kein Mensch dachte daran, daß er in den Jahren davor verzweifelt versucht hatte, die Nummer eins zu werden.
Melbourne, 27. Januar 1991, 14.21 Uhr: Boris Becker bestritt das Finale gegen seinen alten Erzrivalen Ivan Lendl. Und kein Mensch dachte an etwas anderes, als daß er in diesem Match endlich die Nummer eins werden konnte.
Die Dinge hatten sich dramatisch zugespitzt damals beim Grand-Slam-Auftakt des Jahres Down Under, denn Becker und die Nummer eins, dieses Thema war abgehakt, nachdem der rotblonde deutsche Tennisheld im Jahr zuvor einen chaotisch-turbulenten Spätherbst hingelegt hatte. Und am Ende hatte er sie alle geleimt. Damit nahm das Drama seinen Lauf, der Rest ist die unglaubliche Geschichte eines Matches der besonderen Art unter besonderen Umständen.
Flinders Park, Endspiel der Herren. Auf der einen Seite Herr Lendl, wie immer sehr geschniegelt mit akkurat drapierten Schweißbändern und gedoppelten Schnürsenkeln sowie einer Mütze mit Sonnenschutz für den Nacken. Das alles ließ ihn sehr energisch und entschlossen wirken. Lendl halt. Auf der anderen Seite ein unkonzentrierter, gestikulierender, jammernder junger Mann. „Rückhand, Rückhand", rief der verzweifelt. Und: „Rüber, rüber, einfach rüber." Dabei benahm er sich wie ein ungezogenes Kind. Kur-

zum, der erste Satz ging nach 29 Minuten mit 6:1 an den strammen Herrn mit dem Wüstenhut. Und dann fing es an kurios zu werden.
Zuerst rief Becker mehrfach: „Ich kann nicht mehr laufen, einfach aus... Kann nicht mehr laufen." Dafür kam dann Todd Snyder gelaufen, und das war kein gutes Zeichen, denn wenn Mister Snyder kam, lag ein Akteur quasi im Sterben. Er war als Physiotherapeut für die Spieler im Einsatz, und Becker verschwand mit ihm im Tunnel zu den Umkleidekabinen, wo er sich auf den Boden legte und „heiße Salbe" (Becker) einmassieren ließ. Snyder war nicht gerade als Hexendoktor oder Wunderheiler bekannt, wobei in Lendl die Hoffnung auf den entscheidenden Schlag keimte. Becker war früher auch schon dran an der Nummer 1, ein paar Mal berührt, ein paar Mal ist nix passiert. Selbsterkenntnis: „Ich selbst bin mein größter Gegner."

Es begann der zweite Satz. Becker lag bei eigenem Aufschlag nach Doppelfehler 30:40 zurück. Breakball. Einstand. Wieder Breakball. Einstand. Dreimal, viermal. Becker würgte einen Ball nach dem anderen in Lendls Feld, der es einfach verpaßte, den entscheidenden Punkt zu machen. Wenn schon, der Tscheche hatte das Match im Griff, mit stoischer Gelassenheit schickte er ein As nach dem anderen übers Netz, während Becker rumstocherte wie frisch an der Bandscheibe operiert. Es reichte gerade, das Service durchzubringen. Mehr nicht. Lendl hatte immer gesagt: „Tennis ist keine Frage des Glücks, Dominanz drückt sich am Ende immer in Zahlen aus." Zehntes Spiel, Aufschlag Lendl, 30:30. Plötzlich ein Vorhandreturn von Becker wie eine Granate. Es war der erste Return, den er an diesem Nachmittag richtig getroffen hatte. Lendls anschließssende Rückhand blieb an der Netzkante hängen. Zweiter Satz Becker, 6:4. Eine Stunde, neun Minuten gespielt. Lendl: „Wenn ich vorher das Break mache, ist er raus aus dem Match."
Wenn. Dritter Satz. Becker schlug auf und eine Vorhand ins Netz. Breakball Lendl. Becker am Netz. Ein Volley im Stolpern, später einer im Fallen. Insgesamt drei Breakchancen wehrte der Deutsche mit viel Glück ab. Dann bei Aufschlag Lendl: Doppelfehler, ein Ball wird ausgegeben, ein weiterer Doppelfehler auf einen dubiosen Linienrichterzuruf, Becker machte das Break mit einer Rueckhand aus dem Lehrbuch. Im nächsten Spiel murkste er sich zur Abwechslung wieder an zwei Breakbaellen vorbei. Wenig später: Satzball Becker. Lendl schlug auf, kam ans Netz, plazierte Becker aus,

Das für ihn unfaßbare ist passiert: Boris gewinnt erstmals die Australian Open, wird dadurch Nummer 1 der Weltrangliste

„Ein starker Mensch mit Charakter"

Von Bob Brett

Man hat mich oft gefragt, warum wir unsere Zusammenarbeit ausgerechnet auf dem Höhepunkt seiner Karriere beendet habe. Ich bin heute noch davon überzeugt, daß es für Boris und für mich wohl der beste Zeitpunkt war.

Ein Champion will unabhängig und selbständig sein. Er will für seine Erfolge selbst die Verantwortung tragen - und er muß auch lernen, für seine Fehler einzustehen. Am Abend dieses 28. Januar war Boris Becker reif. Er war technisch, mental und taktisch auf dem Höhepunkt und stark genug, nun mit jedem Trainer seiner Wahl auf Basis einer komfortablen Teilzeitvereinbarung zusammenzuarbeiten. Ich fühlte, daß Boris keinen Betreuer mehr rund um die Uhr nötig hatte. Ich wußte, daß er mich nicht mehr brauchte. Es war also an der Zeit, eine wunderbare Zeit und sehr harmonische Beziehung zu beenden.

Diese Beziehung zu Boris begann bereits 1983, als mich jemand auf sein Ergebnis in einem Turnier in Köln aufmerksam machte. Er hatte erst im dritten Satz gegen Sandy Mayer verloren. Es faszinierte mich, daß ein erst 15jähriger gegen einen Sandy Mayer, so ein Match hinlegen kann - Sandy war damals Nr. 18 der Welt.

Von da an beobachtete ich die Karriere des Boris Becker mit einem ganz speziellen Interesse, wie ich allerdings alle auffälligen Resultate junger Newcomer aufmerksam verfolge. Ich habe schon viele Talente kommen und gehen sehen, denen es nicht gelang, Spuren zu hinterlassen.

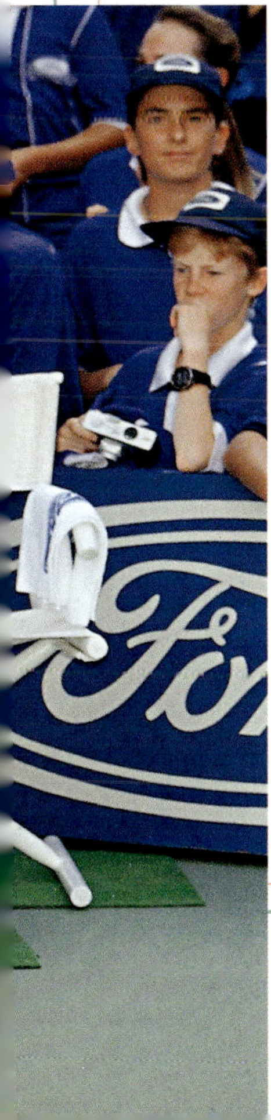

Bei Boris Becker war das von Anfang an anders. Faszinierend dabei auch die einzigartige Beziehung zwischen Boris und seinem Coach Günther Bosch. Ich bin überzeugt, was besseres als dieser geduldige Mann hätte Boris am Anfang seiner Karriere nicht passieren können. Beispiellos, wie er Boris Becker über die schwere Zeit nach der Fußverletzung in Wimbledon 1984 gebracht hat. Probleme ergaben sich für das Duo Becker-Bosch erst, als Ion Tiriac mehr Einfluß auf die sportlichen Dinge nehmen wollte. Aus dem Duo wurde ein Trio, der Konflikt war programmiert.

In meiner Beziehung zu Boris Becker spielten Australien und Niederlagen eine wesentliche Rolle. So traf ich Boris Ende 1984 bei den Australian Open. Er hatte in der ersten Runde den Amerikaner Ricky Meyer geschlagen. Ich beglückwünschte ihn zu seinem schönen Erfolg, dann sprachen wir über Tim Mayotte, den ich einst gecoacht hatte und gegen den Boris in der nächsten Runde zu spielen hatte. Boris schlug den Top-Ten-Spieler Mayotte einen Tag später.

Niederlagen waren immer das Schlimmste, was Boris passieren konnte. Er respektierte zwar die großen Namen, wie John McEnroe, Ivan Lendl oder Jimmy Connors, er akzeptierte aber keine angebliche oder tatsächliche Überlegenheit. Für ihn spielte es keine Rolle, gegen wen er zu spielen hatte. Interessant für ihn war nur der Sieg 1985, Boris spielte beim WCT-Turnier in Las Vegas, traf ich ihn total frustriert im Ceacar's Palace. Er hatte zum zweitenmal hintereinander ein Match im dritten Satz mit 6:7 verloren.

Eine Woche zuvor in einem Erstrundenmatch und nun gegen Tomas Smid im Viertelfinale im Ceasar`s Palace. Niederlagen bereiteten ihm damals schon körperliche Schmerzen. Ich habe versucht, ihn zu trösten, sprach zu ihm von der Zeit des Lernens, der Geduld und der Zukunft. Vielleicht hat er mich damals verstanden, wahrscheinlich eher nicht, weil Boris, wie alle jungen Spieler in diesem Alter, noch viel zu ungeduldig war, um auf die nächste Woche, den nächsten Monat oder das nächste Turnier zu warten ...Zwei Monate später aber gewann er Wimbledon.

Ende 1985 verlor der Wimbledon-Champion bei den Australian Open schon in der ersten Runde gegen den Holländer Michael Schapers. Ich konnte mir sehr gut vorstellen, was in ihm vorging. Ich habe ihn auf den Royal Melbourne Golfplatz eingeladen. Boris war vorher noch nie über einen Golfplatz gegangen. Ich denke, das waren die ersten neun Löcher seines Lebens. Das sportliche Ergebnis völlig bedeutungslos. Wichtig für ihn war die Erfahrung, daß es noch andere Dinge als Tennis gibt. Denn das ist einerseits die größte Stärke, andererseits aber auch sein größtes Problem. Er bringt immer seine ganze Person und seinen Character auf den Court, in jedem Match. Boris hat es nie verstanden, wie man, wenn man, nachdem man so viel von sich selbst hergegeben hat, trotzdem verlieren kann. Wir haben später noch oft zusammen Golf gespielt, um auf andere Gedanken zu kommen.

Ein Jahr später, inzwischen hatte er seinen Wimbledontitel erfolgreich verteidigt, verlor er in Australien gegen Wally Masur. Günther Bosch stieg aus. Die einzigartige Beziehung hatte sich verbraucht. Boris wollte mehr Unabhängigkeit, mehr Freiheit. Günther Bosch zog die Konsequenzen. Eine Trennung, die unglücklicherweise für sehr viel Aufsehen sorgte. Ich kann nicht beurteilen, wer da Fehler gemacht hat, ich weiß nur daß dabei viele großartigen Erinnerungen zerstört wurden.

Es folgten Verletzungen, Boris rutschte in der Rangliste. Zehn Monate später begann unsere Zusammenarbeit mit klaren Zielvorgaben: weitere Grand Slam-Titel und am Ende die Position Nr. 1 der Welt. Selbst nach so vielen Jahren als Trainer, begann damit auch für mich eine faszinierende Zeit, mit sehr vielen Höhen, aber auch Tiefen.

1989 waren wir fast am Ziel. Boris hätte Weltranglistenerster werden könne, wenn er die Stockholm Open gewonnen hätte. Wir mußten nicht viele Worte dazu verlieren, zwischen uns war alles klar. Er sollte volles Risiko spielen, seine Chance nutzen. Aber Boris verlor gegen Jan Gunnarsson und fiel in ein mentales Loch. Er fühlte sich ungerecht behandelt.

Bob Brett gehört zu den erfolgreichsten Tennistrainern der Welt. Dank seines psychologischen Geschicks und Einfühlungsvermögens, ist er für seine Schützlinge mehr als nur ein Coach

Boris war 1989 eindeutig der beste Spieler. Das wußte er, daß wußte ich, daß wußten alle Spieler - aber er erntete nicht den Lohn. Es dauerte fast ein halbes Jahr, bis er seine Enttäuschung überwunden hatte. Es gelang ihm natürlich in Wimbledon Er kam erneut ins Finale und das war ein Riesen-Erfolg, auch wenn er gegen Stefan Edberg verlor. Boris befand sich wieder auf richtigem Kurs.

Es war eine glückliche Fügung des Schicksals, daß im Finale der Australian Open 1991 der Gegner Ivan Lendl hieß. Gegen die langjährige Nr. 1 mußte man Boris nie besonders motivieren. Nachdem er einige schwierige Situationen in den frühen Runden gemeistert hatte, war er reif für den Titel. Er erkannte seine Chance und er nutzte sie. Boris war endlich dort, wohin er schon lange gehört hatte, auf Platz 1 der Welt.

Er hat auch mich überrascht. Trotz großer Siege, wachsender finanzieller Unabhängigkeit und dem überwältigenden öffentlichen Interesses an seiner Person, ist er immer noch der selbe.

Ein starker und korrekter Mensch mit Charakter. Er erlag nicht den verlockenden Versuchungen, die so viele andere Karrieren frühzeitig zerstört haben. Er ist sich treu geblieben.

der mit letzter Kraft noch den Schläger an den Ball brachte. Und der Ball flog und flog und flog und plumpste hinten auf die Linie. Lendl tobte. Dritter Satz Becker. Zwei Stunden, zehn Minuten gespielt.
Irgendwas lief hier gegen Lendl, aber der war schon immer zäh wie Leder und begann den vierten Satz furios. Asse, Servicepunkte. Bei 2:2, 15:40 aus der Sicht von Becker, zwei Breakchancen Lendl. Becker brillierte mit der Gewalt seines Aufschlags. 30:40. Dann beide mit Slice von der Grundlinie. Besorgniserregende Länge. Atemlos das Publikum auf den Tribünen. Plopp, plopp, plopp, machte der Ball. Becker ächzte. Es sah so aus, als würde er den letzten nicht mehr kriegen. Lendl am Netz, Becker blieb instinktiv in der richtigen Ecke stehen und passierte mit der Rückhand. Schon wieder. Der Rest ist schnell erzählt. Lendl hatte im vierten Satz bloß vier Punkte bei eigenem Aufschlag abgegeben, als er bei 4:5 zum letzten Mal dran war. Ruckzuck stand es 0:40, wenig später ein Vorhandreturn von Becker longline. Vierter Satz Becker. Zwei Stunden, 51 Minuten gespielt. Aus, vorbei.
Jubel brandete auf, und irgendwo im Abseits stand ein Mann mit ausgemergeltem Gesicht, zusammengekniffenen Augen und schmalen Lippen. Seine Socken saßen immer noch akkurat, das Hemd steckte sehr ordentlich in der Hose. Es war bekannt, daß er Becker nicht mochte. Aber er vergaß nicht den Sieger trotzdem zu würdigen. Erstes Statement: „Ich habe ihn gezwungen, großartige Schläge zu bringen." Zweites Statement: „Ich glaube nicht, daß er eine Verletzung hatte, die seinem Spiel geschadet hat." Und dann schnauzte er auf dem Weg zum Fahrservice seine Frau an. Es war kein Tag, an dem der Verlierer gut rüber kam.
Boris Becker war währenddessen aus dem Stadion gelaufen, und alle dachten, jetzt muß er auf' s Klo. Doch die neue Nummer eins wollte den Moment ganz alleine genießen. Er sagte später bei der Siegerehrung: „Ich kann in diesem Moment nichts sagen, das ist so unglaublich. Sorry. Thank you." Und später bei der Pressekonferenz: „Ich habe Angst, daß es nicht weitergeht." Er warf Schweissbänder und Handtücher ins Publikum, und gewichtige Herren sagten überflüssige Sachen. Becker zum Abschluß dieses denkwürdigen Tages: „Ich bin nicht der Typ, der fünf Jahre die Nummer eins bleiben will. Ich will noch ein Jahr spielen und dann aufhören. Wenn ich das nicht schaffe, bin ich als Persönlichkeit gescheitert, dann hat mich auch die Droge Tennis erwischt so wie Connors, Borg und Lendl."
P.S. Boris Becker blieb nicht fünf Jahre lang die Nummer eins; in zwei Etappen brachte er es auf zwölf Wochen. Niemand hätte damals darauf gewettet, daß er erst sechs Jahre später als Familienvater und an selber Stelle wieder ein Grand-Slam-Turnier gewinnen sollte. Er widmete den Sieg 1996 seiner Frau Barbara. Und Lendl? Der war 371 Wochen lang Nummer eins, länger als jeder andere. Irgendwann hat er aufgehört, und man hörte so wenig von ihm. Er soll es jetzt als Golf-Profi versuchen...

Letzte Schlacht auf rotem Sand

French Open '95

Boris Becker interessiert sich für Architektur.
Er mag große, wuchtige Bauwerke und breite Straßen, Alleen. Darum war er so von Moskau fasziniert und versprach sich selbst, „ diese Stadt einmal zu besuchen und zu erkunden, ganz ohne Turnierstreß".
Deshalb findet Boris auch großen Gefallen an Paris. Er liebt die Metropole an der Seine sogar. Dort feierte er mal den Geburtstag seiner Frau, stellte ihr ein Cabrio mit dem Stern, eingewickelt in eine riesige Schleife, vor die Hoteltür. Er genießt die weltstädtische Atmosphäre, das französische savoir vivre.
Wenn nur die French Open im Stade Roland Garros nicht wären... Tennis auf Sand - wie oft ist Becker auf diesem ungeliebten Belag schon ausgerutscht...
Der tägliche Weg zum Centre Court führt Boris am L'Arc de Triumphe vorbei über den Place d' Etoile.
Denn der Becker-Clan wohnt traditionell im feudalen Hotel Royal Monceau in der Avenue Hoche. Eine große, breite Straße, ein moderner Fitneßraum im Kellergeschoß, in der Nähe ein herrlicher Park zum Joggen und Seele baumeln lassen. Aus den Suiten, die alle verschieden eingerichtet sind, blickt man über die Dächer von Paris.
Nicht nur für Ernest Hemingway, auch für Boris Becker und Familie wäre Paris ein Fest für das Leben, wenn da nicht der körnige Sand unter seinen Füßen knirschen würde, der die Bälle langsam abspringen läßt und seinem gewaltigen Aufschlag das Tempo nimmt.
Die French Open 1995 - heute wissen wir, daß es Beckers letzter Auftritt beim berühmten Turnier im Bois de Boulogne war.
Der letzte, verzweifelte Kampf gegen den Sand-Fluch, gegen die Sieglosigkeit auf Asche.
Keinen einzigen Titel hat Becker je auf diesem Geläuf holen kön-

nen, obwohl er in Leimen auf den Sandplätzen seines Klubs Blau-Weiß aufgewachsen war und die Tücken, Feinheiten und faszinierenden Elemente dieses Spiels auf Ziegelmehl kannte und an den sogenannten guten Tagen, an denen man schon beim Aufstehen merkt, daß alles klappen wird, auch perfekt beherrschte.
Boris Becker war in diesem Jahr 1995 einige Male gutgelaunt aus dem Bett geklettert und hatte auf der staubigen Bühne der Sandplätze sich mehrfach selbst übertroffen. Da war das Turnier in Monte Carlo.
Eine Woche lang hatte er Tennis wie ein Sandsturm gespielt, war ins Finale gekommen und hatte dort gegen den König der Asche schlechthin, Thomas Muster, zwei Matchbälle. Boris hat sie vergeben, das ist bekannt. Aber nicht, weil er auf Asche nicht gewinnen kann, nicht spielen kann, sondern weil seine sonst so starke, selbstbewußte Psyche sofort wackelt, wenn Boris rot sieht, sobald er auf einen Tennisplatz schaut: Sand! Was das mit den French Open zu tun hat? „Monte Carlo hätte Boris fast zerbrochen," sagt sein damaliger Coach Nick Bollettieri rückblickend. „Es hat Wochen gedauert, bis die Narbe verheilt war."
Aber Monte Carlo hatte Becker auch spüren lassen, daß er sehr wohl auch auf Sand gegen alle großen Konkurrenten gewinnen kann.

Noch einmal wollte er es versuchen, doch einmal die French Open zu gewinnen. Adrian Voinea zertörte den Traum. Boris verläßt das Stadion Roland Garros, kommt nie wieder

Wenn einige Kleinigkeiten stimmen: Es darf nur wenig Wind wehen und der Sand muß trocken sein, um eine gewisse Geschwindigkeit zuzulassen. Also bitte kein Regen.
Boris traf in Paris ein mit dem Ziel, das Turnier zu gewinnen - „sonst könnte ich ja irgendwo in der Sahara bei einem kleinem Challenger melden und dort siegen. Nein, ich will einen großen Titel auf Sand."
Monte Carlo oder Paris. Alles andere zählt für Boris Becker nicht. „Ich würde mir das Herz dafür rausreißen", lautet seine pathetische Ankündigung und Absichtserklärung vor dem Start.

Die French Open beginnen für Boris, den Herausforderer des Unmöglichen, mehr als nur vielversprechend. Er verputzt in Runde eins auf dem neuen Court Suzanne Lenglen den Argentinier Javier Frana, einen Mittelklasse-Profi, der auf Asche allerdings zu den unbequemen Gegner zählt.
Nick Bollettieri beschlägt vor Freude die obligatorische Sonnenbrille angesichts der Becker-Darbietungen und des klaren Dreisatz-Sieges.
Das nächste Match bringt wieder Genuß: Ein glasklarer 6:2, 6:2, 6:2 Erfolg über den Ami Jared Palmer. Nicht das Ergebnis allein wirkt stimulierend wie französischer Champagner, sondern die komplette, prickelnde Vorstellung auf dem Centre Court.
Boris wirkt spritzig, beweglich. Seine Schläge von der Grundlinie haben zerstörerische Kraft und der rote Baron auf dem roten Untergrund auch die nötige Geduld. Sein Spiel ist eine explosive Mischung aus Power und Eleganz, aus Angriff und Tennis-Schach.
Die Reporter aus deutschen Landen begutachten schon mal die Auslosung und fiebern dem möglichen Duell mit Michael Chang oder Michael Stich imb Achtelfinale entgegen. Das wäre es doch.
Ein richtiger Knüller, am besten ein deutsch-deutscher Zweikampf und der Sieger trifft danach auf den Spanier Sergi Bruguera.
Boris macht uns allen Mut: „Ich habe den Turnier-Triumph immer im Hinterkopf. Meine Form ist exzellent."
Das Turnier war schon durchgespielt, alles lief bestens und nach Plan. Denn die Vorschau auf die nächste Runde war eher Nebensache. Wie heißt der Typ, der gegen den Becker spielt? Adrian Voinea aus Rumänien.
Ach so, der.
Kennt keiner. Kein Problem.
Boris ist doch gut drauf...
Doch als Boris an diesem Morgen des Spiels gegen Voinea aufwacht und über die Dächer von Paris blickt, bekommt er schlechte Laune: Es regnet!
Eigentlich schüttet es den ganzen Tag. Boris gegen Voinea ist als dritte Partie auf Court Suzanne Lenglen angesetzt. Im Pressezentrum stimmt man sich auf inaktuelle Andruckgeschichten ein. Grund-Tenor: „Bei dem Wetter kriegen die höchstens ein Match durch. Dann muß Boris morgen ran , bei Sonne, und haut den Voinea, oder wie der heißt, weg."

Dunkle Wolken, böiger Wind, aufgespannte Regenschirme, Friesennerze. Auf dem Centre Court spielt Michael Stich gegen den Franzosen Bötsch - im strömenden Regen. Eine Schlammschlacht, eine Rutschpartie. Stich gewinnt.
Auf allen anderen Plätzen fliegt keine Filzkugel. Alles abgebrochen, erst einmal.

Boris Becker sitzt in der Umkleidekabine unterhalb des Court A. Die Skatrunde mit Uli Kühnel und Waldemar Kliesing ist beendet. Macht keinen Spaß mehr, schließlich zockt man ja schon seit Stunden. Weil es seit Stunden regnet. Mal heftig, dann feiner Sprühregen, dann ein Platzregen.

Mein verrücktes Match mit Boris

Von Thomas Muster

Boris Becker ist auf Sand groß geworden. Nur hat er sich wegen seiner physischen Voraussetzungen schnell auf Gras- und Hallenturniere konzentriert. Er ist ja ein Spieler, der nach mehreren anstrengenden Ascheplatzspielen sicher körperlich nicht so leicht regeneriert wie ein spanischer Sandfloh. Aber man darf auf keinen Fall vergessen, welche großartigen Ergebnisse ihm auch auf Sand gelungen sind - wenn auch nicht der ersehnte Triumph: Er stand u.a. zweimal im French Open-Halbfinale, im Finale der German Open, der Italian Open und dreimal im Endspiel der Monte Carlo Open.
Und da haben sich vor zwei Jahren auf unvergeßliche Weise unsere Wege gekreuzt, in diesem schon legendären Finale im Country Club: Als Boris seine beiden Matchbälle im vierten Satz hatte, bei eigenem Service, da war ich im Grunde ein geschlagener Mann. Bis zu diesem Zeitpunkt hatte ich gegen ihn kaum eine wirkliche Chance, er spielte das Match seines Lebens. Doch dann dieser Doppelfehler beim Matchball, der zweite Aufschlag knallt mit 198 km/h ins Aus. Plötzlich schöpfte ich wieder Mut, sah, daß Boris verzweifelte, weil er beim Versuch gescheitert war, diesen Sieg mit aller Macht erzwingen zu wollen. Es war unglaublich: Ich konnte die Pa
noch einmal herumdrehen - gegen ei
Boris Becker, der innerlich ein gebroc
ner Mann war und im fünften und l
ten Satz keine Gegenwehr mehr leis
konnte. So ein verrücktes, nerv
zerfetzendes Spiel sieht man nur
Sand, so einen faszinierenden Schlag
tausch bis an die obersten Limits.
mich hat sich dieses Spiel für immer
ewig ins Gedächtnis eingegraben.
Auf Sand, so glaube ich, sehen die F
immer noch die spektakulärsten
spannendsten Spiele. Dagegen ist ein
senmatch aus meiner Sicht total
interessant: Aufschlag, Return, vielle
noch einmal ein Volley, und das w
dann schon. Nicht unbedingt meine V
Meine Interessen haben sich seit 1989
der schwere Unfall in Key Biscayne me
Karriere veränderte, automatisch

Sand verlagert. In
Weltrangliste ist es
einen Sandplatz-S
zialisten wie m
schwer, sich nach o
zu kämpfen, die Hö
punkte der Asche
son liegen alle dicht

Thomas Muster gew
über 40 Turniere au
ATP Tour, dazu 199
French Open. Der Ö
reicher gilt als einer der besten Sandp
Spieler in der neueren Tennis-Geschi

drängt im europäischen Frühling. Um auf die Top-Positionen der Tennis-Hitliste zu kommen, mußte ich einen zermürbenden Weg über die vielen kleinen Turniere gehen. Ich denke, die europäischen Spieler, die alle auf Sand groß geworden sind, haben sich nie genug darum gekümmert, daß die Sandplatz-Turniere einen größeren Stellenwert im Circuit bekommen. Vielleicht ändert sich das ja in der Zukunft.

Noch ein Wort zum vieldiskutierten Verhältnis zwischen Boris und mir: Wir haben eigentlich nur einmal Streß miteinander gehabt, als nach dem Monte Carlo-Match von Boris so ein bißchen angedeutet wurde, da sei auch Doping im Spiel gewesen. Ich war enttäuscht darüber, aber ich konnte auch ein wenig den Frust und die Bitterkeit bei ihm nachvollziehen - in diesen ersten Momenten nach einem so tragisch verlorenen Spiel. Sonst akzeptieren wir beide uns voll und ganz als große Wettkämpfer, als Fighter und als Persönlichkeiten, die auf unterschiedliche Weise eine Menge für das Tennis in unseren Heimatländern getan haben. Ich habe seinen Weg von den ersten gemeinsamen Tagen, als wir als 15,16jährige zusammen Jugendturniere spielten, bis zur Gegenwart immer mit viel Hochachtung verfolgt. Eins ist sicher: Wenn Boris aufhört, wird der Tennisbetrieb wieder um eine schillernde und bedeutende Figur ärmer sein.

Die Becker-Tasche ist längst gepackt, die permanent gewärmten, vorgedehnten Muskeln sind mittlerweile wieder kalt, als irgendwann gegen 19 Uhr die Tür aufgeht und Brian Early, der Schiedsrichter-Supervisor sagt: „Let's play."

Als Boris 24 Stunden später die Vorgänge aus seiner Sicht schildert, überschlägt sich seine Stimme vor Wut: „Ich den Menschen angestarrt wie ein Auto. Ich hab' ihn gefragt: „Warum sollen wir anfangen, es regnet doch. Schon den ganzen Tag."

Der antwortet: „Nein, es ist trocken, die Sonne scheint." Ich brülle: „Wo denn, vielleicht in Afrika"."

Aber nichts nützt.

Boris muß raus auf den Platz mit diesem Spieler namens Voinea, den keiner so wirklich kennt. Auch Boris nicht.

Unweit der Spielerumkleide ist das Presserestaurant.

Es ist der sogenannte Beaujoulais-Tag. Eine Weinprobe der Größe XXL. Die Flaschen sind bereist alle entkorkt der Käse duftet streng. Niemand hat mehr damit gerechnet, daß noch Tennis gespielt würde an diesem Tag oder besser Abend. Der Helligkeitsfaktor auf Court A entspricht eher Boden-Nebel.

Auch ohne Beaujoulais...

Boris brummelt schon beim Einschlagen, faucht den Schiedrichter an: „ Die Bälle saugen sich mit Wasser voll, sind zu schwer." Dann malt Boris mit seinem Schläger ein Loch in Luft von den Ausmaßen eines Sechs- Kilo-Medizinballs und brüllt: „So groß sind die Kugeln. Die weichen doch auf."

Boris schlittert, rutscht, stolpert. Er trifft nichts.

Sein Rückhand-Slice segelt meterweit ins Aus begleitet vom zornigen Schrei: „Mist! Mist! Mist!"

Becker verliert den ersten Durchgang mit 3:6. Und bittet um Abbruch. Er diskutiert, verlangt nach dem Oberschiedsrichter Gilbert Ysern. Auf der Tribüne klatschen die Voinea-Fans höhnisch. Becker wird immer wütender. Anstatt bei den widrigen Umständen auf Zeit zu spielen, sich in die anbrechende Dunkelheit zu retten, hämmert Becker die Filzkugeln reihenweise in die Umlaufbahn, tobt, jammert. Irgendwann muß man die Taschenlampe anknipsen, um zu erahnen, was sich auf dem Platz abspielt.

Durch die diesige Luft flimmert das Ergebnis über die Anzeigetafel: Becker gegen Voinea 3:6, 4:6. Abbruch.

Becker zischt hinterher: „Ich sitze im Auto, fahre ins Hotel. Ich liege 0:2 Sätze gegen jemanden zurück, den ich gar nicht kannte. Ich war im falschen Film. Den Voinea habe ich doch berühmt, zum Volkshelden in seiner Heimat, gemacht. Der Platz war eine Seifenpiste, eine Frechheit. Die wollen nicht, daß ich hier gewinne."

Mit „die" war jeder von der Turnierleitung gemeint. Auch der Tennis-Gott, falls es einen gibt.

Boris glaubt an Sabotage von höchster Stelle.

Boris erklärte einmal selbst seine schlechteste Eigenschaft: „Ich bin manchmal cholerisch, dann habe ich mich nicht mehr unter Kontrolle:" Das Voinea-Match war so ein Moment. Boris, der Wut-Vulkan war ausgebrochen. Und nichts, keiner konnte ihn mehr aufhalten. Die Verlängerung am nächsten Tag. Die Sonnen scheint zwischen den Wolken durch. Das ist gut. Aber ein heftiger Wind weht. Das ist schlecht. Weil die tückischen Luftströmungen den Ballwurf beim für Boris so wichtigen Aufschlag beeinflussen, verändern, stören, zerstören.

Boris wehrt sich verbissen. Er versucht mit fiesen Tricks, Voinea, die Nummer 128 der Tennis-Welt zu irritieren, zu provozieren, zu entnerven. Erscheint Voinea am Netz, zielt Becker auf den Körper des Rumänen. Er pöbelt, stichelt und quengelt. Alles vergeblich.

Boris hat längst seinen Rhythmus verloren, Voinea an Selbstbewußtsein gewonnen und die Chance zur Sensation erkannt.

Voinea nutzt jede Schwäche. Becker fliegt in vier Sätzen raus. Sein Bezwinger lästert kühl: „Ich schäme mich für Boris. Sein Verhalten war eines Weltranglisten-Dritten unwürdig. Vor dem Spiel war er für mich eine große Persönlichkeit. Jetzt nicht mehr."

Der Sandfluch.

Wieder hat Boris verloren, sich dabei seelisch entblättert, bei seinem Zornesausbrüchen. Jeder konnte die Verzweiflung, die Ohnmacht spüren, hören, sehen.

Mit dieser Niederlage hat Boris den Kampf um einen Titel auf Sand endgültig eingestellt, hat aufgegeben.

Bitter flüstert er beim Abgang von den French Open: „Ich muß das alles erst in meinem Kopf verarbeiten. Vielleicht spiele ich hier nie wieder." Tatsächlich kommt Boris nicht mehr wieder. Die Pleite gegen Voinea war der Schlußpunkt, das letzte Aufbäumen des Sandmanns Boris Becker.

Der endgültige K.o. auf dem Boden, den die Franzosen verniedlichend terre battue nennen.
Paris wird nach dem Matchball für immer vom Kalender gestrichen.
Die ironischen Abschiedsgrüße des frechen Siegers Voinea - „Ich habe nur meinen Job getan. Auch in Paris regnet es schon mal im Juni" - klingen Becker wie Kirchenglockenschläge aus nächster Nähe in den Ohren.
Er hat es satt, außer sich mit der Konkurrenz auch noch mit den Naturgewalten wie Regen und Wind herumzuschlagen. Aber auch die Funktionäre haben sich gegen Becker verschworen. Und beim Blick in den Himmel entfährt es dem frustrierten Boris: „Da oben will wohl jemand nicht, daß ich auf Sand gewinne."
Den Glauben an sich und seine Möglichkeiten, der Boris sonst so stark macht, hat Boris verloren.
Erst in Monte Carlo, dann in Paris. Er macht den Regen verantwortlich, überirdische Kräfte und Funktionäre. Belügt sich selbst. Aus Not. Übrigens: In den Jahren 1996 und 1997, als Boris wegen Verletztung in Paris absagte, funkelte der Eifelturm in der Dauersonne des windstillen französischen Sommers.

Mach's noch einmal, Boris

Melbourne '96

Das strahlende Lachen eines Lausbuben, die blauen, freudetrunken blitzenden Augen, die Trophäe des Sieges in den Händen. Die Momentaufnahme Boris Becker nach dem Sensationstriumph bei den Australian Open 1996 wirkte wie eine Computeranimation.
Wie ein merkwürdiges Déjà-vu-Erlebnis. Unwillkürlich flimmerte das berühmte Bild des „17jährigsten aller Leimener" über die geistige Leinwand des Augenzeugen , wiederholte sich die Szene, als der Racket-Nobody Becker 1985 in Wimbledon die gesamte Tennis-Welt auf den Kopf gestellt hatte und stolz wie Oskar mit dem goldenen Pokal des All England Lawn Tennis and Croqet Klubs für die Fotografen posierte. Jetzt in Melbourne hatte Boris Becker die Zeit angehalten. Und sogar zurückgedreht.
Die Falten des mittlerweile in der Filzkugel-Szene als „elder statesman" geltenden Becker schienen nach dem Endspielerfolg über Michael Chang geglättet, verschwunden, retuschiert. Auch die „Popper"-Locke, der Seitenscheitel-Haarschnitt, der elf Jahre zuvor in Wimbledon die Teenies verzückt aufkreischen ließ, war im Gedankenfilm des Betrachters wieder da, obwohl die rotblonden Haare in der flimmernden australischen Sonne allenfalls in Streichholzlänge funkelten.
Alles war verschmolzen zu einer einzigen Optik des Triumphators Boris. Warum so blumige Worte, um eine sportliche Leistung zu beschreiben? Schließlich muß irgend jemand bei einem Turnier ja gewinnen... Aber niemand auf irgendeinem Kontinent, der sich für Tennis interessiert, hatte mit Boris Becker gerechnet. Nicht die australischen Buchmacher: Die Boris-Quote auf den Titel war vor Turnierstart mit 13:1 festgelegt. Und schon gar nicht Boris selbst: „Erst in Australien habe ich das Gefühl zurückbekommen, daß noch ein großer Erfolg in mir steckt." Melbourne war der letzte Grand-Slam-Titel in der einmaligen Karriere des Boris B. - und dazu ein sportliches Wunder. Eine Großtat mit historischen Attitüden.
Klar, auch Jimmy Connors hatte 1982, acht Jahre nach seinem ersten Wimbledonsieg noch mal auf dem heiligen Rasen zugeschlagen. Im Alter von 30 Jahren. Aber Melbourne war der Schlußpunkt einer unheimlichen, geplanten und mit aller Wucht angelegten Attacke des Tennis-Dinos Becker. Eines Mannes, der trotz seiner 28 Lenze aus einer ganz anderen Zeit kommt, aus der glorreichen, beinahe antiken Epoche des weißen Sports. Boris Becker gehört nicht zur Generation der Sampras, Agassis, und Changs. Er ist mit Ivan Lendl aufgewachsen, mit John McEnroe, eben mit diesem Connors, sogar noch mit Borg. Einer aus einer anderen Ära. Eigentlich.
Deshalb hatte Boris 1995 nach dem verlorenen Wimbledon-Finale gegen Sampras erkannt: „Für mich muß es normal werden, gegen die neuen Stars zu bestehen, das Halbfinale eines Grand Slams zu erreichen. Ich brauche die Duelle mit Leuten wie Sampras und Agassi, um mich an deren Tempo, deren Stil zu gewöhnen und neu zu orientieren."
Becker mußte umlernen, umdenken. Eine Frischzellenkur mit Racket. Nach Matchball im Finale reflektiert er die eigene sportliche Wandlung, die bei einem Boxer dem Wechsel von der Links- zur Rechtsauslage gleichkommt: „Ich wollte nicht mehr der Spieler sein, der sich nur auf den Aufschlag verlassen kann. Ich habe an meinen Grundschlägen gefeilt. Jetzt bin ich ein endlich kompletter Spieler, der auch taktisch variiert. Mein Tennis von vor fünf Jahren würde heute nicht mehr für die Top-10 der Weltrangliste reichen."
Auch in der statistischen Rückbetrachtung im Schnelldurchgang ist der Becker-Marsch auf Melbourne zu erkennen: Finale in Wimbledon 95, Halbfinale bei den US Open 95, Weltmeister 95, Sieg bei Australian Open 96. Mit Methode und Anlauf zum Gipfel. Erklommen ausgerechnet in Australien, im Flinders Park (heute heißt die megamoderne Arena mit dem Bodenbelag aus alten Gummi-

Ich hab's für dich gemacht: Boris zeigt nach seinem Sensationssieg im Flinderspark-Stadion auf Gattin Barbara

reifen ja Melbourne Park). Dort war Becker 1991 zur Nummer eins geworden, hatte er, das deutsche Jungenwunder, sich selbst gekrönt, sich etabliert in der Galerie der Tennishelden. Und war danach in das befürchtete seelische Loch gefallen, die unvermeidliche Leere, wenn die Überholspur zum Standstreifen wird und keiner mehr da ist, den man überflügeln kann. Die Schufterei hatte sich zwar gelohnt, aber die Willensreserven entleert. Boris, das dominierende Power-Paket der 80er, hatte das neue Tennisjahrzehnt mit seinem persönlichen Paukenschlag eingeläutet und anschließend ausgebrannt Platz für die jungen Jäger der neuen Garde gemacht. So schien es. Bis Melbourne eben. Ausgerechnet Melbourne.

Hier wo morgens die Sonne brennt, es mittags aus Eimern regnen kann und abends ein kühler Wind bläst, bevor die Nacht wieder Saunaschwüle beschert. Extreme, die der extreme Boris auf dem Centre Court haßt. Unwägbarkeiten, die sein fein abgestimmtes Angriffsspiel von einer Sekunde auf die nächste zerstören können. „Darum," sagt Boris bei der Rede des Siegers hinterher, „habe ich so oft dieses Turnier größtenteils nur zu Hause am Fernseher als Zuschauer erlebt."

Und darum änderte der abergläubische Boris sein Melbourne-Szenario. Hatte er 10 lange Jahre im edlen Regent-Hotel, einem gigantischen Wolkenkratzer im Stadtzentrum, im 50. Stock mit Blick auf den Centre Court gewohnt, checkte er diesmal mit seinem Clan im feudalen Como Apartment-Hotel ein. Die von außen eher unscheinbare Herberge im Nobelviertel South Yarra bietet Luxussuiten mit Küche und TV an und einen zimmereigenen Whirlpool. Preis: 500 Mark die Nacht.

Aber ums Geld geht es Boris schon längst nicht mehr.

Daß er rund 80 000 Mark an Übernachtungskosten und Spesen für

Trainer, Masseur, Bespanner bis zum Finale ausgibt (zum Vergleich: Für das Erreichen der Runde der letzten Acht kassiert ein Profi 75 000 Mark), spielt keine Rolle im australischen Becker-Puzzle, das zusammengesetzt die Jubelpose ergeben soll. Reichtum ist nicht mehr die Triebfeder des Tennisprofis Becker. Er hat geschätzte 150 Millionen Mark auf seinen Konten. Die Farbe des Geldes ist für einen dieser Finanzdimension verblaßt. Nicht aber die Farbe Rot, die Couleur der Liebe. Der Geheimcode des Erfolgs von Australien heißt Barbara Becker. „Dieser Sieg gehört nur ihr," schickt Boris per Mikro nach dem Finale die schönste Liebeserklärung 20 Meter vom Pokalpodium hinüber in die Ehrenloge, wo Barbara Becker mit Tränen der Rührung in den Augen steht und genießt. Boris erzählt später, ein Glas Champagner in der Hand, den melancholischen Blick in die Ferne der intimen Gefühle gerichtet: „Immer wieder hat sie mich gebeten: „Ich würde dich so gerne einmal als Sieger bei einem Grand Slam Turnier erleben, sehen. Bitte Boris , gewinne für mich".

" Als ihr Mann das Versprechen einlöst, lacht Barbara abwesend, scheint den Triumph ihres Mannes gar nicht zu begreifen. Und filmt die Zeremonie der Pokalübergabe mit ihrer Videokamera. „Als Erinnerung für unseren Sohn Noah." Der Filius hatte während der ersten Turnierwoche seinen zweiten Geburtstag gefeiert. Und das schönste Geschenk von Papa Boris erhalten, als der für sein Kind die zweite Runde übersteht und den Schweden Thomas Johansson schlägt. Dieses Duell war der Schlüssel zur Tür hinter der elf Tage später der 6. Grand-Slam-Titel der Becker-Karriere stand. Denn eigentlich war Boris gegen den 19jährigen Skandinavier schon längst rausgeflogen, lag auf Court 1 mit 0:2-Sätzen zurück, spielte bis dahin so fürchterlich zerfahren und schlecht , daß Barbara Becker die „Players Guest Box" verließ und ins Hotel fuhr. Zum Packen...

Auch dem Reporter fiel die Duplizität der Ereignisse mit Schrecken ein: Ein Jahr zuvor hatte sich Boris in Runde eins gegen Patrick McEnroe von Melbourne glatt in drei Sätzen verabschiedet, und war nach dem Happy-Birthday-Kaffekränzchen mit Noah am nächsten Tag nach der Niederlage an Noahs Geburtstag mit Thai-Airways nach Phuket zum traditionellen Verzweiflungsurlaub im Beckerschen Stammressort „Amanpouri" aufgebrochen. Auch der Reporter kramte im Unterbewußtsein bereits nach der Telefonnummer von Quantas, um seinen Rückflug umzubuchen. Zumal Boris schon zum Turnierauftakt gegen den

„Ich wünschte mir noch ein Wimbledon mit Boris"

Von Mike DePalmer

Nach dem Matchball versucht man als Coach, so schnell wie möglich die Tribüne eines Stadions zu verlassen. Flucht vor den Zuschauermassen, vor Blicken, Fragen, vor den Journalisten.

Man will in die Umkleidekabine, zum Profi, zum Partner. Man will fühlen was der Spieler braucht.

Aber in Wimbledon nach der Niederlage von Boris gegen Pete Sampras bin ich instinktiv länger in der „Staff-Box" geblieben und habe hinunter auf den Centre Court geschaut. Als Boris sich beim Abgang vom Platz sich noch einmal umdrehte, verbeugte, da schoß es mir durch den Kopf: Das ist das Ende, Boris macht Schluß. So war es dann auch.

Bis zu diesem Moment war ich ahnungslos. Ich wußte von nichts. Keiner im Team. Dieser Entschluß hat mich traurig gemacht. Denn gerade in Wimbledon kann einer wie Boris immer jeden schlagen. Aber Boris hat diese Entscheidung getroffen also respektiere ich sie. So war das immer in der Mannschaft von Boris Becker.

Er ist der Boss, er bestimmt was passiert. Als sich Boris im August 1995 von Nick Bollettieri trennte und mich fragte: „Willst Du mit mir weiter arbeiten, bei mir bleiben?" - da wußte ich, daß dies die Chance meines Lebens ist als Tennis-Coach. Ich habe ja gesagt und es nicht bereut. Es war die schönste Zeit im Tennis Zirkus für mich überhaupt. Und eigentlich gibt es kein danach für mich, keinen neuen Spieler.

Ich habe mit dem Besten, mit dem größten Star der Branche gearbeitet. Erfolgreich gearbeitet. Es kann keine Steigerung geben! Auch Pete Sampras zu betreuen, wäre kein Aufstieg, kein neuer Thrill, keine ultimative Herausforderung.

Das soll nicht arrogant klingen.

Mike DePalmer war selbst bis 1988 Profi, holte 6 Doppel-Titel, erreichte ein Einzel-Finale: 1982 in Ancona. Seine Tennis-Laufbahn mußte er aufgrund eines Bandscheibenvorfalls beenden. Aufgewachsen in Tennessee lebt Mike DePalmer heute in Florida. Seine Erfolge mit Boris: u.a. Sieg bei den Australian Open ´96, dem Compaq Grand Slam Cup ´96 und der ATP Tour WM ´95.

Pete ist der perfekteste Spieler aller Zeiten. Aber er denkt und lebt nur Tennis. Boris ist eine komplette Persönlichkeit. Auch außerhalb des Platzes. Mit Interessen, Meinungen, Lebensphilosophien, die weit über Tennis allein hinaus gehen. Mit solch einem Menschen zu arbeiten, ihm Dinge zu lehren und Dingen von ihm zu lernen, ist und war das Höchste.

Es ist eine ganz andere Arbeit als einen jungen, frischen Spieler zu coachen.

Als Trainer von Boris ist man Berater, Beobachter. Diskussionspartner.

Wir haben viel gesprochen nach dem Training. Boris hat immer entschieden, was er arbeiten wollte. Ich habe mir das angesehen und hinterher gesagt, was gut war, was schlecht, was zu ändern ist.

Ich bin ein ruhiger, zurückhaltender Mensch. Kein Schreihals, kein Show-Typ.

Wie beispielsweise Nick Bollettieri. Das meine ich nicht böse. Nick hat mehr für das Tennis getan als jeder andere Trainer. Er liebt die schrille Seite des Geschäfts. Den Umgang mit Medien. Ich habe am liebsten meine Ruhe, lese oder spiele Gitarre.

Vielleicht brauchte Boris das im Sommer 1995. Einen ruhigen Coach im Hintergrund. Genauso wie er vorher einen Pusher, Motivationskünstler wie Nick brauchte.

Mit Boris arbeiten, heißt Veränderung.

Seine Popularität, vor allem in Deutschland, ist einfach unglaublich. Auch ich bin

Engländer Greg Rusedski am Rande des K.o.'s getaumelt und nur in einem Fünfsatz-Krimi als Sieger vom Platz gewankt war. Das Glück der Barbara Becker, des Reporters und Millionen deutscher Tennisfans vor dem Fernseher waren ungefähr 1000 ziemlich angetrunkene schwedische Schlachtenbummler. Die, mit Wikingerhelmen kostümiert und die Gesichter blaugelb angemalt, verhöhnten den tobenden, klagenden und nichts zustande bringenden Becker mit Schimpfworten in ihrer Muttersprache. Aber einer wie Becker, Weltreisender in Sachen Tennis, ist spätestens seit den zwei Daviscup-Duellen mit Schweden zumindest den Schlagwörtern jeder Sprache mächtig, verstand die Beleidigungen und war sauer, stinksauer. „Die haben mich wirklich böse gemacht, mir keinen Respekt gezeigt." Mangelnder Respekt - für einen Champion der Güteklasse Boris Becker etwa so verwerflich und zu bestrafen wie Majetäts-Untreue zu Zeiten der Hinrichtungen im Tower von London.

Becker bestrafte mit Kraftwerk-Tennis und der Wucht der Wut. Thomas Johansson, erfrischend jung und gut, aber unerfahren, war dem Psychokrieg, dem Krach im kesselähnlichen Stadion, dem Wirbel der urplötzlich sausenden Aufschläge und der Returnraketen, genannt Becker-Blocker, nicht mehr gewachsen.

Er verlor die Nerven und das ganze Match. Kein Zuschauerplakat hatte treffendere Bedeutung als das Spruchband im deutschen Block: „Happy Birthday, Noah! Dein Papa ist klasse." Boris wußte um die Wirkung seiner Worte in der Pressekonferenz und der Reporter um Beckers Professionalität und dessen Kenntnisse des Mediengeschäfts: „Ich habe für Noah gewonnen."

Wer Boris monatelang um den Erdball verfolgt, jedes Training berufsbedingt beobachtet, seine Rituale studiert, seine Mimik speichert, seine Gestik analysiert, wußte, als der Meister der Tennis-Thriller mit versteinertem Gesicht und federnden Schrittes durch die Katakomben unter dem Centre Court stolzierte, die Bitten nach einer Extra-Frage und Antwort überhaupt nicht mehr wahrnahm, daß dieses Turnier erst jetzt richtig begonnen hatte. Denn die Becker-typischen Schwächeperioden waren erfolgreich überstanden. Der Mann hatte in diesen Zitterpartien sichtbar Selbstbewußtsein getankt, während die Konkurrenz gestolpert war: Sampras war raus, Ivanisevic war raus, Krajicek war raus. Hinzu kam das regnerische Bühnenbild der gigantischen Tennisoper in down under. Pünktlich zu den nächsten Becker-Spielen verdunkelte sich der Sommerhimmel und es goß. Das Elektrodach des Centre Courts mußte geschlossen werden, die Konkurrenz des Boris B. stöhnte... Weil sich jeder ausmalen konnte, was passieren würde. Denn Boris unterm Dach war wie ein Garantieschein für Prügel. 26 Indoortitel bis zu diesem Zeitpunkt belegten die Dominanz Beckers, wenn kein Wind stört, keine Sonne blendet, keine Hitze den Körper auskocht. Magnus Larsson war das erste Opfer im zum wettersicheren Tennistempel umfunktionierten Stadion. Draußen schüttete es, drinnen bedankte sich Boris mit Blitz und Donner-Tennis. In drei glatten Sätzen wird der Schwedenhappen verspeist und in einer kühlen Nightsession darauf noch der Neuseeländer Brett Steven nach Anfangsproblemen „in vier" (Sätzen) rausgekippt.

Das Viertelfinale.

Der Gegner heißt Yevgeny Kafelnikov. Knister-Stimmung. Die einhellige Meinung: Wenn jemand Becker gefährlich werden kann, dann der Russe mit den Kalaschnikow-Returns. Der Centre Court spricht an diesem Tag deutsch. Überall hängen Plakate, schwarzrotgoldene Fahnen. Die Tennistouristen verwandeln die Arena in einen Filzkugelaltar. „Von Duderstadt nach Melbourne sind's 15 000 Kilometer. Alles nur für Boris!" liest der Reporter amüsiert und verbucht den Spruch unter der Kategorie „Splitter" - falls Boris rausfliegen sollte. Auch die Australier haben Becker mittlerweile adoptiert. „The Tennis-God is in town," steht auf einem ehemaligen Bettlaken geschrieben. Und Becker spielt wirklich wie ein Tennisgott. Auch dieses mal regnet es wieder und das Dach ist zu. Dafür dreht Boris auf - 28 Asse, das reinste Aufschlag-Gewitter. Der Service von Becker ist für Kafelnikov eine Palette der Verwirrung: mal schlägt der Ball 204 km/h schnell ein, mal verschwindet er mit Effekt abgeschickt wie von Geisterhand gleich nach dem Aufprall. Kafelnikov schüttelt nach der Demontage nur hilflos den Kopf und nimmt das Ende der Australian Open voraus: „Becker ist hier nicht zu schlagen." Der Australier Mark Woodforde schließt sich nach dem Halbfinal-Aus gegen Boris gleich an: „Ich setzte die Hälfte meines Preisgeldes auf ihn - 80 000 Mark." Die Quote steht mittlerweile zwar nur noch bei 4:1, aber die Moneten sind trotzdem gut angelegt... Jetzt glauben alle an Boris, den Tennis-Baron, glauben daran, daß sich der Kreis einer lebenden Legende

in Europa bekannter geworden durch Boris.
Aber zu Hause in den USA erkennt mich mich kein Mensch, bin ich ein Nobody. Betreut man einen Spieler wie Boris, spricht man natürlich auch viele private Sachen durch. Er ist ein Riesen-Typ, ein Sieger, ein Kämpfer und ein Freund. Er ist zuverlässig, hilfsbereit, großzügig. Gut, manchmal auch launisch. Dann kommt er zu spät zum Treffpunkt oder ändert kurzerhand den ganzen Tagesplan. Flexibilität heißt das freundliche Wort dafür. Boris ist jemand, der den Rat sucht, ihn aufnimmt. Er kann sich unheimlich konzentrieren, auf den Punkt arbeiten. Er denkt modern. Er hat sich von einem reinen Serve-and Volley-Spieler zu einem Allrounder umgestellt. Aber nicht in jungen Jahren sondern mit 28.
Er ist ein Perfektionist. Ich habe mir während der Turniere immer die möglichen Gegner angesehen und analysiert. Ich habe dann mit Boris die Taktik besprochen. Er hat einen Plan im Kopf, den er im Match durchzieht oder instinktiv zum richtigen Zeitpunkt ändert.
Sein Gefühl für die richtigen Momente hat ihn nur selten im Stich gelassen. Er hat immer richtig entschieden.
Nur in Wimbledon nicht nach dem verlorenen Duell mit Sampras. Ich hätte mir gewünscht, es gäbe noch ein Wimbledon mit Boris.

schließen wird. In Australien wurde er die Nummer eins, hier gewann er sein letztes Grand Slam-Turnier. Hier stellte er 1992 seine jetzige Frau Baraba als neue Lebensgefährtin der Öffentlichkeit vor. Nichts ist subtil genug in diesen Stunden bis zum Finale, um nicht den Zusammenhang zum theatralischen Finish zu sehen. Becker spürt die Stimmung, die Euphorie. Und läßt die vor Aufregung brodelnde deutsche Medienschar urplötzlich erfrieren. Jede Fragestunde mit dem Hauptdarsteller dieser unglaublichen Inszenierungen des mittlerweile angeschwollenen Egos, wird zur Schulstunde. Kein Lachen ist mehr in seinem Gesicht, wenn er über die Zeit referiert, als alle ihn abgeschrieben hatten. Verletzter Stolz klingt durch seine scharf zitternde Stimme, wenn er an Überschriften wie „Bye, Bye Boris“ erinnert. Seine Augen fixieren den Fragesteller wie ein Röntgenstrahl. Es knistert in dem Raum unterhalb des Centre Courts. Keine Gags mehr, nur noch Spannung. Man fühlt förmlich die Energie des Stars, es allen zu zeigen, die Verbitterung über die Fehleinschätzungen, den Versuch, die Wut in positive Kraft umzuwandeln. Da ist die Narbe des gekränkten Jungen zu sehen, der schon „als Kind immer ein Außenseiter war, und der nur mit Siegen auf dem Tennisplatz Aufmerksamkeit erlangen konnte.“ Er hatte keine Schmähschrift, keinen kritischen Artikel und Urheber vergessen von damals, als er im Nebel der Krise verschwunden war... Als Boris an diesem Tag die Pressekonferenz beendet, ist er aufgeladen wie eine Batterie - und wir alle waren das Ladegerät. Kein anderer Profi ist so sehr in der Lage, Emotionen zu bündeln und aus Stress positive Power zu machen. Boris geht an diesem Abend essen - in einem kleinen vietnamesischem Lokal an der Toorak Road. Wie fast nach jedem Sieg. Der Aberglaube ist ebenfalls eine Quelle der Kraft. Deshalb erscheint Barbara Becker immer erst, nachdem das Match angefangen hat auf der Tribüne. Deshalb trägt Boris zum Auftakt eines Spiels immer das Hemd des vorangegangenen Sieges. In Melbourne trägt er seit Beginn des Turniers das grauweiß-gestreifte Shirt mit den blauen Ärmeln, in welchem er die WM in Frankfurt gewonnen hatte. Nur während des Matches wechselt er das Design, immer vor wichtigen Spielen und der Notwendigkeit zum Break holt er ein anderes Hemd aus der Tasche, läßt es aus der Hose hängen und stopft es erst nach gelungenem Vorhaben wieder in die Short. Deshalb berührt er mitten im Spiel zwischen den Ballwechseln irgend einen Gegenstand mit dem Schläger. Mal Blumendekorationen, mal Werbeflachen, ganz egal. Deshalb holt er sich vor entscheidenden Punkten kurz das Handtuch , um den trockenen Arm noch trockener zu reiben. Deshalb hat er immer nur penibel gefaltete Hemden in seiner aufgeräumten Sport-Tasche und nur nagelneue Schweißbänder noch in Folie verpackt.
Deshalb sucht sich Boris während eines Spiels einen Zuschauer aus, den er immer wieder anstarrt - „um mich in dem vertrauten Gesicht auszuruhen und neu zu konzentrieren.“

Das Finale.
Noch zwei Stunden und 34 Minuten bis zur sportlichen Unsterblichkeit des Tennisprofis Boris Becker. Eine Spezial-Kamera überträgt Bilder aus dem Kabinengang vor den letzten Schritten der Racket-Gladiatoren auf den Centre Court . Michael Chang macht mit geschlossenen Augen Gymnastik, sein vom Aufwärmtraining verschwitztes Gesicht gleicht einer Wachsmaske. Gespenstisch. Boris geht mit entschlossener Brutalo-Miene am Kontrahenten vorbei und als erster auf den Platz hinaus.
Als er in die Endspielsonne tritt, liegen Stunden einer bis ins kleinste Detail täglich wiederholten Prozedur hinter ihm. Drei Stunden Massage und Dehnprogramm mit Physiotherapeut Waldemar Kliesing, 60 Minuten Einschlagen mit Coach Mike DePalmer . Uli Kühnel hat zwölf Rackets bespannt, alle identisch im Gewicht und Saitenhärte. Zwölf Schläger geschultert für den Fall, daß es über fünf Sätze geht. Aber Boris läßt alle nur noch staunen. Sein Team, die Fans, 900 Millionen Fernsehzuschauer weltweit. Nicht einen einzigen Satz hatte Chang bis zum Zweikampf mit Becker abgegeben. Und dann hat er nicht eine einzige Chance gegen Boris, der wie eine Walze durch das letzte Match des Turniers rollt. Blitzschnelle 4:0-Führung, Feuerwerk-Tennis. Becker wirkt wie aufgepumpt, losgelöst, aus einer anderen Galaxie. Nicht zu stoppen, zu verunsichern. Trotzdem verknotet seine Barbara vor Aufregung, Anspannung und Faszination ihre Haare zu dutzendfach verschiedenen Frisuren, zieht die Sonnenbrille mal auf, mal ab, duckt das Gesicht in die Deckung ihrer Hände, schließt die Augen, lacht, zittert, starrt. Hin- und hergerissen, in-

Der Magier der Massen: Boris begeistert nach seinem Sieg im Flinderspark seine Fans auch als Redner

nerlich aufgewühlt, nervlich zerfetzt. Hat sie ihren Blick vor Nervosität vom Geschehen abgewendet, hört sie am Geräusch des Schlages, daß ihr Boris gepunktet hat. Und am tosenden Beifall der Menge, die nur einen Sieger sehen will und sieht: Boris Becker. Wie eine Statue, mit erhobenen Armen, erstarrt er nach dem letzten Schlag, nachdem Chang die letzte Filzkugel ins Aus gefeuert hat. Wirft die weiße Baseballmütze, die er bei jedem Match getragen hat und immer wieder waschen mußte, in irgendwelche Arme, Hände. Seine einzige Mütze. Aberglaube. Zeigt mit dem Finger auf Barbara und sendet, nachdem er seine vier verschwitzten Hemden dem Anhang zugeschleudert hat, einen Handkuß zu seiner Frau. Auf der Pressetribüne schlucken manche gerührt, der Reporter hat eine Gänsehaut. Alles ist wie in einem kitschigen Kino-Streifen. Aber eben schön und ein Teil Sportgeschichte. Zugegebenermaßen mit einem Hauch Zuckerguß... Dann wird es ganz still im Stadion und die Liebeserklärung schallt durch den Flinders Park: „Ich habe diesen Titel für meine Frau geholt." Pause. „Und für meinen Freund zu Hause in München". Boris meint seinen Berater Dr. Axel Meyer-Wölden. Er bedankt sich bei „meinem Team, das über zehn Jahre mit mir durch dick und dünn gegangen ist, mit dem mich echte Freundschaft verbindet." Waldemar Kliesing und Uli Kühnel, die ihren Arbeitgeber „Baron" nennen und Mike DePalmer, der Boris schlicht „B" ruft, stehen stolz auf ihren Stühlen.

Die Sonne geht langsam unter über Melbourne, die Skyline der City ist in glutrotes Licht getaucht. Boris sitzt im Trainingsanzug, offenen Joggingschuhen an einem Plastiktisch, auf dem Bierbüchsen, Cola und Champagner stehen. Der Tonfall seiner Worte ist nicht mehr oberlehrerhaft, sondern nur noch glücklich. Die Wut, aus der er Kraft schöpfte, existiert nicht mehr, der Treibstoff Adrenalin ist verbraucht. Einer wie Becker nutzt Nuancen in der Stimmung, braucht kleine Nadelstiche, um sich aufzuputschen. Jetzt ist er nur noch entspannt. Die deutschen Journalisten und Boris Becker sind in dieser Stunde wie ein eingespieltes Team - gewonnen haben irgendwie alle. Wir schreiben Geschichten über Boris und Boris hat Geschichte geschrieben... Noch in der Nacht des Triumphes jettet Boris nach Phuket. Vorher lädt er seinen Clan ins Restaurant „Francoise", nicht ins „Pavillon", ein, direkt an den Strand von St. Kilda. Das Lokal hieß vor Jahren mal Jean Jaques by the Sea und gilt als der Gourmet-Treff Melbournes für Fisch und Meeresfrüchte. Dort feierte Boris schon 1991. Dort feierte er nicht an diesem Abend.. Boris Becker ist eben berechenbar unberechenbar.

Der Mensch

DER MENSCH

Der Mensch

NEW YORK
Yankees

DER MENSCH

Auf der Achterbahn des Le
bens wurde er kräftig durch
geschüttelt. Tennis war seine
Bestimmung, dem Leben
aber gehörte seine Liebe. Vor
allem seiner Familie. Ehe
frau Barbara, Sohn Noah
auch als Family-Man ist Bo
ris Becker ein Mann der Ex
tra-Klasse. Und er gibt sein
Glück zurück, gewinnt noch
einmal für seine Familie ein
Grand Slam-Turnier, im Al

ter von 28 Jahren im vergangenen Jahr die Australian Open. Hier der Sportstar, die Weltpersönlichkeit, dort der liebende Mensch, sensibel, verletzbar. Der private Boris, ein Kapitel voller Emotionen und bewegender Momente. Auch eine Erinnerung an seinen großen Berater und Freund Dr. Axel Meyer-Wölden, der unmittelbar vor Erscheinen dieses Buchs verstarb.

Der Herausforderer

Das Auge des Tigers

Paris 1984. Es ist die zweite Woche der French Open. Das Jahr des Ivan Lendl. Der Tscheche führt die Weltrangliste an, ihm fehlt aber noch ein Sieg bei einem Grand Slam-Turnier. Er und der Titelverteidiger Yannick Noah sind das Gesprächsthema Nr. 1 im Stade Roland Garros, die Favoriten aber heißen John McEnroe, Mats Wilander.und Jimmy Connors.

Von den jungen Leuten im Hotel Mercure im Stadteil Vanves spricht noch niemand. Sie träumen noch ihre großen Träume von den French Open, von Wimbledon und Flushing Meadows. Bei den Grand Slam-Turnieren nehmen sie in der zweiten Woche die Plätze der bereits ausgeschiedenen Spieler ein und ermitteln die Champions in ihrer Altersklasse. Ein laute, fröhliche Gesellschaft, die morgens im Frühstücksraum den Tag mit Müsli und Orangensaft beginnt.

Der Journalist trifft den Trainer der deutschen Mannschaft an der Rezeption. Natürlich reden auch sie über die Französischen Meisterschaften, über die Chancen von Ivan Lendl, das Abschneiden der Deutschen - von denen keiner mehr im Hauptfeld verblieben ist -, von den vergebenen Chancen des Damir Keretic, der gegen den Argentinier José Luis Clerc schon mit zwei Sätzen führte und doch noch verlor. Sie sprechen davon, was passieren müßte, damit endlich mal ein Deutscher im Konzert der Großen mitspielen kann. „Champions kann man nicht machen", meint resignierend Günther Bosch, „Champions werden geboren. Wir können nur die Talente sichten, betreuen und darauf hoffen, daß einer darunter ist, der seinen Weg macht."

Während sie sich gegenseitig ihre Enttäuschung über die Situation im deutschen Tennis bestätigen, versucht ein rothaariger Bengel auffällig unauffällig auf sich aufmerksam zu machen. Die Lippen zum imaginärem Pfiff gespitzt, die Augen zum zwölf Stockwerk hohen Dach des Atriums gerichtet, die Arme auf dem Rücken verschränkt, schlendert er Runde um Runde, immer engere Kreise ziehend, immer näher an das Duo heran.

„Was ist mit ihm", fragt der Journalist den Trainer, „kann aus ihm was werden?" Der Angesprochene wiegt nachdenklich den Kopf: „Er hat was, aber er hat auch einen furchtbar sturen Kopf."

Der Trainer ruft den Jungen zu sich: „Was gibt es, Boris?" Der Pfiff des Jungen verstummt. Er kommt näher: „Herr Bosch, bekomme ich nochmal zehn Francs?" Der Bundestrainer schüttelt den Kopf. „Nichts da. Du hast Dein ganzes Geld schon verbraten. Jetzt ist Schluß."

„Was willst du denn mit den zehn Francs?", will der Journalist wissen.

Die Augen des 16jährigen blitzen, seine Stimme klingt auf-

geregt: „Da hinten, der Pacman-Automat, ich will den Rekord …"
Der Reporter ist auf der Suche nach einer Geschichte und will das Gespräch mit dem Trainer fortsetzen, also gibt er dem Jungen die Münze, und die beiden sind wieder unter sich. Doch Minuten später taucht der Rothaarige schon wieder auf.
„Na, was ist mit dem Rekord?", fragt der Geldgeber.
„So ein verdammter Apparat", schimpft der Junge. „Ich war schon so nahe dran, und dann hat dieser blöde Knopf versagt."
Jetzt interessiert sich der Journalist für dieses Gerät und läßt sich das Ding erklären. Hinter einer Glasscheibe bewegt sich ein gefräßiger runder Punkt, der mit weit aufgerissenem Maul durch ein Labyrinth von Hindernissen zu punktträchtigen Opfern gesteuert werden will. Es gehört viel Geschick dazu, die unvermittelt auftauchenden Hindernisse zu umgehen, die sich explosionsartig als Bomben entpuppen.
Die flinken Finger des Jungen huschen über die Tasten. Mit vor Aufregung gerötetem Gesicht jagt er das Zählwerk Zahl um Zahl nach oben. Aus dem Apparat erklingen quakende Geräusche, wenn das Maul des Pacman erfolgreich zugebissen hat. Die Minuten verstreichen, die Hindernisse werden immer größer, das Tempo in dem sie auftauchen, immer atemberaubender. Die Augen des Jungen kleben an dem Apparat. Dann ist es geschafft. Mit Geklingel und Gedudel meldet der Pacman einen neue Bestleistung. Die Faust des Rothaarigen fliegt nach oben: „Ich hab ihn, ich hab ihn", jubelt er und tanzt er vor dem elektronischen Spielzeug auf und ab.
Am späten Nachmittag treffen sich alle wieder in einem kleinen Bistro zum Abendessen. Die Mädchen und Jungen ordern Pizza, Spaghetti oder Pommes und Hamburger. Der Rekordhalter sitzt vor einer einsamen Cola. „Keinen Appetit? Der Trainer lacht: „Er hat sein ganzes Geld in den Automaten gesteckt."
„Pacman-Champions brauchen nicht zu hungern", meint der Reporter, „bestell dir was.". Als der Kellner den Teller vor ihm abstellt, dreht sich Boris triumphierend zum Bundestrainer um: „Trainer, ich habe einen Sponsor."
Zwei Tage später, der Rekord von Boris Becker hat, wie wiederholte Kontrollgänge belegen, immer noch Bestand -, trifft er in der zweiten Runde des Jugendturnieres auf den Österreicher Horst Skoff. Es sind nur wenige Zuschauer auf dem Nebenplatz. Unter ihnen Ion Tiriac. Boris gewinnt in drei Sätzen. Der Journalist fragt den Manager von Guillermo Vilas, was er von dem Jungen hält. „Nicht schlecht", meint der Rumäne, „aber es gibt noch viel zu tun. Zuallererst müssen wir den Aufschlag ändern."
Der Reporter ist überrascht. Gerade vom guten Aufschlag des Boris Becker wurde immer wieder gesprochen. „Er ist auch nicht schlecht", bestätigt Ion Tiriac, „aber er fällt nach dem Aufschlag immer nach hinten ins Kreuz. Wie soll er so nach dem Aufschlag schnell genug ans Netz vorkommen?" Boris gewinnt trotzdem in drei Sätzen.
Als sie ins Hotel zurück kommen, zeigt der Automat einen neuen Rekord. Jemand hat Boris geschlagen. Seine Augen blitzen, da ist wieder das Funkeln im Blick des Jungen, das Auge des Tigers.
Es kostet den Gönner weitere 20 Francs, damit die Angelegenheit wieder bereinigt werden kann. Stolz zeigt Boris den neuen Rekord. Der Zähler steht auf 328.225. Die Zahlen stehen auch noch da, als Boris Becker im Endspiel im dritten Satz des Junioren-Finals verliert. Den Automaten hat Boris Becker aber nicht mehr angerührt.
Ein Jahr später, Boris Becker wohnt nicht mehr im Hotel Mercure, dank Ion Tiriac schläft er jetzt eine Klasse besser. Er hat seine schwere Fußverletzung aus dem Vorjahr überstanden und gehört nun schon zum Hauptfeld. Gegen den späteren French Open-Champion Mats Wilander aber verliert er in der zweiten Runde, im Juniorenturnier gegen den Amerikaner Krickstein ebenfalls in Runde zwei. Der Journalist tröstet Boris Becker mit dem Hinweis, auf die Beständigkeit seines Rekordes im Pacman-Automaten.
Vier Wochen später ist Boris Becker der jüngste Wimbledon-Champion aller Zeiten. Sein Pacman-Automat hängt auch noch ein Jahr später am Eingang zur Bar des Hotels. Sein Rekord hat immer noch Bestand. Im folgenden Jahr hängt dann an der gleichen Stelle irgend ein anderer Automat.
Der Automat des Wimbledon-Champions ist verschwunden. Der Rekord aber ist geblieben. Den hat garantiert niemand überboten.

Schon der junge Boris kannte nur ein Ziel: den Sieg. Dieses Ziel verfolgte er konsequent mit jenem gewissen Glanz in den Augen, den später Journalisten als das „Auge des Tigers" bezeichneten

Geburtswehen

Boris Becker wird Vater

An einem Samstagabend im Januar 1994. Im Münchner Stadtteil Bogenhausen ist es still, niemand auf den Gehsteigen, sogar auf der Ismaninger Straße kaum Verkehr. Um die Ecke liegt eine zauberhafte kleine Jugendstilvilla mit schmiedeeisernem Tor und einem Mercedes vor der Garage. Der Mond scheint. Ein Idyll. Vor diesem Haus ging es in den Wochen davor zu, wie in der Deutschen Botschaft in

Er hat so ziemlich alles gehabt. Von Bum-Bum-Boris über Bums-Boris bis zu Boris, dem Tennisgott, war alles schon mal Gegenstand journalistischer Betrachtungen. Doch dieses Thema ließ sich nicht mehr toppen: Boris Becker wird Vater. Monatelang geisterte der neueste Stand in Sachen Schwangerschaft/Geburt durch die Gazetten. Es gab kaum eine Strecke in Deutschland, die so lückenlos mit Fotos be-

Wichtige Menschen in Beckers Leben: Gattin Barbara, die Weggenossen Uli Kühnel und Waldemar Kliesing, Vater Karl-Heinz und Mutter Elvira, Söhnchen Noah

Budapest kurz vor dem Fall der Mauer. Belagerungszustand erster Güteklasse. Das Fernsehen kam mit Ü-Wägen, Dutzende von Journalisten lungerten vor der Türe herum, Fotografen hatten sich in den umliegenden Bäumen eingenistet und manche sogar eine Art Spionagezentrum in Kleinbussen eingerichtet. Und wenn Barbara Becker das Haus verließ, wurden die Bleistifte gezückt und notiert: „Barbara Becker verläßt das Haus."

Alles vorbei, Trubel und Hektik haben ein Ende. Bester Dinge öffnet der Hausherr die Wohnungstür und bittet herein. Seine Augen strahlen, das Kinn glänzt frisch rasiert. Zum ersten Mal seit drei Jahren sei der Bart ab, sagt Boris Becker: „Ich will den Kleinen ja nicht kratzen." Das Licht im Wohnzimmer ist heruntergedimmt, auf dem Sofa sitzt Barbarba mit dem vier Tage alten Sohn Noah Gabriel im Arm und stillt. Becker sagt: „Laßt uns nicht so laut reden."

legt war wie Barbaras Weg zum Frauenarzt. Und weil der werdende Vater auf dem Tennisplatz immer häufiger die Konzentration einbüßte („In meinem Kopf ist nur Baby, Baby, Baby"), wurde von dem einen oder anderen Journalisten schon mal die Frage gestellt, wer denn nun eigentlich schwanger sei: er oder seine Frau. Und Tenniskollege Thomas Muster mutmaßte angesichts Beckers Spiel eine ganz besondere Art von Geburtswehen: „Der springt beim Aufschlag nicht höher als eine Brotscheibe aus dem Toaster." Beckers Tennisherbst war eine Katastrophe, und BILD titelte in weiser Voraussicht über das bevorstehende Karriereende des Leimeners: „Bye, bye, Boris!"

Deutschlands berühmteste Geburt war am 18. Januar um 8.14 Uhr morgens vollzogen. Das Fernsehen übertrug live vom Parkplatz der Frauenklinik. Als eines von 1734 Kindern wurde Noah Gabriel Becker geboren, 50 cm groß, 3450 Gramm schwer, die Haarfarbe hatte er von der Mutter. Der Papa war ganz gerührt: „In dem Moment der Geburt fühlt man auf einmal, daß etwas von einem selber geboren wird. Das ist ein einzigartiges und wertvolles Erlebnis. Ich hoffe sehr, daß es nicht die letzte halbe Stunde war, die ich so erleben durfte." Die Mama meinte zwar, bei einem Einzelkind solle es nicht bleiben, „aber die Sache ist halt doch mit sehr viel Schmerz verbunden". Spekulationen wurden angestellt, wem zu Ehren die Beckers die Vornamen für ihren Sohn wählten, und der SPIEGEL konnte sich als selbsternannte Spottpostille in Sachen Niederkunft nicht verkneifen festzustellen, der Jungvater sehe mit seinem Kurzhaarschnitt aus wie vom Rasenmäher rasiert. Was auch immer er damit sagen wollte.

Barbara über Boris

„Ich bin abergläubisch. Bei jedem von Boris´ Spielen hab´ ich so ein paar alte Treter mit Plateau-Sohlen getragen. Sie sollten Glück bringen. Als er das Endspiel verloren hatte, als er die Ehrenrunde auf dem Platz gedreht hat, konnte ich nicht mehr hinsehen. Ich mußte heulen. Wenig später hab´ ich die Schuhe weggeschmissen. Wenn Boris gewonnen hätte, wären wir alle geplatzt."

Barbara erzählt Bild-Reporter Markus Bockelkamp von dem dramatischen Wimbledon-Viertelfinale ´95 gegen den Franzosen Cedric Pioline, das Boris erst im 5. Satz 9 : 7 gewann: „Dieses Spiel war das Schlimmste. Da mußte ich raus, weg von der Tribüne. Draußen habe ich mich vor Aufregung übergeben."

Sie erklärt, wie sich Boris Becker bei diesem Turnier verändert, ein ganz anderer Mensch wird.

„Morgens beim Frühstück ist er noch ganz normal, so wie jeder andere auch. Aber dann auf dem Platz tritt die große Verwandlung ein. Er sieht nichts mehr, hört nichts mehr. Wie ein Tier. Deshalb habe ich so gezittert, so gelitten. Mir die Augen zugehalten, nur noch gehört, wie er schlägt. Auch ich habe einmal auf dem Centre Court von Wimbledon gestanden. Dieser Platz ist etwas ganz Besonderes, macht einem Gänsehaut. Warum, kann man nicht erklären. Es erfaßt einen einfach."

Die Faszination Becker.

„Boris ist der mutigste Mann, den ich kenne. Er hat Nerven wie Drahtseile. Wenn wir zum Beispiel in einem Flugzeug sitzen und in Turbulenzen kommen, bleibt er seelenruhig. Auf dem Platz auch. Deshalb hat er schon so viele verlorene Spiele umgedreht. Auf Boris kann ich mich 1000prozentig verlassen. Wenn er jemanden liebt, gilt sein Wort. Für alle Ewigkeit. Dann läßt er keinen mehr fallen." Kann eine Liebeserklärung schöner sein? Barbara erklärt, warum Boris und sie wie füreinander gemacht sind.

„Die ganze Welt kennt Boris nur auf dem Court. Ich schlafe jeden Abend bei ihm ein. Er ist ein wunderbarer Mensch. Boris und ich können gegenseitig unsere Gedanken lesen. Deshalb versuche ich während eines Matches, nie negativ zu denken. Sonst könnte er es spüren."

Kurz vor dem Finale mußte Barbara eine schwere Entscheidung treffen. „Vor einem Jahr hat Boris mir gesagt: „Wenn ich noch mal ins Finale von Wimbledon komme, möchte ich, daß Noah auf der Tribüne dabei ist." Ich habe lange überlegt, ob ich den Kleinen mitnehmen soll. Ich habe es nicht getan. Wegen der Fotografen. Die hätten Noah aufgeregt."

Boris und Babs - sie blieben noch drei Tage in London. Möbel einkaufen, entspannen. Und sie zeigten Noah den Centre Court - ganz allein.

Am Schluß war das Ehepaar Becker fix und fertig. Boris meinte, er könne nicht verstehen, „warum so ein Theater gemacht wird. Für mich ist es offensichtlich kaum möglich, zu Normalität zu finden. Eine Inszenierung wie rund um die Geburt hat mich wirklich wahnsinnig gestört. Meine Frau ist hochschwanger, und hier lauern 50, 60 Fotografen und Fernsehjournalisten vor der Haustüre und warten nur darauf..." Barbarba: „...daß ich meine Wehen auf der Straße bekomme." Papa Becker fragte zu Recht: „Haben wir kein Recht auf Intimsphäre?" Die Beckers entschlossen sich daher zu einem Exklusiv-Interview mit dem STERN, wobei die Bilder von Barbaras Vater Harlan Ross Feltus gemacht wurden, um wenigstens ein bißchen Kontrolle über die Berichterstattung in den Medien zu haben.

Das Leben des Tennisspielers Becker hatte an diesem Tag die letzte Wendung genommen. Es war klar, daß er sportlich von diesem Tag an auf die Zielgerade einbog. Becker:

„Boris verliert nie d

VON CARLO THRÄNHARDT

Ich habe Boris 1987 in Karlsruhe kennengelernt. Es war bei einer Party anläßlich des Daviscup-Spiels Deutschland gegen Indonesien. Ich glaube, Markus Günthardt, der Bruder von Steffi Grafs Trainer Heinz Günthardt hat uns gegenseitig vorgestellt. Wir saßen mit Eric Jelen und Charly Steeb zusammen an einem Tisch und haben die ganze Nacht über Gott und die Welt gequatscht und Telefonnummern ausgetauscht. Wir haben uns zum Kaffe während des später im Mai stattfindenden Worldteamcup in Düsseldorf verabredet.

Ich war damals noch als Hochspringer aktiv und wurde dementsprechend häufig erkannt. Aber die Popularität von Boris hatte eine ganz andere Dimension als heute, als ich sie vermutet hatte. Weil er noch so jung war.

Heute als Familienvater halten die Fans etwas mehr Abstand, Distanz. Aber früher konnten wir in keinem Restaurant ruhig sitzen, ohne daß nicht jemand an Tisch kam, ein Autogramm oder nur quatschen wollte. Oder Boris anfassen wollte, berühren. Ich hatte so etwas, solch einen Kult und Rummel noch nicht erlebt. Als ob man keine Luft zum atmen kriegt. Irgendwann kam Boris zu mir nach Hause nach Rollesbroich in die Eifel. Wir haben gemeinsam trainiert. Es gibt da meine Hausstrecke: Berg hoch und runter, ungefähr 7 Kilometer lang an einer Talsper-

Die Familie: Für Barbara und Noah ist der Star nur Ehemann und Vater

„Ich bin nicht mehr der Wimbledonsieger, der junge Stier, der 17jährige Leimener. Barbara und ich sind ein ganz normales Paar, den Boris, den die Leute vielleicht vermissen, den gibt es heute nicht mehr.“ Es war klar, daß „eine große blaue Sporttasche, die durch drei geteilt werden muß“ (Barbara) kein dauerhaftes Domizil werden würde. Plötzlich gab es den neuen Boris, der seine Bestimmung als Familienvater gefunden hatte. Becker sagte: „Zum ersten Mal spüre ich, daß ich eine Festung habe, in die ich zurückgehen kann, wenn alles in die Brüche geht.“ Schon vorher konnte man deutlich spüren, daß der Weltstar Boris Becker nie den Boden und seine wertkonservativen Überzeugungen verloren hatte: „Viele wissen gar nicht, daß man sich heute noch verlobt und was das bedeutet. Ohne Verantwortung kann ich nicht leben. Ich trete in Barbaras Familie ein, sie tritt in meine Familie ein. Das ist was Heiliges.“

Das neue Leben zu dritt hatte Becker aber nicht wie einige seiner Kollegen aus der Bahn geworfen. Im Gegenteil. Er war zwar auf Nummer 13 der Weltrangliste abgerutscht und saß deshalb bei der ATP Tour-Weltmeisterschaft erstmals in seiner Laufbahn als Zuschauer vor dem Fernseher (Barbara: „Und dann saß er da und hat sich alle Spiele angesehen, Chips gegessen und Spieler angefeuert. Mir hat es fast mehr weh getan als ihm.“). Aber als Becker bei den Australian Open wegen dringender Familienangelegenheiten fehlte, wurden schon wieder Plakate geschwenkt: „Papa, Boris - we miss you“. Becker: „Das war ein sehr schönes, starkes Gefühl zu wissen, daß es den Menschen immer noch Spaß macht, mir zuzuschauen. Das gibt mir Motivation, es noch einmal beweisen zu wollen.“

P.S. Zwei Jahre später reiste Boris Becker mit seiner Frau und seinem Sohn und vielen blauen Sporttaschen nach Australien zum ersten Grand-Slam-Turnier des Jahres. Er war nicht mehr der wilde Stier, der 17jaehrige Leimener und nicht mehr der Boris, den der eine oder andere vielleicht erwartet hatte. Vielmehr war er zwischenzeitlich mit Windeln wechseln und Pony reiten beschäftigt gewesen. Er gewann das Turnier. Papa Boris, we respect you!

ven“

re vorbei. Wir haben Sprints gemacht. Mir war klar, daß er in dieser Disziplin keine Chance hatte. Ihm nicht.
Er hat bei jedem Lauf gekämpft wie ein Verrückter. Er wollte nicht gegen so einen dürren Hochspringer verlieren. In dieser Zeit haben wir auch ziemlich viel Schach gespielt. Da ist mir seine unglaubliche Konzentrationsfähigkeit aufgefallen.
Boris ist ein sehr analytischer Mensch. Alles ist genau überlegt, der Zug des Gegners ist eingeplant, kalkuliert. So spielt Boris auch Tennis, so ist er im alltäglichen Leben.
Boris läßt sich durch nichts aus der Ruhe bringen. Beim Training kann ein Höllenkrach auf dem Nebenplatz sein, ein Baum gefällt werden oder ein Haus einstürzen - Boris verliert nie die Nerven. Auffällig bei ihm ist auch, daß je länger er trainiert, desto besser und stärker wird er. Boris gleicht einer Maschine oder Motor - einmal warmgelaufen und losgerollt, kann ihn nichts mehr stoppen. Weil er die kühle Technik und Mechanik mit Emotionen paart. Eine ganz seltene, aber perfekte Mischung aus Strategie und Instinkt. Das kann man nicht lernen, das hat man. Oder nicht. Boris hat's.
Er hat einen unheimlichen Glauben an sich selbst, ist davon überzeugt, daß alles was er tut, richtig ist. Das spricht für seine innere Ausgeglichenheit, für seine seelische Kraft. Es wurde früher über unsere vermeintlichen Streifzüge durch die Nächte, durch das süße Leben, viel erzählt und geschrieben. Manch einer hat geglaubt, daß Boris deshalb häufiger verloren hat. Absoluter Quatsch.
Wenn wir mal nachts los sind, war das immer im ganz normalen Rahmen. Boris war nicht ein einziges Mal besoffen. Boris ist ein Genußmensch. Er mag ein guten Rotwein oder ein frisches Bier. Aber der würde sich niemals den Kopf damit zuschütten. Er trinkt solche Dinge, weil sie ihm schmecken. Und er möchte merken, daß sie ihm schmecken. Boris ist ein sehr wißbegieriger Mensch. Einer, der fragt und gerne diskutiert. Wenn ihn ein Thema reizt, kann er bis morgens um 5 oder 6 Uhr darüber reden.

Carlo Thränhardt (40) arbeitet als Fernsehjournalist beim Privatsender Pro 7, hier mit Becker-Vater Karl-Heinz

Und Boris ist auch ein vorsichtiger Typ. Es hat zum Beispiel sehr lange gedauert, bis ich ihn zum Krafttraining mit hohen Gewichten überreden konnte. Er hat lieber zigfache Wiederholungen mit 50 Kilo in der Kniebeuge gemacht als zu steigern. Als er die Angst verloren und die Kontrolle über die Gewichte hatte, dann hat er losgelegt mit Spaß. Danach ging er auch über die 100 Kilo-Grenze. Aber er mußte sich seiner Leistungsfähigkeit sicher sein. Er hat brutal trainiert, wollte alle Werte steigern: Bauchmuskeln, Rücken, Beine alles. Das war und ist diese Besessenheit, der Beste zu sein. Ein Siegertyp eben. Ich erinnere mich dabei an die Wochen nach seiner Handverletzung in Wimbledon 1996. Wir waren gemeinsam in Monte Carlo. Plötzlich packte Boris die wilde Lust, Tennis zu spielen. Aber er hatte den rechten Arm in Gips. Also ist er mit links gegen mich angetreten. Wir haben im Country Club ein richtiges Match gespielt. Weil seine Schläge logischerweise nicht so sicher und hart waren, mußte er unglaublich viel rennen. Boris hat gefightet wie ein Verruckter. Und hat gewonnen. Mit links. Danach hat er sich diebisch gefreut und mich natürlich damit den ganzen Tag aufgezogen.
Boris ist kein nur auf sich selbst reduzierter Mensch, wie manchmal behauptet wird. Er spürt Probleme von Freunden wie kaum ein anderer und ist immer bereit, zu helfen, zu reden. Er ist in jeder Beziehung ein wirklicher Freund. Wer Boris zum Freund hat, kann sich immer auf ihn verlassen. Von diesen Menschen gibt es nur ganz wenige...

Mensch, Boris

Ganz private Erlebnisse eines Wegbegleiters

Über den Bildschirm flimmerte immer wieder die gleiche Szene. Der junge deutsche Tennisspieler knickt um auf dem Rasen des Courts Nummer zwei in Wimbledon, fällt und hält sich seinen Knöchel. Schließlich humpelt er zum Netz, reicht seinem Gegner die Hand und gibt auf. Boris Becker liegt auf seinem Bett im Zimmer 354 des London Gloucester Hotels, noch immer die schweißgetränkte Tennis-Kluft an. Den lädierten Fuß auf drei Kissen gebettet, den Blick starr auf die Mattscheibe gerichtet. Man schreibt das Jahr 1984.
Günther Bosch, der Trainer, der in diesen Stunden den gleichen Schmerz im Herzen spürte wie sein Schützling im Fuß, hatte den Reporter zu Becker aufs Zimmer geschickt. „Reden Sie mit ihm," hatte Bosch gebeten, „ich weiß nicht mehr, was werden soll." Und der Reporter sprach mit dem jungen Mann zwei Stunden über Mädchen, den FC Bayern, Musik, Gott und die Welt.
Ablenkung und Trost war das Ziel - doch wie alle anderen auch, hatte der Reporter damals geglaubt, daß der doppelte Bänderriß im Knöchel des 16jährigen das Ende einer hoffnungsvollen Tennis-Karriere bedeutete. Ein Jahr später wurde der junge Mann bekanntlich mit 17 zum jüngsten Wimbledonsieger der Geschichte, stieg auf zum Mega-Star des weißen Busineß, zu einem der bekanntesten Sportler der Welt. Und der Reporter begleitete diesen Boris Becker fortan rund um den Globus. Siege und Niederlagen, Höhen und Tiefen - beschrieben mit Millionen von Wörtern: Das war der Job. Begegnungen der persönlichsten Art, intime Eingeständnisse: Das waren die Geheimnisse für Kopf und Seele.
Frankfurter Flughafen, 28. Januar 1991: Boris Becker und der Reporter sitzen in der ersten Klasse des Jumbos, der gerade ans Gate rollt. Boris ist als Nummer eins gelandet in Deutschland, zum ersten Mal in seinem Leben. 30 Stunden vorher hatte er die Australian Open gewonnen, den Tennis-Thron bestiegen. Bis Kuala Lumpur hatte er dann ge-

schlafen, anschließend mit dem Reporter und einigen anderen Journalisten an Bord gezecht. Jetzt redet er sich die Seele aus dem Leib. Und plötzlich gesteht er: „Ich habe auf einmal echt Angst. Ich bin jetzt ganz oben, was soll denn nun noch kommen?" Es kam erst einmal der Abstieg.
Learjet 1100, irgendwo über dem Meer auf dem Weg von München nach Helsinki. An Bord: Boris Becker, Manager Ion Tiriac, Trainer Tomas Smid und der Reporter. Es ist der 22. November 1991, Beckers 24. Geburtstag. Zum Wiegenfest hat er sich einen Showkampf gegen Jimmy Connors gewünscht im Eishockey-Stadion der finnischen Metropole. Tiriac will auf dem Flug Geschäfte machen, Becker aber will über das Leben reden.
„Die Zeit, da jeder mit mir machen konnte, was er wollte, ist vorbei," sagt er - und schaut nachdenklich auf die Wolken hinaus. Der Reporter spürt: Zwischen den beiden stimmt es nicht mehr. Knapp zwei Jahre später kommt die Trennung, Boris findet in Axel Meyer-Wölden Anwalt, Berater und Freund für ein neues Leben.
Regent-Hotel in Melbourne, Eckzimmer 4211, im Januar ´92. Kurz vor Mitternacht kommt Boris mit Barbara zu dem Reporter, um das erste Interview über die Liebe der beiden zu autorisieren. Phil Collins singt im Radio „Another day in paradise". Die beiden tanzen. Plötzlich fragt Barbara, warum dieses Interview eigentlich sein muß. Da erklärt ihr Boris, der Reporter schreibe für „Kurt vom Kiosk und für Bernd vom Bau". Und schließlich sollten ja alle wissen, daß er es mit ihr ernst meine. Da wußte der Reporter: Die lieben sich!
Jean Jaques sur Sea, Fischrestaurant an Melbournes St. Kilda-Strand, im Januar '93. Beach-Volleyballer jagen im Sonnenuntergang dem weißen Ball hinterher, RTL hat in den Dünen eine Kamera versteckt, startet den Lauschangriff auf Boris und seine Gäste. Becker erklärt bei Cloudy Bay Chardonnay seinen Rücktritt vom Daviscup, weil er Nummer eins werden will. Da sitzt er im Sakko, mit Schlips und Sonnenbrille. Und er sagt zu dem krawattenlosen Reporter und dessen exzellent gekleideten Kollegen aus Frankfurt: „Ohne Schlips und Sakko fühle ich mich in einem Lokal wie diesem nicht wohl." Der Reporter erinnert sich in diesem Augenblick an die Jesus-Latschen, die Becker noch im letzten Jahr beim Besuch des gleichen Lokals getragen hatte. Menschen verändern sich manchmal über Nacht.
Peninsula-Hotel, New York, 5th Avenue, September '93. Boris bittet einen kleine Gruppe von Journalisten zum Champagner-Frühstück. Barbara Feltus, seine damalige Verlobte, ist bei ihm. Zärtlich legt er seinen Arm um sie, hebt sein Glas und sagt: „Wir bekommen ein Baby." Seine Augen glänzen wie nach einem Wimbledonsieg. Und der Reporter fragt sich: Ist das das Ende des Tennisspielers Becker?

Irgendwann im Juli ´95: Mit schnellen kurzen Wipp Bewegungen der Fußsohlen justiert er noch einmal seinen Stand. Die Augen, die ein amerikanisches Sport-Magazin einmal als die „Augen des Tigers" beschrieb, fixieren den Ball. Die breiten, starken Finger umfassen den Griff des Schlägers, so, als wollten sie ihn niemals mehr wieder aus der Hand geben. Dann zieht Boris Becker durch - und vom perfekten Schwung getroffen, fliegt die Kugel los.

„Fly, baby", ruft er dem Geschoß nach. Und ein breites Grinsen dokumentiert seine Zufriedenheit mit dem Geleisteten. Boris Becker - der Golfspieler.

Wir stehen im Münchner Nobel-Club Beuerberg am Abschlag. Ringsherum elegante Menschen in karierten Hosen, feinen Kaschmir-Pullovern und auffälligen Kappen. Becker spielt Golf in seinem Arbeits-Dress, den Tennis-Kleidern aus Italien: Tennis-Schuhe, lange Trainings-Hose, T-Shirt - alles in dezentem Blau gehalten. So gesehen ist er eigentlich keiner von diesen Golfern, die die Auseinandersetzung mit der kleinen Hartkugel zur Lebens-Philosophie stilisieren, für die ein vorbeigeschobener Putt zur lebensbedrohenden Situation werden kann. Becker ist ein Spieler, ein Zocker, für den das Match wichtiger ist als die Disziplin. Und Golf zocken kann man auch in Trainings-Hosen.

„Tennis gibt mir für kurze Augenblicke den perfekten Mo-

Begegnungen: Tennis-Autor Robert Lübenoff - ein Leben auf den Spuren von Boris Becker. Bei Siegerehrungen, im Flugzeug hoch über den Wolken, im Blitzlichtgewitter der Fotografen und vor der Fernsehkamera ment. Die Berührung mit der Perfektion gibt mir das Gefühl der Unbezwingbarkeit. Diese Momente suche ich heute genauso intensiv wie vor zehn Jahren. Und finden kann ich sie nur im Tennis. In anderen Bereichen fehlen mir das Wissen, Know-how und Erfahrung. Aber auf dem Centre Court in Wimbledon stehen, zu wissen, es schauen Millionen Menschen zu, und du hast die Sicherheit, daß du deinen Job gut machen wirst - das sind Momente der absoluten Überlegenheit", hat Boris dem Reporter für ein Focus-Interview gesagt. Auf dem Golfplatz ist das anders. Auf dem Golfplatz ist alles anders.

Der Annäherungsschlag verpaßt um Millimeter das Green, und der Ball landet im Bunker. Der Putt berührt die Lochkante, dreht einen kleinen Kreis und läuft wieder davon. Beckers Lippen werden zum Strich. Im kurzen Stakkato preßt er ein amerikanisches Schimpfwort hervor und schleicht mit hängenden Schultern und hängendem Kopf vom Green. Zehn Mark Lochwettspiel-Einsatz sind verloren. Es sollte allerdings der erste und letzte Verlust an diesem Tag sein.

„Mit 27 muß ich mich noch nicht verstecken. Ich nehm's gern mit jedem beim 10 000-m-Lauf auf. Sicher, ich kann die Jahre nicht unter den Teppich kehren. Die Faszination eines Sieges, die Gier nach Erfolg ist nicht mehr so bestimmend wie vor fünf Jahren. Doch die Sucht nach diesem einmaligen Gefühl wird mich noch zu dem einen oder anderen Ding treiben." Wir reden über Tennis.

„Ohne Familie würde es den Tennis-Profi Boris Becker nicht mehr geben. Das Reisen, das Wohnen in Hotels, die Warterei bei den Turnieren - das alles geht mir inzwischen furchtbar auf die Nerven. Ohne Familie wäre ich längst Golfspieler oder hätte in Argentinien eine Pferdefarm. Aber zum Glück habe ich meine Traumfrau getroffen, und wir haben nun zusammen einen Sohn. Das ist für mich die Basis, als Tennisspieler weitermachen zu können." Boris Becker hat als Tennisspieler nur deshalb überlebt, weil er aus der Plastik-Welt des weißen Busineß ausgebrochen ist, in der Glimmer und Glamour gefährliche Fallen stellen, in der das Scheinwerferlicht der Öffentlichkeit schon so manchen verglühen ließ.

Dem natürlichen Instinkt folgend, hat der beste deutsche Tennisspieler aller Zeiten im Mittelpunkt einer persönlichen Krise die Verantwortung für eine Familie gesucht und auch gebraucht, „damit das Leben wieder einen Sinn für mich hatte." Durch diesen Schritt habe er die Naivität des Teenagers verloren, Nachdenklichkeit die Oberflächlichkeit abgelöst. „Es gab eine Zeit der privaten Prioritäten, neben denen es für mich im vergangenen Jahr nicht möglich war, das hundertprozentige Leben eines Weltklassespielers zu führen. Ich bin Ehemann und Vater geworden, habe mich nach langem Hin und Her mit Ion Tiriac von der letzten Beziehung befreit, die noch zum Wunderkind Boris bestand." Becker emanzipierte sich unter tätiger Mithilfe seines Freundes und Beraters Axel Meyer-Wölden vollends. Aus dem Jungen von einst, der auszog, die Tennis-Welt zu erobern, war ein gestandener Mann geworden.

9.7.1995, zehn Jahre nach der Geburt des Wimbledon-Siegers Boris Becker. Der Mann hat allen Unkenrufen zum Trotz wieder das Wimbledon-Finale erreicht, zum siebten Mal in seiner Karriere. Zwar hat er das Endspiel gegen Pete Sampras verloren, doch bei der privaten Abschlußparty in „San Lorenzo", Beckers Lieblingslokal in Wimbledon Village, sieht man nur strahlende Gesichter. Vater Karlheinz sagt: „In diesem Jahr hat es mir hier

„Boris wird immer da sein!"

von Dr. Axel Meyer-Wölden

Es war früher Morgen in Katar. Ich saß vor dem Fernsehschirm und verfolgte die Siegerehrung der Australian Open 1996. Boris Becker, den die meisten der sogenannten Experten schon abgeschrieben hatten, stand auf der Ehrentribüne im Flinderspark-Stadion von Melbourne - und er hielt die Champions-Ansprache. Elf Jahre nach seinem ersten Grand Slam-Turniersieg in Wimbledon hatte Boris allen Unkenrufen zum Trotz wieder eines der großen vier Turniere gewonnen, seinen sechsten Grand Slam-Titel geholt. Er dankte seiner Familie und seinem Troß, die alle mit ihm im Stadion waren. Und dann sagte er: „Vielen Dank auch nach München. Axel, schade, daß Du jetzt nicht hier bist", nicht wissend, daß ich für ihn in Katar arbeitete.

Ich war bewegt. Da hatte sich dieser Mann seinen großen Traum erfüllt, seiner Frau Barbara und seinem Sohn Noah noch einmal einen Grand Slam-Titel geschenkt. Und in diesem überwältigenden Moment schickte er diese Botschaft über den Satelliten zu mir. Eines der schönsten Dokumente unserer Freundschaft.

Dabei hatte unsere Beziehung einen recht nüchternen Beginn. Am Anfang stand der juristische Auftrag. Boris Becker hatte im Juli 1993 unsere Kanzlei gebeten, ihn generell juristisch zu beraten, und wollte gleichzeitig die Zusammenarbeit mit seinem früheren Manager Ion Tiriac beenden.

Nach vielen Schwierigkeiten gelang es, eine der kompliziertesten Verbindungen des internationalen Sport-Busineß zum Wohl von Boris Becker zu lösen. Tage und Nächte saßen wir zusammen. Und ich lernte in diesen Gesprächen einen Mann kennen, der hochintelligent, hochsensibel war, über ein außergewöhnliches Gedächtnis verfügte und eine unglaubliche Intuition für Situationen und Dinge besaß. Er verstand die schwierigen Vertragszusammenhänge sehr bald.

Ich bin nicht Boris Beckers Manager, sondern Anwalt. Aber aus der Fall-bezogenen Zusammenarbeit wurde eine Partnerschaft, eine Freundschaft. Natürlich zählen da die Erfolge. Wimbledon-Finale ´95, der Sieg im gleichen Jahr bei der ATP-WM, die Final-Teilnahme bei den Weltmeisterschaften ´94 und ´96 und der Triumph im vergangenen Jahr beim Compaq Grand Slam Cup - nur einige der sportlichen Highligts von Boris während unserer Zusammenarbeit. Die Verlänge-

Momente voller Wehmut und Stolz. Der Abschied von Wimbledon: Ein letztes besinnliches Gespräch an der Stätte der größten Triumphe. Das Buch: Dank Beckers Popularität erscheint 1995 erstmals „Grand Slam '95"

fast genauso gut gefallen wie vor zehn Jahren. Ehefrau Barbara meint: „Es war ein tolles Wimbledon mit einem tollen Mann."
Und Becker sagt: „Das war noch lange nicht das Ende." Der Reporter freut sich auf eine Fortsetzung. Denn Wimbledon

'95 hat gezeigt: Noch immer ist Becker gut für eine Großtat. Gut sieben Monate später gewinnt Boris noch einmal die Australian Open.
Ein Jahr später: Boris sitzt auf dem blauen Sofa im Wohnzimmer eines schmucken Häuschens in Wimbledon - das sogenannte Deutsche Haus. Der rechte Arm ist in Gips, die Strecksehne im Handgelenk angerissen. Er war gekommen, um Wimbledon zu gewinnen. Jetzt saß er da - und mit gläsernen Augen und leiser Stimme erzählte er dem Reporter von Röntgenaufnahmen, ärztlichen Behandlungen, Heilungsprozessen. Der Reporter erinnerte sich an 1984 - und wieder kamen die Gedanken: Er schafft es nicht mehr.
Gleicher Ort, gleicher Platz, wieder ein Jahr später, wieder das blaue Sofa. Boris erklärt rund 50 Medien-Vertretern, warum seine Niederlage gegen Pete Sampras im Wimbledon-Viertelfinale sein Abschied vom Grand Slam-Tennis bedeutet. „Ich kann und will nicht mehr", sagt er. Er sagt auch: „Jetzt bin ich frei." Später, als alle schon gegangen sind, sitzt Boris noch im Garten auf einer Holzbank, der Reporter bei ihm. „was bedeutet dir dieser Abschied", fragt er den Reporter. Doch bevor dieser anworten kann, sagt Boris: „Laß`uns ein Bier trinken - es war doch eine schöne Zeit."

rung des Ausrüster-Vertrags mit Lotto um zehn Jahre, die auf zehn Jahre festgeschriebene Partnerschaft mir Mercedes Benz und viele weitere wirtschaftliche Aktivitäten, die in ihrer Fülle nie an die Öffentlichkeit drangen - auch der Geschäftsmann Boris Becker ist in eine neue Dimension vorgestoßen.
Doch das menschliche Verständnis war das Wichtigste. Für den anderen einstehen und da sein, wenn der Freund gefragt ist. Das Hegen und Pflegen der Privatsphäre, die Bedeutung der Familie anzuerkennen. Oft haben wir uns verstanden, ohne ein Wort sagen zu müssen. Oft genug aber haben wir auch unterschiedliche Meinungen vertreten, ohne den anderen überzeugen zu können.
Das Wesen unserer Verbindung bestand immer darin, daß Boris Becker seine Richtung selbst bestimmt hat. Ich habe mich bemüht, ihm Wege zu zeigen, Optionen zu eröffnen. Und so wird er auch nach seiner Zeit als aktiver Tennisspieler seinen Weg machen. Die ersten großen Brücken sind geschlagen.
Boris Becker ist zweifellos die herausragendste Sportpersönlichkeit Deutschlands der letzten zwanzig Jahre und damit natürlich ein unvergleichlicher Anziehungspunkt für die Medien und die Wirtschaft. Die Entwicklung der Medien, besonders beim Fernsehen, wird viel dazu beitragen, daß er eine seinen Fähigkeiten entsprechende Funktion finden wird. Dabei sehe ich ihn nicht als Galionsfigur, sondern als Macher. Auch wird sich der Sport in die Richtung amerikanischer Profi-Ligen entwickeln. Und dann wird die Position eines General-Managers zu besetzen sein. Boris hat ein umfassendes Know-how in fast allen Bereichen des Sports.
Keine Frage: Boris Becker wird nicht aus unserem Leben verschwinden. Er wird immer da sein!

Er war sein Freund, sein Berater, sein Manager. Dr. Axel Meyer-Wölden, Initiator des Compaq Grand Slam Cups, schrieb diese Zeilen unmittelbar vor seinem Tod im August 1997.

HÖHEPUNKTE

Höhepunkte

Höhepunkte

Höhepunkte

50 Einzel-Titel, 50 Trophäen, 50mal der Turnier-Primus. Unter den noch aktiven Spielern kann mit dieser Bilanz nur Pete Sampras mithalten. Dazu noch Olympia-Gold im Doppel mit Michael Stich (Barcelona ´92) und 15 Doppel-Titel. Boris Becker, der Big-Point-King in der Filzball-Branche. Der Come-Becker, weil er oft scheinbar aussichtslose Matches noch einmal umdrehte. Der Hallen-König, weil jahrelang unterm Dach keiner besser spielte als er. Dreimal die ATP WM (einmal als Masters), einmal der Compaq Grand Slam Cup - die Highlights auf den folgenden Seiten.

'86

LOCTITE
KENWOOD

HOLST

BOSE

PUMA

Unternehmen Gold

Barcelona 92

Es gibt Augenblicke, da verschmelzen die größten Gegensätze: Feuer und Wasser, Himmel und Hölle, Becker und Stich. Das Olympische Doppel-Gold, das die beiden „feindlichen Brüder" (L´Equipe) in Barcelona 1992 holten, war eine solche Sternstunde. Eine, an die man sich gerne, aber zugleich voller Wehmut erinnert: So gut, so schön, so harmonisch, so stark hätte es ein Jahrzehnt lang sein können. Boris und Michael - sie hatten das Zeug zum Traumpaar, das Daviscup-Triumphe im Akkord sammelt, Grand Slam-Titel im Vorbeigehen abgreift. Und Deutschland so ganz nebenbei zu einer der stärksten Tennis-Nationen der Neuzeit macht. Vergessen wir's schnell. Schon die Siegesparty nach dem Triumph im Finale über die Südafrikaner Wayne Ferreira/Piet Norval im sonnenüberfluteten Stadion von Vall d'Herbron feierten die beiden Stars jeder für sich allein im Kreise ihrer Clans. Zerstört war die vage Hoffnung, die törichte Illusion, die zwei wären auf dem Weg zu den begehrtesten Medaillen der Welt, vielleicht auch zu den verehrtesten Freunden der Welt geworden. Nein. Das „Unternehmen Gold" war die nüchterne Geschäftsbeziehung zweier Partner, die wußten, daß sie nur gemeinsam dieses eine große Ziel erreichen konnten. Ein Zweckbündnis auf Zeit. Micheal Stich opferte dafür sogar eine echte Freundschaft, nämlich die zu seinem langjährigen Doppelpartner Udo Riglewski. Der war nämlich ursprünglich auserkoren, in Barcelona an seiner Seite zu doppeln. Doch er wurde für Boris Becker geopfert.

Dabei waren die Voraussetzung für das „Unternehmen Gold" denkbar schlecht: Becker und Stich hatten sich im Einzel bereits früh (gegen Fabrice Santoro und Carl-Uwe Steeb) verabschiedet und präsentierten sich ziemlich neben der Kapp'. Boris wirkt behäbig und langsam, Michael servierte und vollierte schwach. Doch zum Glück lief die Doppelkonkurrenz streßfrei an. Die erste Runde war einen Spaziergang, weil Marokkan Gegner verletzungsbedingt kniffen, so daß sich die beiden Deutschen in einem lockeren Trainingsspielchen selber die Bälle zuschlagen konnten. Und auch das Match gegen die Griechen Anastasios Bavelas/George Efremoglou in Runde zwei war nur ein softes Sparring. Doch dann wurde es ernst: Emilio Sanchez/Sergio Casal galten vor heimischer Kulisse als Favoriten. Aber 3000 deutschen Fans standen 5000 Spanier in nichts nach, und unter der frenetischen Anfeuerung („So

Schöne Gedanken an Boris

Von Doris Henkel

Eine merkwürdige Geschichte. In der ein Tennisspieler ein Dutzend Jahre lang in meinem Leben eine Rolle spielt, ohne davon den Hauch einer Ahnung zu haben; in der nach einer Sammlung von Zufälligkeiten zum Schluß der Eindruck entsteht, es habe für alles einen Plan gegeben; die sich bisweilen anhört wie eine Liebesgeschichte, obwohl sie keine ist, in der die Liebe aber gleichwohl eine Rolle spielt.

So eine Geschichte ist das zwischen ihm und mir, und eines vorweg: Ich muß mich nicht bei ihm bedanken. Alles, was er für mich getan hat, das hat er ohne Absicht getan, beinahe im Vorübergehen. Und doch ist es so, daß er auf meinem Weg Richtung und Tempo bestimmt und mich aus dem Haus gelockt hat. Zu aufregenden Orten mitten hinein ins pralle Leben und auch zu eher langweiligen, wie zum Beispiel Hartford, Connecticut, an der amerikanischen Ostküste einer ist.

Hartford, Zentrum des Versicherungs-Wesens und wirklich keine Stadt, die man gesehen haben muß, an einem siedend heißen Wochenende im Juli '87 aber die aufregendste Stadt der Welt. Da spielten sie im Daviscup gegen den Abstieg, die Amerikaner und die Deutschen, mittendrin er und der verrückte McEnroe in einem epischen Drama. Die Berichterstatter ein paar Meter neben der Seitenlinie mit zittrigen Händen, ebenso heftig wie vergeblich bemüht um die gebotene Distanz.

Ein paar Wochen später auf seinen Spuren zum erstenmal zu den U.S. Open nach New York. Zu einer Zeit, als die Düsenjets vom nahen Flughafen La Guardia noch im Minutentakt über den Centre Court des Louis Armstrong Stadions donnerten, dröhnend laut bis in die Tiefe des Brustkorbs. Die ersten schwülen Sommerabende in dieser mondsüchtigen Stadt, denen hundert weitere folgten; seine verrückten Spiele unter Flutlicht und danach die unschlagbaren Fahrten zu mitternächtlicher Stunde über die große Brücke über dem Hudson River auf das glitzernde, funkelnde, lockende Manhat-

Die „goldene Zweckgemeinschaft“:
Boris Becker und Michael Stich holen
Olympia-Gold in Barcelona

tan zu. Zum Arbeiten das reine Chaos, aber in diesem Chaos Augenblicke und Stunden mit Erlebnisfaktor zehn.
Ihm folgend nach Australien, zuerst Ende der achtziger Jahre und seither immer wieder Ausflüge zum anderen Ende der Welt - das gehört heutzutage zum normalen Tourismusprogramm, aber gleich fünfmal, sechsmal, siebenmal, so wie andere Leute mit dem Zug von Hannover nach Hamburg fahren? Hätte das jemals ein Chef genehmigt, wäre ich immer wieder down under gelandet ohne seine Siege, seine Spiele, seine Dramen?
Global betrachtet kaum der Rede wert die alljährlichen Besuche in Paris und London, denn die gab es schon vor seiner Zeit. Und doch, beruflich betrachtet, auch dort ein Renner nach dem anderen. Von faszinierenden Siegen gab es zu berichten und von bösen Niederlagen. Es war ein Vergnügen, sich über ihn den Kopf zu zerbrechen; selbst über all die Widersprüche und die frechen Ausreden, die er ungerührt unters Volk brachte. Und es lohnte sich, die richtigen Sätze zu suchen; es lohnte sich so sehr, daß das Risiko überschaubar erschien, den sicheren Job zu kündigen und auf eigene Rechnung am Rande seines Weges weiterzuschreiben.
Ich hab' ihn oft spielen sehen; in seinem Wohnzimmer in Wimbledon, im vornehmen Sandkasten zu Paris, unter Schwaden von süßlichem Popcorndampf in New York und in Melbourne bei 40 Grad im Schatten, kurz vor der Grillgrenze. Auf gewässertem roten Geläuf in Moskau, vor zehntausend fassungslosen Niedersachsen in Hannover und vor allem im Dezember '89, inmitten staunender Schwaben beim Daviscup Finale in Stuttgart.
Wie könnte ich dieses Wochenende vergessen? Da spielte der eine wie ein junger Gott, und die Vorsehung des Himmels trieb mir einen anderen in die Arme, der genau wie ich gekommen war, um zu beobachten und zu berichten. Daraus wurde Spiel, Satz und Sieg im kleinsten Kreis. Der andere und ich, wir streiten nun schon seit Jahren über den rotblonden Hilfsgott, denn er sieht ihn nicht mit meinen Augen. Aber wir streiten nicht nur, wir leben auch zusammen, und es sieht so aus, daß wir das wohl nicht täten, wenn wir uns nicht ausgerechnet auf den Spuren des Tennisspielers begegnet wären.

Dem schulde ich selbst dafür keinen Dank. Aber ich widme ihm von Zeit zu Zeit ein paar schöne Gedanken. Mehr kann ich nicht tun.

Doris Henkel ist eine der angesehensten deutschen Sportjournalistinnen. Früher für die Süddeutsche Zeitung tätig, arbeitet die Freisingerin heute als freie Autorin, ist u.a. Verfasserin des offiziellen Wimbledon-Buches

eine Unterstützung habe ich außerhalb Deutschlands noch nie erlebt“, schwärmte Boris hinterher) wuchs die schwarz-rot-goldene Zufalls-Bekanntschaft vor allem bei den Big Points über sich hinaus und stand nach fünf dramatischen Sätzen im Halbfinale. Der Traum vom Gold“, wie Michael Stich es formulierte, war plötzlich greifbar nahe. Doch im Halbfinale bedurfte es erneut fünf schwerer Sätze gegen die argentinischen Doppel-Spezialisten Frana/Miniussi und im Finale gegen Ferreira/Norval weiterer vier, bis dieser Traum tatsächlich Wirklichkeit geworden war.
Olympische Doppel-Gold für Deutschland - die Freude und der Stolz waren nicht gespielt - mit denen Boris Becker und Michael Stich die Hymne, die Ovationen und den Jubel über sich ergehen ließen. In diesem schönen Augenblick waren die beiden sich wirklich sehr nahe. Ein Augenblick, der nie mehr wiederkehrte.

Becker-Festivals

ATP-Weltmeisterschaft

Ob in Frankfurt, Hannover oder München: Überall zelebrierte Boris Becker seine einzigartigen Tennis-Festivals

Es gibt die Wagner-Festspiele von Bayreuth. Es gibt die Festspiele in der Arena von Verona. Es gibt den Jedermann in Salzburg. Aber die Festspiele von Frankfurt, die gibt es nicht mehr. Sechs Jahre lang, von 1990 bis 1995, war die Festhalle in der Metropole am Main die elegante, stimmungsvolle Ebene, auf der das ATP-Finale über die Bühne ging. Hier wurde der große Showdown der Saison, das Stelldichein der acht besten Spieler der ATP Tour, zelebriert wie ein Festakt. Die mitreißende Atmosphäre sprang über, 9000 Zuschauer feierten die Gala des gelben Balles, sich selbst und die Stars. Und sogar im letzten Winkel der Erde spürten die Fans an den Bildschirmen, daß Stimmung in der Festbude war. Was natürlich an denen lag, die dort ihre Kunst vorführten. Vor allem einer wurde durch seine Auftritte der gekrönte Star dieses Frankfurter Festivals: Boris Becker. 1990, bei der Premiere, war Becker im Halbfinale gescheitert, 1991 sogar schon in der Vorrunde. Aber nun, 1992, stand er wieder mal am Scheideweg seiner Karriere. Frisch verliebt, außer Form und ohne Erfolge, so war dieses Jahr dahingeplätschert. Doch nach der Trennung von seinem Trainer-Kumpel Tomas Smid und frisch motiviert durch seinen neuen Coach Günther Bresnik war aus dem Verlierer des Sommers plötzlich der Sieger des Winters geworden. Er gewann Basel und Paris-Bercy, qualifizierte sich für Frankfurt und tänzelte dort, einige Kilo leichter und beweglich wie selten, zum Titel. Vor allem zwei Schlägen hatte er es zu verdankten, zum erstenmal ATP-Weltmeister zu werden: Seinem Aufschlag (64 Asse), der mit unglaublicher Präzision, Schnelligkeit und Raffinesse kam. Und seinem Return, mit dem er in der Vorrunde Petr Korda und Stefan Edberg zur Verzweiflung brachte und dem auch weder Goran Ivanisevic im Halbfinale noch Jim Courier im Finale was entgegenzusetzen vermochten. „Das Endspiel war das beste Match, das ich seit zehn Jahren gesehen habe", lobt der sonst mit Lob eher zurückhaltende Ion Tiriac. 1993 verpaßte Becker zum bisher ersten und einzigen Mal die Teilnahme an den ATP World Championships. Doch 1994 kam er zurück, und wie 1992 wieder bis in die Runde der letzten Zwei. Das Trio Pete Sampras, Andre Agassi und Boris Becker bescherte SAT.1 phantastische Einschaltquoten: Das Halbfinale zwischen Pete Sampras und Andre Agassi sahen durchschnittlich 3,12 Millionen, das Halbfinale zwischen

Boris Becker und Sergi Bruguera sogar 5,27 Millionen. Beim Finale zwischen Pete Sampras und Boris Becker waren durchschnittlich 6,31 Millionen deutsche Zuschauer am Ball.

Der Mann, der dafür verantwortlich war, hieß Boris Becker! Er war wieder der große Sympathieträger in der Frankfurter Festhalle, der Garant für das Gelingen des Events. In der Vorrunde hatte er zwar Pete Sampras bezwungen, aber im Finale behielt die Nummer eins der Welt die Oberhand, siegte 4:6, 6:3, 7:5, 6:4 und holte sich nach 1991 zum zweitenmal den Titel eines ATP-Weltmeisters. Es sollte nicht das letzte denkwürdige Duell zwischen den beiden Tennis-Protagonisten werden.

Zwölf Monate später war Boris Becker wieder ganz der Alte, nämlich der Beste in Frankfurt. Nicht zuletzt deshalb, weil Pete Sampras im Halbfinale patzte und gegen Michael Chang verlor. Der Kleine mit dem großen Kämpferherzen zählt - Becker siegte 7:6, 6:0, 7:6 - zu den Lieblings-Gegnern des Deutschen. Die Festhalle trug dennoch Trauer: Der dritte WM-Titel für Becker und der zweite in Frankfurt (1988 hatte er bereits in New York das Masters, den Vorläufer des ATP-Finales, gewonnen) war zugleich die letzte Vorstellung am Main. In Frankfurt galt es, Abschied zu nehmen von der Weltmeisterschaft, von Boris Becker und von unvergeßlich schönen, dramatischen Stunden. Hannover also, Hannover an der Leine. Hannover, die Messe-Stadt. Hannover, die „deutsche Provinz" (urteilte The Times). Doch wie hätte man den Enthusiasmus und den Ehrgeiz der sonst so distinguierten, zurückhaltenden Norddeutschen besser anstacheln können, als mit diesen ewigen, nervenden Vergleichen mit der Weltstadt Frankfurt?

„Man sagt, je nördlicher man kommt, um so kühler werden die Menschen. Ich glaube, daß wir im Süden von euch hier

Die Weltmeisterschaften der ATP waren seine bevorzugte Bühne: Große Show eines großen Stars

Der Master über den Master

Von Bernhard Langer

Zuerst war ich überrascht, als man mich bat, eine Kolumne für dieses Boris Becker-Buch zu schreiben. Denn es hat bislang nur eine einzige Begegnung zwischen Boris und mir gegeben. Das war 1990 im Flugzeug auf dem Weg nach Japan. Ich spielte dort die Four Tour Championships, er die Tokio Open. Wir hatten Plätze nebeneinander und wir haben uns stundenlang unterhalten. Ich erinnere mich: Es war ein sehr interessantes, angeregtes Gespräch.

Da ich selbst wie er eine Person bin, die in der Öffentlichkeit steht, kann ich gut nachvollziehen, wie schwer er es oft gehabt hat. Nachdem mir 1996 erstmals seit 17 Jahren auf der Europäischen Tour kein Sieg gelungen war, wurde das Ende meiner Laufbahn prognostiziert. Und das nicht zum erstenmal. 1997 gelangen mir dann zwei Turniersiege innerhalb von sieben Tagen, ich qualifizierte mich zum neuntenmal in Folge für das Ryder Cup Team und war plötzlich wieder ganz oben. Auch in den Medien. Dieses „Hosiannah kreuziget ihn!" ist Boris in seiner Karriere auch einige Male wiederfahren.

Ich erinnere mich daran, daß Boris gesagt hat, wenn er kein Tennis-Star geworden wäre, dann wäre er am liebsten Golf-Profi geworden. Das empfinde ich als dickes Kompliment für meinen Sport. Er ist begeisterter Hobby-Golfer. Ich bin begeisterter Tennisspieler. Allerdings habe ich bereits Anfang der 80er Jahre mit dem Tennis begonnen. Zu einer Zeit, als man in Deutschland von Boris und seinen Erfolgen nur träumen konnte. Und zwar im Winter in der Halle als Ausgleichssport. Leider spiele ich nicht regelmäßig, höchstens fünfzehnmal im Jahr.

Ich bin alles andere als ein Könner. In meinem Repertoire befinden sich verschiedene Arten von Luftschlägen, wie zum Beispiel die Rückhand mit Topspin. Wichtig ist für mich, mich zu verausgaben, zu laufen, zu schwitzen und meine Reflexe zu trainieren. Ich glaube, Tennis und Golf sind miteinander verwandt. Nicht nur, weil ein Ball im Spiel ist und wegen der taktischen Elemente: Es kommt hier wie da auf Konzentration und Körperbeherrschung an. Man muß Ballgefühl haben, auf den Punkt focussiert sein. Man muß seine Nerven zügeln und in Streßsituationen kühlen Kopf bewahren.

Übrigens: Wie wichtig es ist, daß ich Tennis spielen kann, zeigte sich während meiner Hochzeit 1984: Meine Frau Vikki wurde von Freunden „entführt". Ich entdeckte sie schließlich in unserem Tennisclub, wo die „Entführer" als Auslösung ein Tennismatch Braut gegen Bräutigam forderten. So spielten wir dann in Frack und Brautkleid um unsere „Freiheit".

Die größte Nähe zwischen Boris und mir gab es 1985. Dieses Jahr wurde für uns beide zum Schicksalsjahr: Ich gewann zum erstenmal das Masters in Augusta, das berühmteste Golf-Turnier der Welt, er gewann zum erstenmal Wimbledon, das berühmteste Tennis-Turnier der Welt. Ich gewann im April, er im Juli. Ich hatte mir Hoffnungen gemacht, aufgrund meines Erfolges beim US Masters in Deutschland vielleicht zum Sportler des Jahres gekürt zu werden. Aber als Boris dann in London triumphierte, war ich aus dem Rennen. Das eine wie das andere war sicherlich ein Jahrhundertereignis. Aber Golf hatte und hat in der deutschen Öffentlichkeit nicht den Stellenwert wie Tennis. Obwohl ich den Erfolg von Augusta 1993 wiederholen konnte, so wie Boris den Erfolg von Wimbledon 1996 und 1989. Ich bin allerdings nicht neidisch auf die ungeheure Popularität, mit der Boris leben muß. Ganz im Gegenteil. Der Rummel, der um ihn veranstaltet wird, wäre mir ein Grauen. Er war 17, noch ein Jugendlicher, und gewann Wimbledon - an dem, was danach über ihn hereinbrach, wären viele andere zerbrochen. Ich war 28 und verheiratet, als ich mein erstes Major gewann. Doch selbst in diesem gesetzten Alter war es nicht leicht, damit fertig zu werden. Boris hat diese Herausforderung großartig gemeistert, Charakter bewiesen. Auch wir Golf-Profis sind zwar bekannt, vor allem drüben in Nord-Amerika. Aber es ergeht uns bei weitem nicht so schlimm wie den Tennis-Stars. Es gibt nur einen, dessen Popularität vergleichbar wäre mit der Popularität Boris Beckers, nämlich Tiger Woods. Auch er muß mit kreischenden Teenies, verrückten Autogrammjägern und Fans fertig werden, die sein Haus belagern.

Deshalb kann ich gut verstehen, daß Boris einen zweiten Wohnsitz auf Fisher Island in Florida gewählt hat. Ich verbringe dort viele Jahre die Hälfte des Jahres. Zum einen, weil meine Frau Vikki Amerikanerin ist. Zum anderen, weil man in USA im Gegensatz zu Europa als Star einigermaßen unbehelligt und anonym leben kann. Außerdem kennt man in Amerika den in Europa und besonders in Deutschland oft verbreiteten Sozialneid nicht: Daß man denen, die es zu Erfolg und Geld gebracht haben, dieses Glück mißgönnt.

Zum Schluß will ich nicht verheimlichen - Boris wird's verkraften - daß nicht er, sondern daß eigentlich Michael Chang der Spieler und Mensch ist, den ich besonders bewundere: Weil der kleine Michael ein großer Kämpfer ist, der nie einen Ball verloren gibt, rennt und ackert, als habe er eine nie erlöschende Batterie im Körper. Außerdem lebt er als gläubiger Christ und bekennt sich öffentlich dazu. Genau wie ich auch.

Bernhard Langer ist der beste deutsche Golfer aller Zeiten. Der Anhausener gewann zweimal das bedeutendste Golfturnier der Welt - das Masters in Augasta.

im Norden eine Menge lernen können", lobte Boris Becker die begeisterten 15600 Zuschauer in der Messehalle, als er nach dem Endspiel die 29 Kerzen auf seiner Geburtstagstorte ausblies und damit symbolisch auch alle seligen Erinnerungen an die Festspiele von Frankfurt. Er hatte wie stets am meisten dazu beigetragen. In der Neu-Auflage des 94er Finales verlor er zwar erneut gegen Pete Sampras (6:3, 6:7, 6:7, 7:6, 4:6), kassierte aber ebenso wie sein Gegner höchste Anerkennung für dieses „Jahrhundert-Match". Apropos Kerzenausblasen: Es war natürlich Zufall, daß der Baron während der Weltmeisterschaft Geburtstag hatte. Obwohl man im Laufe der Jahre durchaus den Eindruck gewinnen konnte, die ATP richte ihren Saison-Höhepunkt bewußt Ende November aus, um Superstar Boris Becker, dem größten Promoter dieses Events, Reverenz zu erweisen.

Die Erfüllung

Compaq Grand Slam Cup

Des Siegers Wille ist sein Himmelreich: „Staying alive" hatte sich Boris Becker als Jubel-Hymne für das Finale gewünscht. Und sich bei dieser Entscheidung sogar mit einem Moderator des Privatsenders Radio Energy beraten. Aber seine Wahl fiel nicht etwa auf die smarte Original-Fassung von den Bee Gees, sondern auf die dröhnige, aufgepeppte Version von der Gruppe-N-Trance. So, als wolle er allen laut und deutlich ins Trommelfell blasen: „Bitte mal herhören - ich bin noch längst nicht tot, sondern immer noch am Leben!" In der Tat: Dieser Becker, der „König der Olympiahalle", was staying alive." Putzmunter.

Totgesagte leben eben länger. Das muß man, allen Kritikern zum Trotz, auch von diesem sechs Millionen Dollar Turnier in der Weltstadt mit Herz sagen. „Wer immer noch behauptet, daß dies ein Exhibitionist sei, versteht nach meiner Auffassung immer noch nicht, was ein Exhibitionist ist", resümierte der Chairman des Events, Dr. Axel Meyer-Wölden, auf der Abschluß-Pressekonferenz. Die Tatsache, daß die Stars nach einer mörderischen Turnier-Hatz um den Globus (vom ersten Grand Slam-Turnier im Januar in Melbourne bis zur ATP WM in Hannover Ende November)erschöpft und ausgelaugt sind und einige verletzungsbedingt - diesmal waren es Pete Sampras, Michael Chang und Todd Martin - kurzfristig absagen, ist keineswegs ein Argument gegen die Veranstaltung. Es ist vielmehr ein Indiz, daß der Terminplan der Tour dringend relaunched werden muß.

Boris Becker war's diesmal egal. Mochten die anderen kaputt sein, er war's nicht. Und genoß das berühmte Glück im Unglück: Nach der schweren Handverletzung in Wimbledon und der sich anschließenden dreieinhalbmonatigen Pause war München erst sein achtes Turnier. Und so vermochten die anderen 15 Spieler seiner Energie und seiner Spielfreude, die ihn schon in Hannover ins Finale katapultiert hatten, kaum etwas entgegenzusetzen. Darüber hinaus bereitete ihm dieser erste Triumph bei der siebten Auflage des Compaq Grand Slam Cups eine Genugtuung ganz besonderer Art: „Schließlich ist München ja die Stadt, in der ich nun zu Hause bin. Und wer gewinnt nicht gern daheim", freute sich der neue Champion, schloß seinen Freund und Mentor Dr. Axel Meyer-Wölden dankbar in die Arme und bedankte sich damit auch symbolisch bei den 10000 total „borisierten" Zuschauern der Olympiahalle.

Die One-Man-Show des Boris B. - selbst Goran Ivanisevic, der den Compaq Grand Slam Cup 1995 gewonnen hatte, blieb in dieser brillanten Aufführung nur die Statistenrolle: Wie in allen drei Matches zuvor gab der Deutsche auch im Finale keinen Satz ab - ein Rekord, den vor ihm noch nie ein Compaq Grand Slam Cup-Sieger schaffte! Becker besiegte den Kroaten 6:3, 6:4, 6:4. „Boris hat sensationell agiert. Er hat mir kaum Chancen geboten, ins Spiel zu finden", gratulierte der Mann mit dem Zopf kleinlaut.

Becker genoß diese wie alle anderen Huldigungen in vollen Zügen: „Ich überrasche mich immer wieder aufs neue. Im letzten Jahr dachte ich, besser kann ich nicht mehr spielen. Heute habe ich meine Meinung revidiert. Im Augenblick spiele ich das beste Tennis meines Lebens", kommentierte er den Triumph. Wiederholung 1997 nicht ausgeschlossen. Versprach doch der Champion: „Ich werde meinen Titel verteidigen."

Sein Freund Axel Meyer-Wölden hat das Turnier erfunden und ihm zur Weltgeltung verholfen. Ein Jahr bevor Dr. Meyer-Wölden stirbt, geht dessen Wunsch in Erfüllung: Boris gewinnt in München den Compaq Grand Slam Cup

„Ein neues Abenteuer beginnt"

Von Henry Maske

Es war gegen Mitternacht. Überall um mich herum Menschen. Gerade hatte ich zum achten Mal meinen WM-Titel gegen Graciano Rocchigiani verteidigt, nach Punkten gewonnen in der Münchner Olympiahalle. Ich nahm das Schulterklopfen nur im Unterbewußtsein wahr. So unmittelbar nach dem Kampf bist du mit deinen Gedanken noch im Ring. Viele Freunde und wichtige Menschen waren gekommen. Besonders stolz aber war ich, daß auch die beiden Tennisspieler Boris Becker und Michael Stich am Ring saßen und Formel 1-Weltmeister Michael Schumacher.

Boris hat mir nach dem Kampf gratuliert. Wir verabredeten uns, „mal ein Bier zusammen zu trinken". Bald schon kam es zu diesem Treffen. Natürlichkeit und Wärme ging von diesem Mann aus, den so viele für unnahbar halten. Aber wenn man so in der Öffentlichkeit steht, muß man eine Maske tragen. Du kannst als Sportler und Mensch nicht überleben, wenn du in jeder Situation dein wahres Ich preisgibst. Denn das Leben als Weltstar war sicher nicht immer einfach für ihn. Natürlich: Du wirst verwöhnt, umgarnt, lebst in einer Glitzerwelt. Als erfolgreicher Sportler stehst du heutzutage auf der Sonnenseite. Doch die Schatten greifen immer wieder nach dir. Du wirst zum Allgemeinbesitz der Öffentlichkeit. Jeder will dir ein Stück deiner Seele herausreißen. Boris war aber immer in der Lage, den Erfolg in die richtigen Bahnen zu lenken. Er hat Phasen durchmachen müssen in seiner Karriere, da stand er gewaltig unter Druck. Die Erwartungen seiner Fans, der Öffentlichkeit waren manchmal geradezu unmenschlich. Alle wollten immer nur Siege von ihm sehen, ohne zu wissen, daß hinter dem Tennisspieler auch ein Mensch steht, der einmal Schwächen zeigt, Pausen braucht.

Hinzu kam, daß andere versucht haben, Boris immer wieder für ihre eigenen Interessen zu nutzen, sich in seinem Licht zu sonnen. Weshalb es sehr beeindruckend ist, daß er aus all diesen Situationen immer wieder einen Ausweg fand. Und obwohl er immer in der Position des Gejagten war, hat er sich doch über die Jahre behaupten können. Er hat nicht nur einmal einen großen Sieg davon getragen, sondern diesen Erfolg über Jahre gehalten und dabei einzigartiges Tennis zelebriert.

Das geht nur, wenn du deinen Sport wirklich liebst. Bei allem Wohlstand und Ansehen - Boris ist immer der Sportler geblieben. Und das haben die Menschen gespürt. Sie haben gefühlt, daß da einer versucht, sein Bestes zu geben, weil er selber von diesem Sport am meisten fasziniert ist. Und: Weil er immer gewinnen wollte.

„Gentlemen" Henry Maske ist nach Max Schmeling der Mann, der die Menschen faszinierte und das Boxen in Deutschland wieder boomen ließ.

Boris hat nun angekündigt, daß er sich schrittweise von seinem aktiven Tennisleben zurückziehen möchte. Auch wenn du den Sport noch so sehr liebst - irgendwann ist der Körper und der Kopf nicht mehr bereit, ans Limit zu gehen, das ganze Drumherum zu akzeptieren. Es sind neue Ziele wichtiger: Die Familie, das Leben neben dem Sport, das Menschsein. Ein neues Abenteuer beginnt.

Beckers Leben danach

Wie wird es weitergehen?

Wir stellen uns vor, es ist Sommer in München und ziemlich was los auf der Tennisanlage All-Wetter Nord des Sport Scheck in Unterföhring.
Trubel auf den Courts, das Gartenlokal gut gefüllt, eine Gruppe spielt ein kleines Turnier, die Sonne scheint. Auf dem Platz vorne links steht ein junger Mann mit Dreitagebart, blauen Shorts und nacktem Oberkörper und löffelt Bälle übers Netz, die von seinem dreijährigen Sohn bemerkenswert akkurat zurückgelöffelt werden. Auf dem Parkbank am Rande liegt in Handtücher gehüllt die beste Ehefrau von allen und schwitzt. Alle haben schon ein paar Runden Tennis hinter sich und der Nachmittag geht zur Neige.

Die Frage ist nämlich: **Wie wird es weitergehen? Was kann ein Mann, der in seinem Sport alles erreicht hat, schon außerhalb des Sports tun?**

„Ein Spielchen noch, komm' Kleiner", ruft der Papa. „Ich will gewinnen", ruft der Kleine.
„Machen wir nachher noch ein Wettrennen", fragt die Mama.
Plopp, plopp. Noch ein paar Bälle. Papa ruft: „Komm', konzentrier' dich." Sohnemann sagt: „Mach' ich doch." Natürlich gewinnt Sohnemann. Ein paar Leute kommen vorbei, keiner schaut hin. Und dann Aufstellung an der Seitenauslinie zum Wettrennen. Schnauf, stöhn. Mama gewinnt und Sohnemann schreit, aber Papa sagt: „Dafür hast du heute ganz toll Tennis gespielt, und jetzt gibt es Spaghetti." Der Kleine nickt heftig, und seine großen dunklen Augen glänzen, während er fragt: „Mit Tomatensoße? Und dann schaukelt die kleine Familie völlig unbeschwert und unbedrängt zu den Tischen unter den schattigen Bäumen.
„Komisch", sagt Boris Becker, während er sich umblickt, „manchmal guckt kein Schwein." Und für einen Moment scheint es so, als sei das seine Lieblingsvariante auf die Frage, wie die Zukunft, das Leben nach dem Tennis, aussehen könnte.
Im Juli 1997 hat der Tennisspieler in Wimbledon seinen Rückzug bekanntgegeben, eine Art verzögerter Rücktritt mit verringerter Intensität im Sport und gesteigertem Einsatz im Berufs- und Privatleben. „Meine Inhalte und Schwerpunkte haben sich verlagert. Ich bin Familienvater und Geschäftsmann, ich habe Verantwortung für meine Angestellten und mein Nachwuchsteam bei Mercedes Benz. Da hängen Existenzen dran. Ich kann und will mir den egomanen Tunnelblick, den man im Tennis für die ganz großen Erfolge braucht, nicht mehr leisten."
Irgendwann muß Schluß sein, auch wenn Becker noch kleinere Turniere auf dem Programm hatte und für 1998 ein Comeback im Daviscup ankündigte, dazu fortan als Primus inter pares und väterlicher Teamchef eine Juniorentruppe von Mercedes Benz betreut. Becker: „Ich bin nicht mehr bereit für die wöchentliche Hetzjagd um Weltranglistenpunkte und -Plätze." Nach 15 Jahren im Profitennis entschied sich der dreimalige Wimbledonsieger trotzdem für den sanften Entzug. „So knallhart von heute auf morgen aufzuhören, wäre kein normaler und gesunder Übergang gewesen."
Die Frage ist nämlich: Wie wird es weitergehen? Was kann ein Mann, der in seinem Sport alles erreicht hat, schon außerhalb des Sports tun? Die populärsten Varianten Beckerscher Schicksalsgefährten beinhalten u.a.: 1. Repräsentant bei einem Sportartikelhändler; 2. Bücher schreiben lassen; 3. Sich auf die faule Haut legen; 4. Seniorenturniere spielen. Becker zu 1. „Ich will nicht die Lorbeeren, die ich gewonnen habe, ein zweites Mal ernten." Becker zu 2. „Ich will nicht auf einen Sockel gestellt werden, da gehöre ich nicht hin, ich bin überzeugt, daß meine Zeit als Tennisspieler nur ein Teil eines Buches sein wird, das über mich geschrieben wird, wenn ich tot bin." Becker zu 3. „Ich bin keiner, der sich in den Liegestuhl am Strand legt, ich bin ein kreativer Mensch, habe 1000 Ideen, jede Menge Energie und Power." Becker zu 4. „Wenn ich Seniorenturniere spielen sollte, dürfen mich meine Freunde ohne Vorwarnung vom Platz schleifen."
Boris Becker sieht sich nicht nur als Botschafter des Sports, sondern als einer, der den Sport fördern, ihn in das nächste Jahrtausend führen will, das das von elektronischen Medien und Entertainment sein wird. Becker: „Ich verhandle mit vielen Sponsoren, die meine Fähigkeiten er-

kannt haben und sie nutzen wollen." Olympia, Fußball-WM, ATP Tour, überall wird sein Name genannt, mit dem Deutschen Tennis Bund gibt es einen Vertrag, mit Mercedes Benz bereits das Juniorteam, mit dem Fernsehsender Sat.1 1 eine Kooperation. Der Tennis-Jungsenior hat gut zu tun. „Für mich müßte der Tag 28 Stunden haben, wenn ich alles machen sollte, was ich wollte."

An diesem Nachmittag auf der Unterföhringer Tennisanlage herrschte aber noch die Ruhe vor dem Sturm, außer daß Alexander Radulescu aus dem Mercedes-Team mal kurz vorbeischaute, um sich ein Konditionsprogramm von Becker zusammenstellen zu lassen. Der Rest war Idylle. Mama genoß den schönen Tag, Noah löffelte seine Spaghetti und Papa biß herzhaft in die 08/15-Pizza vom Italiener auf der Anlage.

Irgendwie schien es, als sei er netter, anständiger Kerl, der zum Weltstar wurde, auf dem Weg zurück in die Vergangenheit, zurück in die Zeit, in der er noch nicht der 17jährige Leimener war, der Wimbledon und die Tenniswelt eroberte. Zurück in das Gefühl, als die Welt nicht in Ordnung war. „Ich bin eigentlich schrecklich normal", sagte Becker, „und ich bin heilfroh, daß es vorbei ist." Vorbei der Druck, es allen recht machen zu müssen. Vorbei die eigenen quälenden Erwartungen. Vorbei das entbehrungsreiche Leben auf der Tour. Becker nahm seinen Hund Mops auf den Arm, schaute Noah beim Essen zu und kümmerte sich liebevoll um seine Frau Barbara. Er sagte: „Ich fühle mich blendend. Ich bin total ruhig, entspannt, befreit."

Dann kam jemand an den Tisch unter dem schattigen Bäumen und wollte ein Autogramm. Und dann noch einer. Und dann noch einer. Becker sagte: „Kaum sagt man, daß kein Schwein guckt, gucken doch wieder alle." Becker gab Autogramm und dann schmunzelte er. „Ich habe ja lange genug im Rampenlicht gestanden und alles hat sich um mich gedreht." Daran kann man sich schon gewöhnen, zumal berühmt sein nicht unbedingt weh tun muß.

Boris Becker sieht sich nicht nur als Botschafter des Sports, sondern als einer, der den Sport fördern, ihn in das nächste Jahrtausend führen, das das von elektronischen Medien und Entertainment sein wird.

Vorbei der Druck, es allen recht machen zu müssen. Vorbei die eigenen quälenden Erwartungen. Vorbei das entbehrungsreiche Leben auf der Tour.

Moment-Aufnahmen – Boris erinnert sich

adidas

ARGYLE
DIAMONDS
SWAN
LAGER

Boris Becker im Gespräch

INTERVIEW

Über die Verlobung mit Barbara Feltus

Becker: In unserer heutigen Zeit mit 24-Stunden-Berieselung in 20 Fernsehprogrammen mit Reality TV und blutigem Wahnsinn an allen Ecken der Welt geraten die für mich wichtigen Werte immer mehr in Vergessenheit. Viele wissen gar nicht, daß man sich heute noch verlobt und was das bedeutet. Ich liebe Verantwortung. Ohne Verantwortung kann ich nicht leben. Ich trete in Barbaras Familie ein, sie tritt in meine Familie ein. Das ist was Heiliges.

Becker: Wir haben unsere Beziehung ja Silvester 1991 in Australien publik gemacht. Da kannten wir uns drei Monate, und vor der Reise habe ich ihr gesagt: „Wenn du jetzt mitkommst, dann wird sich dein Leben um 180 Grad verändern. Es wird nie wieder sein, wie es bis jetzt war. Du bist offiziell mit einem sehr berühmten Menschen zusammen, wirst über Nacht bekannt werden, und dazu haben wir nicht die gleiche Hautfarbe."

Barbara als Teil des Erfolges

Becker: Es ist wie ein großes Puzzle. Wenn ich meine Arbeit erfolgreich erledigen und ein Turnier gewinnen will, dann muß das Puzzle komplett sein. Und wenn sie nicht da ist, dann fehlt ein großes Stück.

Becker: Wenn ich ein großes Turnier spiele und weit komme, bin ich nicht mehr ganz bei mir, sondern habe nur den Sieg im Visier und vergesse eigentlich alles links und rechts. Und Barbara hat dann die schwierige Aufgabe, zurückstecken zu müssen. Sie weiß, auf gut deutsch, daß sie die nächsten drei Tage die Schnauze halten muß. Ich bin nervös, hektisch, kann nachts nicht schlafen. Wenn man mich stört, fahre ich aus der Haut. Es kann auch sein, daß ich 24 Stunden lang fast nichts rede. Da bin ich schon im nächsten Match. Das müßt ihr mal probieren, euch 24 Stunden lang nur auf eine Sache zu konzentrieren, die dann abgeht. Da hast du eine unglaubliche Kraft. Für den Partner ist das aber oft schwer zu akzeptieren.

Stern, Nr. 15, 1993

Bundeswehr

Becker: Ich sehe wirklich nicht den Grund für die Bundeswehr. Für die Polizei - okay. Aber Bundeswehr - was soll das? Warum soll man zur Bundeswehr? Ich würde kein Gewehr in die Hand nehmen.

Sports, Januar 1990

Becker: Während meiner Zeit als Tennisspieler wird mich die Bundeswehr nicht sehen, aber vielleicht mit 32.

Hamburger Abendblatt, 12. November 1987

Wiedervereinigung

Becker: Ist es nicht ein Witz, wie Geschichte gemacht wird? Da sagt ein Typ: „Okay, wir machen das jetzt so." Und dann verändert das für Millionen das Leben. Und ist es nicht auch ein Witz, wie Tennisgeschichte geschrieben wird? Wie Leute berühmt werden? Oft durch eine falsche Schiedsrichterentscheidung oder weil der Gegner an diesem Tag schlecht drauf war. Echt Komisch, daß die Geschichte durch Zufälligkeiten gemacht wird.

Sports, Januar 1990

Seine Wichtigkeit für Deutschland

Becker: Weil ich Deutschland in anderen Ländern sehr gut repräsentiere. Weil ich doch immer in Amerika als „Boris Becker, Deutschland" spiele und nicht Boris Becker, Leimen oder Heidelberg, und weil viele Deutsche sich dann mit mir identifizieren wollen und können, wenn ich gewinne.

Der Spiegel, Nr. 38, 1986

Heimat

Becker: Ich glaube, mir geht es da wie den meisten. Es ist mein Zuhause.

Welt am Sonntag, 7. Mai 1989

Becker: Deutschland. Da mögen sie mich so sehr, daß sie mich erdrücken könnten.

Stern, Juni 1986

Becker: Ich bin gar nicht so deutsch. Mich hat man nur verdeutscht, als ich Wimbledon gewonnen habe. Meine Mutter ist aus der Tschechoslowakei, und mein Charakter ist nach ihr. Ich würde mich als eine Mischung aus verschiedenen Rassen sehen, durch das Leben geprägt, durch viele Reisen, viele Menschen. Es ist kein Zufall, daß meine Frau schwarz ist. Ich fühlte mich schon immer sehr verbunden mit Afrikanern, mit schwarzen Amerikanern.

Frankfurter Allgemeine Zeitung, 27. Dezember 1993

Alter

Becker: Die Jahre zwischen 17 und 23 habe ich verpaßt.

Becker: Ich bin in eine Männer-Welt reingewachsen, wo es keinen Platz für Jugend gibt. Entweder man ist dabei oder geht unter.

Stern, Juni 1986

Erwachsen

Becker: Ist es gut, erwachsen zu sein, oder ist es schlecht? Jeder sollte in sich selbst noch Kind sein, und jeder sollte erwachsen denken. Die Mischung ist wichtig, und daran arbeite ich. Ich kann anfangen, den Leuten mein wahres Gesicht zu zeigen. Ich habe, glaube ich, keine ganz ekelhafte Persönlichkeit, ich habe keine bösen Gedanken. Und das kriegen die Leute auch langsam mit.

Stern, 19. Mai 1988

Becker: Als ich angefangen habe zu spielen, war ich ein junger Kerl, der wußte gar nix und hatte auf einmal Wimbledon gewonnen. Und der Herr Bosch war Familienvater und Tiriac und Pilic auch, und ich war ihr Sohn. Aber nun wird der Junge erwachsen und wird sogar zum Mann. Mit knapp 25 erlaube ich mir zu sagen, daß ich ein Mann bin. Der Mann fängt an, eigene Interessen zu haben, sein eigenes Leben zu bestimmen, seine eigenen Freunde und Freundinnen zu suchen. Ich greife niemanden an, ich tue niemandem weh. Vielleicht, wenn ich einen Doppelfehler mache. Dann tut es mir leid. Der Mann will jetzt seine eigenen Fehler machen und daraus lernen, wie es damals der Tiriac auch gemacht hat.

Becker: Ich muß halt vor aller Welt erwachsen werden, das ist das verdammte Problem.

Sehen Sie, ich trage seit etwa einem Jahr einen Bart. Warum trägt man einen Bart? Ein Bart macht älter, ein Bart macht erwachsen, ein Bart kann Abwehr sein nach außen, ein Bart kann Maske sein. Vielleicht läuft das bei

mir im Unterbewußtsein alles so ab. Ich bin nicht mehr der 17jährige Wimbledonsieger.
Stern, Nr. 31, 1992

Warum eigene Familie

Becker: Ich habe diese Verantwortung gesucht und auch gebraucht, damit hat das Leben für mich einen Sinn. Durch sie habe ich die Naivität des Teenagers verloren, hat bei mir Nachdenklichkeit die Oberflächlichkeit abgelöst. Durch die Verantwortung für meine Familie lebe ich bewußter.
Focus, Heft 31, 1994

Andere intensive Bereiche außer Tennis?

Becker: Natürlich in den Nächten mit meiner Frau. Und wenn ich mit meinem Sohn zusammen bin. Dann ist es noch intensiver. Dann geht es noch mehr an den Ursprung, an den Kern der Dinge.
Welt am Sonntag, 4. Dezember 1994

Noahs Geburt

Becker: Um 8.14 Uhr wurde unser Sohn dann geboren. Die letzte halbe Stunde der Geburt war mit Abstand das Emotionalste, was ich je erlebt habe.

Sport inklusive?

Becker: Das kann man nicht miteinander vergleichen. Wimbledon zu gewinnen war auch sehr schön, aber gegen dieses Ereignis ist das zweitrangig. Eine Geburt ist etwas wirklich Existentielles. Jeder Mann, der das nicht live miterleben will oder kann, hat etwas sehr Wichtiges, Bewegendes verpaßt.
Becker: Ich hatte mir schon lange vorher ausgemalt, wie unser Kind aussehen wird. Aber wenn es dann auf der Welt ist, ist doch alles ganz anders als in der Theorie. In dem Moment der Geburt fühlt man auf einmal, daß etwas von einem selber geboren wird. Das ist ein einzigartiges und wertvolles Erlebnis.
Becker: Ich möchte gern eine große Familie, damit ich dieses Gefühl noch verstärken kann. Vielleicht sogar irgendwo auf einem Bauernhof mit Tieren, im Einklang mit der Natur. Ich kann mir auch gut vorstellen, Kinder zu adoptieren.
Becker: Ich bin glücklich, ich liebe meine Frau und meinen Beruf. Zum ersten Mal spüre ich, daß ich eine Festung habe, in die ich zurückgehen kann, wenn alles in die Brüche gehen sollte. Danach habe ich doch immer gesucht.
Stern, Nr.5, 1994

Medien

Becker: Das eine Jahr zwischen meinen beiden Wimbledonsiegen hat mich viel gelehrt. Ich habe Erfahrungen gemacht, die ich in meinem Leben nie mehr vergessen werde.
Becker: Die wichtigste Erfahrung war, daß „Halleluja" und „Kreuziget ihn" sehr eng beieinanderliegen. In der Presse, sogar im privaten Bereich.
Der Spiegel, Nr. 38, 1986

Becker: Ich habe oft das Gefühl, man beschreibt zwei verschiedene Personen. Wenn ich verliere, bin ich faul, fett und langsam. Wenn ich gewinne, bin ich der Held, der Siegertyp, der Vorzeige-Deutsche. Es ist beides zu extrem.

Welt am Sonntag, 15. November 1992

Graf

Becker: Steffi und ich Konkurrenten? Da kann ich nur lachen. Für uns beide ist Platz genug. Ich habe mich sehr gefreut, als sie es geschafft hat. Nummer eins zu sein ist eine unglaubliche Sache. Wenn ich es mal werde, lade ich die ganze Welt zum Feiern ein. Sie hat ihren Teil, ich meinen. Sie spielt Damen-Tennis, ich spiele Tennis. Vielleicht habe ich ihr einige Erfahrungen voraus, die zu leben, was es heißt zu leben. Manchmal fühle ich mich wie 40. Tennisjahre zählen wie Hundejahre.

Hamburger Abendblatt, 13. November 1987

Vergleiche

Becker: Ach, man sollte uns eigentlich gar nicht vergleichen. Die einzige Gemeinsamkeit, die wir haben, ist, daß wir Tennis spielen. Sonst nichts.

Becker: Da sind so viele Unterschiede. Vom Elternhaus her, von ihrer Art, ihrem Charakter, ihren Erfolgen. Sie hat ja nie Mißerfolge gehabt in den letzten drei Jahren.

Becker: Für Steffi ist gewinnen so, wie wenn ein normaler Mensch morgens früh aufsteht und auf die Toilette geht. Sie kennt nichts anderes. Für sie wäre es das Traumhafteste, wenn sie nächstes Jahr völlige Scheiße spielt, Nummer fünf der Weltrangliste wird und dann zwei Jahre später den Grand Slam gewinnt.

Stern, 30 November 1989

Becker: Sie ist anders, als die Öffentlichkeit sie wahrnimmt. In Pressekonferenzen und im Fernsehen erfährt niemand die volle Wahrheit über uns. Wir stehen wie Schauspieler auf der Bühne und zeigen nur ein Gesicht, eines von vielen. Steffi ist in Deutschland aus verständlichen Gründen nicht so frei, wie sie sein könnte. In New York bewegt sie sich viel entspannter.

Der Spiegel, 6. Januar 1997

Krisen

Becker: Ich war, wie man so schön sagt, der Held nach meinem ersten Wimbledonsieg. Dann kam der direkte Fall bei einem Turnier in Kitzbühel. Da haben die Leute Stühle auf den Platz geschmissen, weil ich verloren habe. Ich konnte die Welt nicht mehr verstehen. Leute, die mich vier Wochen zuvor noch angehimmelt haben, schickten mich nun zum Teufel. Ich konnte nicht verstehen, wie Menschen so sein können. Dann kamen der Erfolg über die USA im Daviscup und mein Ausscheiden in der vierten Runde der amerikanischen Meisterschaften gegen einen Gegner, gegen den ich durchaus verlieren kann. Ich kam nach Hause, und Reporter haben mich gefragt, wie ich denn den Schock verdaut habe. Ich wußte gar nicht, von was der da redet. Ich habe den Reporter gefragt: Was für ein Schock, ist jemand gestorben? Nee, hat der gesagt, Sie haben doch verloren. Manchmal verstehe ich diese Menschen nicht. Immer saß ich im Fahrstuhl zwischen Himmel und Hölle. Wer da nicht über sich selbst und über sein Umfeld nachdenkt, ist selber schuld.

Becker: Ich war einfach nicht mehr glücklich. Ich konnte gewinnen und habe kein Glück, keine Befriedigung empfunden. Ich habe nicht verstanden, warum das so ist. Ich habe verloren

und war froh darüber, war froh, daß es vorbei war. Ich weiß nicht, wie ich das erklären soll. Ich fühlte mich erlöst nach einer Niederlage. Irgendwie stimmte da meine Welt nicht mehr, da waren alle meine Maßstäbe verrückt. Und dann kam eine Niederlage in Paris gegen den Schweden Pernfors, da bin ich mit meiner Mutter Arm in Arm über die Champs-Elysées gegangen und war der glücklichste Mensch von der Welt. Nach einer Niederlage - das muß man sich einmal vorstellen - bei einem der wichtigsten Turniere der Welt.

Die Welt, 8. Dezember 1986

Becker über Becker

Becker: Es gibt Tage, da stehe ich auf und sage, heute mache ich, was ich will. Das gab es im letzten Jahr und Anfang dieses Jahres überhaupt nicht. Ich merkte, wie ich immer bedrückter wurde, da habe ich mir gesagt: Wenn ich so weiterlebe, höre ich in ein paar Jahren mit dem Tennis auf. Und dann bin ich auch als Mensch ganz down. Mir war klar, so kann ich nicht weitermachen. Und dann habe ich gemeint, daß ich jetzt einfach mache, wozu ich Lust habe und was ich für richtig halte. Und wenn ich mich dann verbrenne, muß ich dafür bezahlen. Dann mache ich wenigstens eine gute Erfahrung.

Der Spiegel, Nr. 38, 1986

Becker: Ich glaube, man muß ein paar Schutzschilde haben. In dem Metier, wo ganz dünne Luft herrscht, da kann man nur durchkommen, wenn man ein paar Gesichter hat. Man muß ziemlich hart sein zu sich selber, sich sagen, daß man bei dem Süßen, dem Schönen nicht weich werden soll, weil man weiß, daß es Folgen haben kann. Ich hab' viel mehr Personen als zwei in mir.

Der Spiegel, 6. Juni 1988

Becker: Ich mache mir und den anderen nichts mehr vor. Ich spiele nicht mehr Boris Becker, ich bin es wieder. Und ich probiere nicht mehr, mich zu verstecken.

Stern, 30. November 1989

Becker: Ich bin auch ein gewöhnlicher Mensch, der auch gerne mal faul ist, der mal am liebsten nicht rausgeht und läuft und trainiert - aber wenn ich diesen Wunsch, diesen Traum, der Beste zu sein, nicht mehr habe, dann sterbe ich als Tennisspieler und vielleicht auch als Mensch.

Frankfurter Allgemeine Zeitung, 24. Dezember 1993

Schriftsteller Martin Walser schreibt: Wenn Tennis eine Religion ist, ist Boris ein Gott?

Becker: Walser ist ein toller Literat, den ich sehr respektiere. Der Vergleich müßte mir schmeicheln. Trotzdem kann ich das beim besten Willen nicht ernst nehmen. Auch ich bin einer, der morgens pinkelt. Auch ich bin nur ein Mensch und habe Schwächen. Absurd.

Süddeutsche Zeitung, 13. Juni 1996

Über die Ekstase der Fans

Becker: Ich reflektiere das ja nicht immer, sondern tauche ab und an in diese Welle ein: Man glaubt dann, daß man alle Dinge beherrschen kann, daß man mit dem Finger schnippen muß und alles klappt, daß man klug und wunderschön und in allen Bereichen perfekt ist. Aber nachher komme ich schon wieder runter. Ich bin ein Mensch mit viel Humor und Zynismus und mache mich darüber lustig. Ich frage mich: Bin ich verrückt, oder sind alle anderen verrückt?

Becker: Ich bin nicht verrückt, es müssen die anderen sein. Ich bin ein wahnsinniger Tennisspieler, mehr nicht.

Der Spiegel, 6. Januar 1997

Olympia

Becker: Als kleiner Junge habe ich bei Olympia Tag und Nacht vor dem Fernseher gehangen und konnte Ihnen jeden Bronzemedaillengewinner im Kanu herbeten. Ich verdiene gerne Geld, aber so eine gewisse Form der Naivität möchte man sich doch bewahren.

Doping

Becker: Von mir aus soll sich dopen, wer will. Bis sie alle wie die Monster aussehen. Aber die Praxis ist doch anders. War es denn wirklich ein Zufall, daß beim letztenmal Ben Johnson erwischt wurde. Zufällig ein Schwarzer, zufällig Kanadier - und nicht Amerikaner, mit einer großen Lobby dahinter. Und alle anderen waren sauber? Ich denke, es würden viel mehr entdeckt, wenn mehr entdeckt werden sollten. Aber Olympische Spiele brauchen ihre Helden und Idole und ihre Goldgewinner.

Olympische Spiele zur Völkerverständigung

Becker: Na ja, wie gesagt. Olympia, das sind Kinderträume für drei Wochen. Ich hab' zwei Tenniskollegen, die waren vor vier Jahren in Seoul dabei. Die haben sogar oft Doppel zusammen gespielt. Der eine hat den anderen überhaupt erst ins Geschäft gebracht. Nun ist der Ivanisevic Kroate, der Zivojinovic ist Serbe. Seit Krieg ist, reden die nicht mehr miteinander. So ein Blödsinn passiert vor und nach Olympia.

Zeitmagazin, 17. Juli 1992

Erwartungen

Becker: Meine Erwartungen wurden noch übertroffen. Ich hatte nicht geglaubt, daß es mich so bewegen, so erreichen würde. Und den Abschluß mit der Goldmedaille - das hätte niemand besser inszenieren können.

Erlebnis Olympia

Becker: Das ging schon morgens mit dem Essen in der Mensa los. Ich aß meine Cornflakes, und neben mir saßen Sportler aus dem Sudan, die fingen um die Uhrzeit schon mit Steaks und Pommes an. Dann die verschiedenen Menschen. Da waren Sportler dabei, die hatten Körper wie gemeißelt. Und dann später, als die ersten ihre Goldmedaillen hatten - da gab es Parties überall. Olympia war unglaublich gut.

Becker: Das Beste war für mich Basketball. Da hätte ich mir gewünscht, einmal Michael Jordan zu sein.

Welt am Sonntag, 15. November 1992

Popularität

Becker: Denen gefällt, daß ich immer meine Meinung sage. Ich krieche keinem in den Hintern. Bei mir war das immer so, das habe ich von meinem Vater. Deshalb hatte ich in der Schule in „Betragen" nur eine Drei.

Becker: Ja, ich fühle schon, daß ich seit Wimbledon mehr Verantwortung habe, so als Vorbild für die Jugendlichen. Was die denken, das ist für mich wichtig. Denen will ich zeigen, daß es geht, wenn man will. Die hatten doch noch nie ein Tennis-Idol. Ich glaube, Deutschland hat auf mich gewartet.

Stern, 29. August 1988

Becker: Ja, ich stelle was dar, soll immer Vorbild sein für irgendwas oder auch nicht. Und dann gebe ich Kommentare, die der linken Hälfte des Landes gefallen, also bin ich ein Linker. Dann wieder der rechten Hälfte, damit bin ich ein Rechter. Ich bin bloß dabei, mich zu entwickeln. Aber jedes Jahr, jeden

Monat mache ich neue Erfahrungen, und dann steht das in der Zeitung. Und dann wird geschrieben von Freunden und Fremden: So muß er sein, das macht er richtig, das falsch. Das ist doch hirnrissig.

Stern, Nr. 31, 1992

Stars zu sensibel

Becker: Glaube ich nicht. Wie würden Sie denn reagieren, wenn Leute Sie auf der Straße ansprechen und sagen: Sie sind zu dick. Sie sind zu langsam. Sie sind zu alt? Mir ist das passiert. Oder als ich nach acht Wochen Pause das erstemal wieder gespielt und hinterher gesagt habe, für den Anfang sei es ganz gut gewesen. Da hat die halbe Presse gelacht. Oder jetzt in Frankfurt wieder: Da hieß es, ich würde heiraten. Auch da muß ich Sie leider enttäuschen. Das war eine Ente. Die Kampagnen, die gegen mich gefahren werden, sind knüppeldick. Dafür reagiere ich, finde ich, noch ziemlich cool.

Welt am Sonntag, 15. November 1992

Becker: Es gibt Momente, in denen es überschwappt. Ich dachte immer, das hätte es nur in grauer Vorzeit mal gegeben und würde nie wiederkommen: 1985, nach meinem ersten Wimbledonsieg. Aber in den letzten Wochen bewegte es sich in neuen Sphären. Daß meinetwegen ganze Familien die Fassung verlieren, ist eigentlich kaum zu begreifen.

Idole

Becker: Man schiebt ihnen eine Botschafter- und Symbolfunktion zu. Steffi Graf, Henry Maske, Michael Schumacher und Boris Becker - wir sollen Ersatzhelden sein, weil viele Deutsche bestimmte Dinge in ihrem Leben vermissen und in uns wiederzufinden versuchen. Und vielleicht haben auch einige Deutsche den Glauben verloren - an die eigenen Fähigkeiten, an die Politiker, an die Sicherheit der Arbeitsplätze.

Der Spiegel, 6. Januar 1997

Religion/Tod

Becker: Ich bin religiös, aber auf meine Weise. Viele Sachen in der katholischen Kirche sind auch nicht so, wie ich mir das vorstelle.

Becker: Sonntags in die Kirche zu gehen ist für die Show. Wenn mir danach ist, bete ich oder gehe in die Kirche. Das kann auch an einem Montag oder Donnerstag sein.

Welt am Sonntag, 7. Mai 1989

Becker: Ich bin ein sehr spiritueller Mensch. Ich glaube, daß alles seinen Grund hat, positiv wie negativ, und darum begebe ich mich voller Vertrauen in Gottes Hände. Das ist der Grund, warum ich bei Siegen oder Niederlagen immer auf dem Boden geblieben bin. Gott gibt mir eine Chance, und ich versuche sie zu nutzen, nicht nur auf dem Tennisplatz.

Frankfurter Allgemeine Zeitung, 24. Dezember 1993

Becker: Ich glaube nicht, daß der Tod eine Grenze setzt.

Becker: Es muß irgendeine Form geben, wie wir weiterexistieren. Das Leben macht sonst keinen Sinn. Was wir Erdenbürger treiben, wäre sonst absolut lächerlich.

Becker: Wer sich mit dem Leben beschäftigt, beschäftigt sich mit dem Tod.

Süddeutsche Zeitung, 13. Juni 1996

Rücktritt

Becker: Mit 30 werde ich nicht mehr Tennis spielen. Ich glaube, zehn Jahre in der Weltspitze sind genug.

Stern, 19. Mai 1988

Becker: Ich habe für mich noch einige gute Jahre geplant. Aber wenn es eines Tages zu peinlich aussehen wird, noch in kurzen Hosen rumzulaufen, hat mir meine Frau versprochen, mich vom Platz zu holen.

Focus, Heft 31, 1994

Becker: „Selbst wenn ich dieses Jahr noch mal dort den Titel holen würde, wäre das nicht das Ende meiner Karriere. Weil ich persönlich längst nicht mehr als Spieler abtreten muß. Außerdem kann man sowas nicht inszenieren. Tennis ist wie das ganz normale Leben: Mal ist man oben, mal unten. Ich will alle Gefühle mitnehmen. Und genießen. Man muß seinen Weg konsequent zu Ende gehen."

Bild, 3. Mai 1997

FC Bayern

Becker: Ich bin mit Dr. Müller-Wohlfahrt befreundet, kenne Lothar Matthäus, Franz Beckenbauer und Jürgen Klinsmann. Den habe ich über Carl-Uwe Steeb kennengelernt. Als wir uns dort mal trafen, haben wir nach dem dritten Glas Rotwein gemerkt, was für ein toller Fußballspieler ich geworden wäre.

Michael Schumacher

Becker: Ich erinnere mich noch an sein Rennen letztes Jahr auf dem Nürburgring. Das war Wahnsinn. Ich bin begeistert vor dem Fernsehschirm aufgesprungen. Aber tauschen möchte ich mit ihm nicht. Der Automobilsport wäre mir zu gefährlich.

Focus, 13. Mai 1996

Michael Jordan

Becker: Jeder Spieler interessiert sich für Michael Jordan. Und wie alle will ich dem Wunder-Jordan auf die Schliche kommen, will wissen, wie er funktioniert, wie er tickt.

Tennis

Becker: Tennisspieler sind Schauspieler. Der eine hat genausoviel Angst wie der andere. Es ist die Kunst, das zu vertuschen. Ab und zu war ich ein schlechter Schauspieler, vor allem am Anfang, als ich immer die Nerven verloren habe.

Stern, Juni 1986

Spaß am Tennis

Becker: Viel mehr. Ich bin jetzt ehrlich zu mir, ich mag mich nicht länger anlügen. Vor vier Monaten war das noch nicht so, aber dann habe ich beschlossen, mein Leben zu ändern. Ich lebe nicht mehr nach der Lust und Laune anderer Menschen. Das hat dazu geführt, daß ich die Perspektiven verändert habe. Sieg und Niederlage schätze ich jetzt anders ein. Wenn ich verliere, bin ich weniger down, wenn ich gewinne, weniger high.

Stern, 19. Mai 1988

Becker: Tennis ist ja der Ur-Kampf überhaupt. Mann gegen Mann, nur haben wir statt Pistolen und Kugeln Schläger und Bälle. Die Frage, auf die sich alles reduziert, ist die, wie locker der Geist ist und damit der Arm, daß du das As auch bei 30 : 40 machen kannst und nicht bei 40 : 0, weil da kann´s jeder, da geht´s um nix. Manchmal bin ich natürlich auch ein bißchen ein Verrückter und probiere einfach aus, ob es auch tatsächlich so funktioniert, wie ich es mir vorstelle.

Becker: Zu sich selber hart zu sein und den Schweinehund zu überwinden ist ja gar nicht so schlecht. Aber du mußt leider oft Schwein zum Gegner sein. Sagen wir mal so: Ich fange ein Match an und bin kein Schwein, meistens jedenfalls nicht. Es gibt nur ganz wenige Gegner, wo ich vorher schon einen dicken Hals hab´. Wenn ich Glück hab´, läuft das Match gut, ich mach´ früh ein Break und kann normal bleiben. Aber wenn es eng wird, mußt du plötzlich

viel härter werden, noch kälter, noch weniger Emotionen zeigen, damit er irgendwie Respekt kriegt. Und dann muß man Schwein werden. Nach dem Spiel ist es dann oft so, daß ich zum Gegner gehe und sage: Komm her, laß uns einen trinken, es war echt nur Spiel, und jetzt ist es vorbei, alles okay. oder? Das ist ganz oft mein Problem, den Schweinehund rauszuholen.

Stern, 30 November 1989

Becker: Man muß „gifted" sein, man braucht eine Veranlagung: Man muß in irgendwas besser sein. Das kann das Laufen sein, das Gefühl für den Ball oder so. Wenn man „gifted" ist, dann ist man schon sehr weit. Dann kommt hinzu, was für einen Kopf du hast. Wie hart du sein kannst, was du tust, um Außergewöhnliches zu erreichen.

Becker: Ich würde sagen, es ist zu 95 Prozent eine Sache des Kopfes. der Unterschied zwischen Nummer 100 und der Nummer eins ist sehr gering. Der Unterschied entscheidet sich im Kopf.

Becker: Wir schauspielern. Ich versuche, den Gegner nicht aus den Augen zu lassen. Es ist wie im Zirkus, wo der Dompteur die Löwen nie aus den Augen läßt und versucht, die Tiere durch Blickkontakt, genauer: Geisteskontakt, zu beherrschen.

Sports, Januar 1990

Becker: Man glaubt nicht, daß man etwas erreichen kann, bis man es erreicht hat. Das war auch so ein Ding mit der Nummer eins. Ich hab' das so halb geglaubt, aber nie ganz. Dann hatte ich es geschafft, und es hat mich getroffen wie der Schlag. Das hat Monate gedauert, es zu verkraften. Jetzt haben sich neue Perspektiven eröffnet, jetzt weiß ich, warum ich spiele und trainiere.

Becker: Ich sehe den Sinn nicht, jemanden, den ich schon zehnmal geschlagen habe, elfmal zu schlagen. Ich sehe auch keinen Sinn darin 20 Turniere zu gewinnen. Wenn ich nach fünf oder zehn weiß, ich kann's, was soll ich dann nochmal rausgehen? Diese Wiederholungen, das paßt mir gar nicht. Wenn ich überzeugt bin, ich gewinne das Spiel, dann gewinne ich es.

Becker: Ich bin ein sehr extremer Mensch. Für mich gibt's oft morgen nicht, ich plane nicht. Ich habe sehr viele Höhen und Tiefen. Auch im Tennis. Wenn ich ein Hoch habe, dann bin ich so in dem Match drin und so besessen, daß ich halt alles probiere, bis zum letzten Ball. Das machen wenige. Wahrscheinlich sonst keiner. Ich spiele Tennis ohne Tricks und Fisimatenten, ehrlich bis zum letzten Ball.

Becker: Becker: Und dann merke ich wieder, wenn ich morgens die Zeitung lese oder mich mit Leuten unterhalte, daß Tennis jetzt doch insgesamt ein sehr winziger Teil ist. Daß ein Sieg oder eine Niederlage doch sehr unwichtig ist. Das hilft mir ungeheuer, um cool zu bleiben beim Tennis. Wenn ich gewinne oder verliere, geht die Welt nicht unter.

Droge Tennis

Becker: Das ist eine Sucht; für McEnroe, für mich, für Connors. Wenn man in so ein Stadion kommt, da sind 15 000 Zuschauer, dieses Gefühl ist schon einzigartig. Danach strebt man. So ein großes Finale zu gewinnen in fünf Sätzen, das ist ein Traum.

Süddeutsche Zeitung, 25. Mai 1991

Becker: Die Angst gehört dazu. Die Angst, daß es dann einfach nicht mehr klappt mit dem As beim Breakball. Die Angst wie die eines Sängers, plötzlich seine Stimme zu verlieren.

Frankfurter Allgemeine Zeitung, 24. Dezember 1993

Motivation

Becker: Tennis gibt mir für kurze Augenblicke den perfekten Moment. Die Berührung mit der Perfektion gibt einem das Gefühl der Unbezwingbarkeit. Diese Momente suche ich heute genauso intensiv wie vor zehn Jahren. Und finden kann ich sie nur im Tennis. In anderen Bereichen fehlen mir Wissen, Know-how, Erfahrung. Aber auf dem Centre Court in Wimbledon stehen, zu wissen, es schauen Millionen Menschen zu, und du hast die Sicherheit, daß du deinen Job gut machen wirst - das sind Momente der absoluten Überlegenheit.

Focus, Heft 31, 1994

Vorbild und Vorbilder

Becker: Ich fühle mich immer besser. Am Anfang habe ich nicht ganz verstanden, was das heißen soll, daß ich jetzt für alle dastehe und daß ich so das Vorbild der neuen Deutschen bin, bloß weil ich ein Tennismatch gewonnen habe. Aber langsam merke und lerne ich, daß das sehr viel mehr heißt und daß ich das auch bin.

Der Spiegel, Nr. 38, 1986

Becker: Einer will, daß ich so bin, der nächste will das Gegenteil. Aber wer hat von beiden recht, und hat überhaupt einer recht? 1985, '86 wurde ein Image von mir aufgebaut, das mir und meinem Wesen nicht entsprach. Damals war ich noch sehr jung, auch im Kopf. So habe ich den Erwachsenen geglaubt und dem, was die mir erzählt haben. Erst allmählich habe ich gemerkt, daß das, was die von mir erwarten, kein Mensch erfüllen kann. Und ich hatte damals wirklich Depressionen.

Eigene Vorbilder

Becker: Menschen, die glücklich sind. Ich möchte nicht „zufrieden" sagen, denn zufrieden sein ist gefährlich. Man hört dann auf, sich weiterzuentwickeln.

Stern, 19. Mai 1988

Björn Borg als Vorbild?

Becker: Ja, ja, ist er. Von ihm habe ich mir übrigens meine einzigen Autogramme geholt, vier Stück. Das war vor einigen Jahren in Hamburg. Eines davon habe ich behalten.

Stern, 29. August 1988

Max Schmeling

Becker: Ich habe Max Schmeling getroffen und über ihn so manches gelesen. Er ist 91, und zuweilen erscheint er mir jünger als ich selbst. Dahin möchte ich kommen, das Leben so positiv zu leben wie er. Keiner unter den aktiven Sportlern kann sich mit ihm messen, auch ich nicht. Schmeling ist in jener Phase, in der sich Deutschland an der Welt vergangen hat, über die Wirklichkeit hinausgewachsen.

Der Spiegel, 6. Januar 1997

Geld

Becker: Es geht darum, mir immer wieder selbst zu beweisen, was ich kann und wie hoch hinaus ich vielleicht noch kommen kann. Ob ich nun 100 Mark, 1000 Mark oder eine Million bekomme, ist mir in diesem Moment wurscht. Wenn ich spiele, denke ich nur an den Sieg und daran, nur mir selbst zu beweisen, wie gut ich bin.

Die Welt, 8. Dezember 1986

Becker: Es ist ein Witz, was sie mir bezahlen. Aber bin ich deswegen überbezahlt? Die Firma Fila hat, seitdem ich für sie werbe, einen Umsatz wie noch nie. Ich werde also marktgerecht bezahlt. Aber das, und das ist ja das Schizophrene, ändert nichts an der Tatsache, daß ich dennoch zuviel verdiene. Das ist ein Witz, wenn ich bedenke, was ich dafür leiste. Einen Tennisball rüberzuschuckeln übers Netz, mal ein As mehr zu schlagen als jemand anders. Also, das habe ich noch nie verstanden. Noch so ein Witz: Was ich für einen Schaukampf bekomme! Die Leute kommen, sie zahlen, und die Sponsoren haben mehr Umsätze. Und da sage ich: Wenn' s keinem schadet, mir schadet es auch nicht - also nehme ich das Geld.

„Money can´t buy me love"

Becker: Es mag kitschig klingen, aber genau so ist es. Genau das traf auf mich zu. Ich saß in meiner Super-Hotel-Suite mit dem Super-Service und der Super-Höflichkeit und war sehr einsam. Und ein paar Meter weg von mir, sagen wir mal in irgendeinem Scheißzimmer, da war die Bude voll mit Lachen und Leben. Von diesem Zeitpunkt hat es mich immer mehr hingezogen zu Menschen, zu Freundschaften und zum Leben, zur Liebe.

Sports, Januar 1990

Goldener Käfig

Becker: Der goldene Käfig ist hauptsächlich im Kopf. Das Wichtigste überhaupt ist, daß man frei entscheiden kann und eine eigene Meinung hat. Der Rest ist einfach. Ich glaube, die meisten Menschen sehen die Basis nicht mehr. Die verknüpfen ihr Glück damit, daß sie zwei Wochen in die Südsee fahren können, oder daß sie jetzt endlich mal einen großen Benz haben und nicht einen kleinen Fiat. Dann haben sie einen großen Benz und fahren in die Stadt und finden keinen Parkplatz. Da hört die Freiheit wieder auf. Das ist ein generelles Problem unserer Gesellschaft, daß die Werte sich verschoben haben.

Was sind Ihre wahren Werte?

Becker: Daß ich so lebe, wie ich will und fühle.

Süddeutsche Zeitung, 25. Mai 1991

Zukunft

Becker: Es gibt ein gutes Lied von dem verstorbenen Beatle John Lennon.

Da singt er: „Mich fragen alle, was ich den ganzen Tag mache. Ich antworte: Ich habe Spaß daran, auf der Straße zu sitzen und zu sehen, wie viele Autos vorbeifahren und dabei das Drehen der Wagenräder zu beobachten." Was ich damit sagen will, ist: Für jemanden wie mich, der so oft auf Sendung sein muß, ist das Verlangen groß, eine Zeitlang auch mal nichts zu machen.

Welt am Sonntag, 15. November 1992

Becker: Ich weiß, daß ich nie wieder etwas so gut können werde in meinem Leben wie Tennisspielen, und Borg und Connors und McEnroe geht es genauso. Wir können nur das, sonst nichts. Aber das ist doch keine Schande. Es wird später kein Problem sein, wenn ich mich als Mensch einigermaßen okay finde und eine Familie habe und ein paar Freunde. Daran arbeite ich. Ich versuche, es einfach nicht mehr so wichtig zu nehmen.

Becker: Was mich zuletzt tief berührt hat, war der Auftritt von Arthur Ashe in Wimbledon. Der Mann hat nach seinem Sieg dort 1975 soviel Pech gehabt in seinem Leben. Mit 36 bekam er einen Herzinfarkt, bei einer Bluttransfusion Aids und dann einen Gehirntumor. Der weiß nicht, ob er überhaupt noch sechs Monate zu leben hat, ist aber rumgelaufen wie der stolzeste Mann auf der Anlage und hat gesagt: „There is always hope." Davon kann ich lernen, so möchte ich die Dinge auch mal sehen konnen.

Becker: Ich habe keine Lust, in Depressionen zu enden wie ein paar Jungs vor mir.

Das Unmögliche schaffen?

Becker: Fürs Unmögliche war ich schon immer zuständig.

Stern, Nr. 31, 1992

Leimen

Becker: Man kann an einem Ort 200 Tage sein im Jahr, aber man empfindet ihn damit nicht als Heimat. In Leimen, da kenne ich noch alle Gassen, alle kleinen Gassen, alle Geschäfte, alles. Ich weiß noch genau, wie ich mit dem Fahrrad da gefahren bin, und wenn ich jetzt mal nach Hause komme, dann fahre ich immer an meiner alten Schule vorbei.

Der Spiegel, Nr. 38, 1986

Eltern

Becker: Noah wächst ganz anders auf, aber eines ist gleich: In meiner Kindheit gab es immer Vater und Mutter. Die waren beide da, beständig. Und das gibt einem das Gefühl von Freiheit, von Sicherheit. Man kann sich fallen lassen und wird immer wieder aufgefangen.

Süddeutsche Zeitung, 13. Juni 1996

Der Vater

Becker: Wichtig ist, was er mir mitgegeben hat. Daß er mir die Chance gab, mich selbst zu entwickeln. Alles andere war ein Selbstläufer. Mit 15 war ich weg von zu Hause. Ich respektiere und liebe ihn, er lebt sein Leben in Leimen, ich lebe meines irgendwo. Wir befinden uns in unterschiedlichen Welte

Der Spiegel, 6. Januar 1997

Sein bester Freund auf dem Platz – der Aufschlag

EBEL

BOSS

FABER

Stationen einer Karriere

Vom Anfang bis zum Abschied

2. 1. 1984:	In der Weltrangliste steht der 16jährige auf Rang 563.
Juni 1984:	Becker geht mit der Mittleren Reife vom Heimholtz-Gymnasium ab und wird Tennis-Profi. Er schließt Verträge mit Trainer Günther Bosch und Manager Ion Tiriac.
30. 6. 1984:	In der 3. Runde von Wimbledon gegen Bill Scanlon zieht sich Becker einen doppelten Bänderriß am linken Knöchel zu.
16. 6. 1985:	Durch einen 6 : 2, 6 : 3 - Erfolg über Johan Kriek gewinnt Becker in Queens sein erstes Turnier und steigt in der Weltrangliste auf Platz 20.
7. 7. 1985:	Die Geburtsstunde eines Stars. Mit einem 6 : 3, 6 : 7, 7 : 6, 6 : 4 gegen Kevin Curren wird Becker als erster Deutscher und als erster ungesetzter Spieler der jüngste Wimbledonsieger aller Zeiten.
6. 7. 1986:	Becker verteidigt seinen Titel in Wimbledon. Der Weltranglisten-Sechste schlägt Ivan Lendl 6 : 4, 6 : 3, 7 : 5.
22. 1. 1987:	Becker trennt sich nach dem Aus im Viertelfinale bei den Australian Open in Melbourne von Trainer Bosch und gerät in eine sportliche Krise.
26. 6. 1987:	Becker scheitert bereits in der zweiten Runde von Wimbledon an dem unbekannten Australier Peter Doohan.
24. 7. 1987:	In einem 6:40 Stunden dauernden Daviscup-Spiel besiegt Becker in Hartford John McEnroe 4 : 6, 15 : 13, 8 : 10, 6 : 3, 6 : 2 und sichert Deutschlands Verbleib in der Weltgruppe.
Januar 1988:	Becker verzichtet auf die Australian Open und stellt den Australier Bob Brett als neuen Trainer vor.
18. 12. 1988:	Mit einem überragenden Becker gewinnt Deutschland mit 4 : 1 gegen Schweden in Göteborg erstmals den Daviscup.
April 1989:	Das Sandplatz-Trauma beginnt: Becker unterliegt im Finale von Monte Carlo Alberto Mancini. Er erreicht danach noch viermal ein Endspiel auf Sand, ein Turniergewinn auf dem roten Belag bleibt ihm versagt.
9. 7. 1989:	Nach dem Halbfinal-Einzug bei den French Open gewinnt Becker zum dritten Mal Wimbledon - 6 : 0, 7 : 6, 6 : 4 gegen Stefan Edberg.
11. 9. 1989:	Becker gewinnt erstmals die US Open.
17. 12. 1989:	Deutschland verteidigt in Stuttgart durch einen 3 : 2 Erfolg über Schweden den Daviscup.
Dezember 1990:	Becker wird zum vierten Mal nach 1985, 1986 und 1989 zum „Sportler des Jahres“ gewählt.
27. 1. 1991:	Mit dem 1 : 6, 6 : 4, 6 : 4, 6 : 4 über Ivan Lendl triumphiert Becker erstmals bei den Australian Open und erklimmt erstmals die Spitze der ATP Computer-Weltrangliste. Wenig später endet die Zusammenarbeit mit Brett, Niki Pilic springt für drei Monate ein.
7. 7. 1991:	Nach der Endspiel-Niederlage gegen Michael Stich in Wimbledon denkt Becker erstmals über einen Rücktritt nach.
August 1992:	Becker holt in Barcelona an der Seite von Stich Gold im olympischen Doppelwettbewerb.

22\. 11. 1992: An seinem 25. Geburtstag gewinnt Becker die ATP-Weltmeisterschaft in Frankfurt.

21\. 7. 1993: Becker trennt sich im Unfrieden von Ion Tiriac. Dessen Funktionen übernimmt der Münchner Anwalt Axel Meyer-Wölden.

17\. 12. 1993: Becker heiratet in Leimen seine Lebensgefährtin Barbara Feltus. Einen Monat später wird Sohn Noah Gabriel geboren.

13\. 2. 1994: Nach einjähriger Durststrecke feiert Becker in Mailand wieder den Gewinn eines ATP-Turniers.

9\. 7. 1995: Becker verliert gegen Pete Sampras sein siebtes Wimbledon-Finale.

Die Zukunft: Boris Becker als Chef des Mercedes Junior-Teams. Jungstar Nicolas Kiefer schaffte mit Boris bereits den Sprung ins Wimbledon-Viertelfinale

19\. 11. 1995: Beckers Abschiedsgeschenk an die Frankfurter Festhalle: Ein 7 : 6, 6 : 0, 7 : 6 im WM-Finale über Michael Chang.

28\. 1. 1996: Boris Becker feiert nach fünf Jahren wieder einen Grand Slam-Sieg. 6 : 2, 6 : 4, 2 : 6, 6 : 2 im Finale der Australian Open über Michael Chang.

Juni 1996: Becker zieht sich in Wimbledon in der dritten Runde gegen den Südafrikaner Neville Godwin einen Strecksehnen-Teilanriß zu.

8\. 12. 1996: Becker gewinnt erstmals den Compaq Grand Slam Cup in München.

14\. 1. 1997: Titelverteidiger Becker verliert in der ersten Runde der Australian Open gegen den Spanier Carlos Moya.

3\. 7. 1997: Becker verliert im Viertelfinale von Wimbledon gegen Pete Sampras und verkündet seinen Grand Slam-Abschied.

DER WERBE-BECKER-BORIS VERKAUFT SICH GUT

K-FO 358

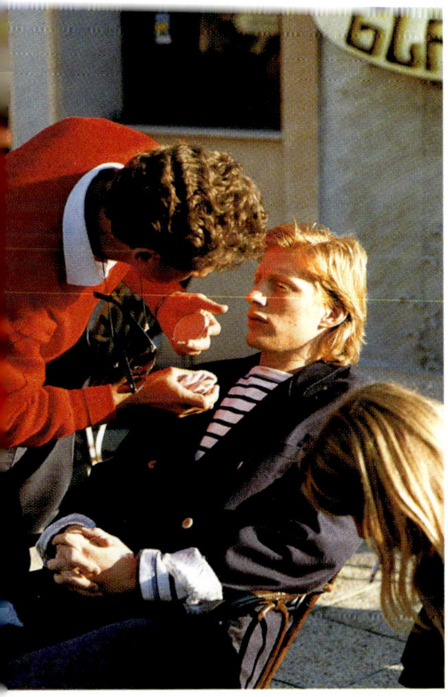

H

Zahlen einer Karriere

1981

Tulip Cup
+ Oltra ....6/2 6/2 ......TC
+ Dewulf ....6/0 6/0 .....TC
+ M. Koevermans .....6/2 7/5 ......TC
+ E. Errard ....3/6 6/3 7/5 ...TC *

6. 1. Blois: Jugend-EM
+ Hansen 6/2 6/1 1
+ A. Padovani 6/2 6/1 2
- M. Koevermans .....4/6 5/7 ......Q Q

1982

14. 3. Bielefeld
+ Perinon ....6/1 .6/3 ......WG
+ F. Ricci ....6/3 6/4 ......WG
+ O. Cayla ....6/2 7/5 ......WG
+ F. Errard ....6/4 3/6 6/1 ...WG
+ O. Cayla ....4/6 6/3 7/5 ...WG*

16. 5. Mailand: Junioren
- C. Aprili ....7/6 6/7 7/9 ...2 2

1. 8. Budapest: Junioren
+ B. Oresar 6/2 6/0 1
+ Langenskens 6/2 6/1 2
+ Simon ....6/2 7/5 ......Q
- J. Svensson ....4/6 6/7 ......S S
+ T. Meinecke ....6/2 6/4 ......3*

1.12. Miami, Sunshine Cup
- K. Jones ....4/6 3/6 ......SC *

Orange Bowl
+ Salame 6/3 6/1 1
- N. Devide ....4/6 5/7 ......2 2

Rolex Int.
+ Majnen 6/3 6/1 1
- S. Edberg ....3/6 3/6 ......2 2

1983

10. 1. Winter Cup
+ M. Koevermans .....6/1 .6/2 ......WC
+ Van Eekeren ....4/6 6/3 6/3 ...WC
+ Tesorone ....6/1 .7/5 ......WC
+ C. Pistolesi ....6/1 .6/1 ......WC*

22. 1. Rosenheim
+ Sauer ....6/3 4/6 6/1 ...1
+ Hermann 7/6 7/6 2
- S. Birner ....2/6 3/6 ......Q Q

29. 1. Buchholz
- C. Bernelle ....7/6 3/6 5/7 ...1 1

6. 2. Gelsenkirchen
+ C. Bernelle 6/4 7/5 1
- K. Meiler ....6/7 6/4 6/7 ...2 2

13. 2. Bietigheim
- S. Edberg ....2/6 4/6 ......1 1

20. 2. Münster
- K. Meiler ....3/6 2/6 ......1 1

20. 4. Monte Carlo, Junioren
+ Simonet 6/0 6/0 1
++Pastre ....w/o 2
+ Peytre ....7/5 .7/6 3
- Avogadri ....6/1 .4/6 2/6 ...Q Q

28. 4. Johannisburg
+ Botha 6/4 6/2 1
+ Livshitz 6/3 6/2 2
- A. Krickstein ....6/7 3/6 ......3 3

1. 5. Berlin, Junioren
+ Giersch 6/0 6/1 1
+ Muller ....6/1 .6/4 2
+ A. Antonitsch ......7/6 6/1 ......Q
+ Clunie ....6/3 6/3 ......S
- C.Allgardh ....4/6 6/2 2/6 ...F F

5. 6. French Open, Junioren
+ F. Roese ....6/1 .6/4 1
- A. Krickstein ....4/6 6/7 ......2 2

Villach, Junioren
+ Hoffmann 6/0 6/2 1
+ Pesic 6/4 7/6 2
+ Rikl ....6/0 6/4 ......Q
+ Krejicik ....6/4 6/3 ......S
+ A. Antonitsch ......6/3 6/4 ......F W

Thames
+ Nakano 6/4 6/4 1
+ Bromfield ....6/1 .6/1 2
+ J. Svensson ....6/4 6/7 9/7 ...3
+ A. Krickstein ....6/3 7/6 ......Q
- Amend ....7/6 3/6 5/7 ...S S

3. 7. Wimbledon, Junioren
- S. Edberg ....2/6 4/6 ......1 1

Genf, Junioren -16
+ S. Mezzadri 7/6 6/3 1
+ Lacombrade 6/2 6/3 2
+ C. Pistolesi ....6/2 6/4 ......Q
- K. Carlsson ....3/6 6/1 .2/6 ...S S

Borotra Cup
+ K. Carlsson ....6/2 6/4 ......BC
+ F. Errard ....6/4 6/4 ......BC *

US Open, Junioren
+ R. Reneberg 6/3 6/3 1
+ B. Stanley ....6/7 6/4 6/2 ...2
- L. Jensen ....6/4 3/6 6/7 ...Q Q

30.10. Cologne Cup
+ S. Mayer ....6/3 4/6 4/6 ...1 1

18.12. Sunshine Cup
+ Thome ....5/7 6/1 .6/2 ...SC
+ Lazarov ....6/3 7/6 ......SC
+ Daher ....6/3 7/6 ......SC
+ Fevrier ....6/1 .4/6 6/1 ...SC
+ P. McEnroe ....6/3 6/1 ......SC
+ E. Sanchez ....0/6 7/6 7/6 ...SC *

25.12. Miami, Junioren - 16
+ C.-U. Steeb 6/2 6/3 1
+ A. Parker ....6/1 .6/3 2
+ T. Muster 6/4 6/2 3
+ B. Devening ....6/4 6/4 ......Q
+ A. Moreno ....7/5 .6/0 .....S
- B. Oresar ....6/2 6/7 0/3 ret.F F

Port Washington, Junioren
+ Gauthier 6/4 6/2 1
+ Zinn 6/3 6/3 2
+ D. Campos 6/2 7/6 3
- S. Mezzadri ....5/7 6/1 .2/6 ...Q Q

1984

29. 1. Rosenheim
+ K. Novacek ....6/7 6/0 6/1 ...1
+ M. Lacek 6/2 6/3 2
- M. Doyle ....6/7 5/7 ......Q Q

5. 2. Lippstadt
+ R. Gehring 6/3 6/3 1
- R. Osterthun ....5/7 1/6 ......2 2

12. 2. Sindelfingen
+ K. Novacek 7/6 6/4 1
+ C. Zipf 6/2 7/6 2
- P. Vojtisek ....2/6 5/7 ......Q Q

19. 2. Buchholz
+ U. Riglewski ....7/5 .6/3 1
+ M. Lacek 6/3 6/2 2
+ R. Osterthun ....7/6 6/2 ......Q
+ P. Pfannkoch ....6/3 6/7 6/3 ...S
- J. Gunnarsson .....1/6 .5/7 ......F F

26. 2. Gelsenkirchen
+ R. Osterthun ....6/1 .6/2 1
+ P. Vojtisek ....6/4 6/1 ......Q
+ J. Gunnarsson .....7/5 .6/4 ......S
+ P. Elter ....6/3 6/2 ......F W

11. 3. Vienna
- B. Mitton ....6/4 4/6 1/6 ...q q

15. 4. Luxembourg
+ T. Phan ....7/6 6/4 ......q
+ G. Goven ....6/1 .6/0 .....q
+ P. Portes ....4/6 7/6 6/4 ...q
+ F. Segarceanu ....6/7 6/3 6/2 ...1
- G. Mayer ....6/3 1/6 .6/7 ...2 2

22. 4. Monte Carlo, Junioren
+ Tesar ....6/1 .6/2 1
+ O. Delaitre ....6/1 .6/0 2
+ E. Winogradsky .....6/3 4/6 6/3 ...3
+ U. Riglewski ....6/3 7/5 ......Q
+ M. Masencamp .....6/3 7/5 ......S
+ Toumant ....6/1 .6/1 ......F W

13. 5. Hamburg
+ S. Casal ....6/3 6/7 6/1 ...1
- H. Sundström .....3/6 4/6 ......2 2

20. 5. München
+ H. Beutel ....3/6 6/1 .7/6 ...1
- M. Westphal ....7/6 3/6 5/7 ...2 2

10. 6. French Open, Junioren
+ R. Brown 6/1 6/3 1
+ H. Skoff ....6/4 3/6 6/2 ...2
+ R. Simon 6/4 6/3 3
+ M. Tauson ....6/7 6/2 6/2 ...Q
- M. Kratzmann .....4/6 6/4 5/7 ...S S

8. 7. Wimbledon
+ G. Whitecross ....6/4 6/4 ......Q
+ S. Shirashi ....6/4 6/4 ......Q
+ B. K. Leege ....6/4 6/3 6/3 ...Q
+ B. Willenborg ....6/0 6/0 6/4 ...1
+ N. Odizor 6/3 6/4 4/2 ret.2
- B. Scanlon 2/6 6/2 6/7 2/1ret. 3 3

9. 9. US Open, Junioren
+ R. Ricci 6/2 6/2 2
+ T. Trgueiro 7/6 6/2 3
+ B. Oresar ....6/4 5/7 7/6 ...Q
+ M. Tauson ....7/6 3/6 7/5 ...S
- M. Kratzmann .....3/6 6/7 ......F F

7.10. Barcelona
- M. Wostenholme ...6/4 4/6 3/6 ...1 1

14.10. Basel
- J. Hlasek ....5/7 5/7 ......1 1

21.10. Köln
- S. Edberg ....4/6 4/6 ......1 1

28.10. Vienna
+ P. Lundgren ....7/5 .6/4 ......q
+ M. Wostenholme ...6/2 6/1 ......q

+ J. Windahl . . . . .6/4 6/7 6/2 . . .q
+ K. Novacek . . . . .6/4 6/7 6/1 . . .1
- J. Brown . . . . .2/6 3/6 . . . . . . .2 2
4.11. Stockholm
+ P. Lundgren . . . . .6/4 6/7 6/4 . . .q
- P. Basitiansen . . . . . . .5/7 4/6 . . . . . . .q q
11.11. Wembley
+ T. Hughesman . . . . . .6/3 6/1 . . . . . . .q
+ D. Cassidy . . . . .6/4 7/5 . . . . . . .q
+ J. Becka . . . . .6/2 6/4 . . . . . . .q
+ E. Sanchez 6/4 6/1 1
- G. Forget . . . . .2/6 5/7 . . . . . . .2 2
25.11. Johannisburg
+ M. Myburg . . . . .6/2 6/1 q
+ B. Pirow . . . . .6/3 6/2 . . . . . . .q
+ E. Granger . . . . .6/4 6/2 . . . . . . .q
- M. V.d. Merwe . . . . . . .3/6 7/5 .2/6 . . .q q
9.12. Australian Open, Melbourne
+ R. Meyer . . . . .6/3 6/1 .6/1 . . .1
+ T. Mayotte 6/4 7/6 2/6 6/42
+ H. Pfister . . . . .7/5 .6/2 6/2 . . .3
+ G. Forget . . . . .7/6 6/4 6/3 . . .4
- B. Testerman . . . . .4/6 3/6 4/6 . . .Q Q
16.12. Sydney
- E. Edwards . . . . .4/6 4/6 . . . . . . .1 1

1985

6.1. Birmingham, Junioren-WM
+ S. Bale 6/2 6/2 1
+ A. Krickstein 6/3 6/1 2
+ R. Brown . . . . .6/3 6/4 . . . . . . .Q
+ S. Giammalva . . . . . . .7/6 6/3 6/3 . . .S
+ S. Edberg . . . . .4/6 6/3 6/1 .6/3F W
27.1. Philadelphia
+ Z. Kuharszky . . . . .6/7 6/4 6/2 . . .1
- S. Edberg . . . . .2/6 1/6 . . . . . . .2 2
3.2. Memphis
+ W. Fibak 6/2 6/1 1
+ T. Smid 6/2 6/4 2
- S. Perkiss . . . . .6/4 4/6 4/6 . . .3 3
17.2. Delray
+ J. Rive 6/2 6/3 1
- T. Mayotte . . . . .2/6 3/6 . . . . . . .2 2
10.3. Daviscup, Sindelfingen
+ J. Aguilera . . . . .6/3 6/4 6/4 . . .DC
- S. Casal . . . . .4/6 6/1 .5/7 . . .DC *
17.3. Brüssel
+ B. Green . . . . .7/6 5/7 6/4 . . .1
- T. Smid . . . . .7/5 .6/7 5/7 . . .2 2
24.3. Rotterdam
+ V. Gerualitis . . . . .6/2 4/6 7/6 . . .1
+ B. Greene 7/6 6/0 2
- M. Mecir . . . . .4/6 2/6 . . . . . . .Q Q
31.3. Mailand
- J. McEnroe . . . . .4/6 3/6 . . . . . . .1 1
7.4. Monte Carlo
+ I. Nastase 6/4 6/1 1
- J. L. Clerc . . . . .4/6 3/6 . . . . . . .2 2
28.4. Atlanta
- S. Denton . . . . .7/6 4/6 6/7 . . .1 1
5.5. Las Vegas
+ S. Giammalva . . . . . . .7/5 .6/1 1
+ S. Edberg . . . . .6/3 6/7 6/2 . . .2
- T. Smid . . . . .4/6 7/6 6/7 . . .Q Q
19.5. Italian Open, Rom
+ T. Benhabiles 6/3 6/3 1
+ T. Tulasne 6/3 6/1 2
+ J. Aguilera 7/6 6/3 3
+ J. Gunnarsson . . . . . .6/4 6/4 . . . . . . .Q
- Y. Noah . . . . .3/6 3/6 . . . . . . .S S
9.6. French Open, Paris
+ V. Gerulaitis . . . . .6/3 6/7 6/1 .6/1 1
- M. Wilander . . . . .3/6 2/6 1/6 . . .2 2
16.6. Queens
+ T. Nelson 7/6 7/5 1
+ D. Cassidy 6/4 7/6 2
+ D. Pate . . . . .6/4 6/7 6/3 . . .3
+ P. Cash . . . . .6/4 6/4 . . . . . . .Q
+ P. McNamee . . . . .6/1 .6/4 . . . . . . .S
+ J. Kriek . . . . .6/2 6/3 . . . . . . .F W
7.7. Wimbledon
+ H. Pfister 4/6 6/3 6/2 6/4 1
+ M. Anger . . . . .6/0 6/1 .6/3 . . . 2
+ J. Nyström . . . . . .3/6 7/6 6/1 .4/6 9/7 3
+ T. Mayotte 6/3 4/6 6/7 7/6 6/2 4
+ H. Leconte . . . . .7/6 3/6 7/6 6/4 Q
+ A. Jarryd . . . . .2/6 7/6 6/3 6/3 S
+ K. Curren . . . . . . .6/3 6/7 7/6 6/4 . . .F W
29.7. Indianapolis
+ M. Pernfors . . . . .4/6 7/6 6/2 . . .2
+ F. Cancelotti 6/4 6/2 3
+ M. Mecir . . . . .6/2 7/5 . . . . . . .Q
- I. Lendl . . . . .7/5 .2/6 2/6 . . .S S
4.8. Daviscup, Hamburg
+ E. Teltscher . . . . .6/2 6/2 6/2 . . .DC
+ A. Krickstein . . . . .6/2 6/2 6/1 . . .DC*
11.8. Kitzbühel
- D. Perez . . . . .3/6 1/6 . . . . . . .1 1
25.8. Cincinnati
+ S. Perkiss 6/2 6/3 1
+ B. Teacher 6/4 6/4 2
+ J. Sadri . . . . .4/6 6/1 .6/4 . . .3
+ H. Pfister . . . . 5/7 6/1 6/4 . . .Q
+ J. Nyström . . . . . .6/4 7/5 . . . . .S
+ M. Wilander . . . . .6/4 6/2 . . . . . . .F W
8.9. US Open, New York
+ P. Doohan . . . . .6/4 6/1 .6/2 . . .1
+ H. van Boeckel . . . . . .6/3 6/0 6/2 . . .2
+ K. Evernden . . . . .7/6 6/3 7/6 . . .3
- J. Nyström . . . . . .3/6 4/6 6/4 4/6 . . .4 4
6.10. Daviscup, Frankfurt
+ M. Mecir . . . . .6/3 7/5 .6/4 . . .DC
+ L. Pimek . . . . .6/1 .6/4 . . . . . . .DC*
27.10. Tokio
+ B. Schultz 6/2 6/0 1
+ J. Sadri 6/3 6/1 2
+ A. Jarryd . . . . .7/6 6/4 . . . . . . .Q
- I. Lendl . . . . .3/6 6/7 . . . . . . .S S
17.11. Wembley
+ S. Glickstein 6/2 7/5 1
+ J. Bates . . . . .7/5 .7/6 2
+ M. Leach . . . . .6/4 5/3 ret. . . .Q
+ A. Jarryd . . . . .7/6 7/6 . . . . . . .S
- I. Lendl. . . . . . . 7/63/6 6/4 4/6 4/6 . . .F F
8.12. Australian Open, Melbourne
- M. Schapers . .6/3 4/6 6/7 6/4 3/62 .2
22.12. Daviscup, München
+ S. Edberg . . . . . . .6/3 3/6 7/5 .8/6 . . .DC
+ M. Wilander . . . .6/3 2/6 6/3 6/3 . . .DC*

1986

5.1. Berlin, Junioren-WM
+ J. Brown . . . . .6/7 6/2 6/4 . . . . . . .RR
+ M. Vajda . . . . .6/3 6/2 . . . . .RR
+ P. Lundgren . . . . .6/4 7/5 . . . . .RR
+ E. Sanchez . . . . . .6/4 6/4 . . . . .S
+ M. Wilander . . . .6/1 .7/6 6/0 . . . . . .F W
19.1. Masters, New York
+ P. Anacone 3/6 6/3 6/2 1
+ M. Wilander . . . .6/4 4/6 6/3 . . . . . . .Q
+ A. Jarryd . . . . .6/3 6/4 . . . . .S
- I. Lendl . . . . .2/6 6/7 3/6 . . . . . . .F F
23.2. Boca West
+ T. Nijssen 6/3 7/5 1
+ P. Slozil 6/4 6/4 2
- M. Srejber . . . . . .6/7 3/6 . . . . .3 3
2.3. La Quinta
+ M. Leach 6/3 6/3 2
+ J. Higueras 6/2 6/4 3
- J. Nyström . . . . . .6/7 2/6 . . . . .Q Q
9.3. Daviscup, Mexico City
+ L. Lavalle . . . . . . .6/3 6/2 6/4 . . . . . . .DC
+ F. Maciel . . . . .6/3 6/1 .6/1 . . . . . . .DC*
22.3. Brüssel
- B. Dyke . . . . .3/6 3/6 . . . . .1 1
29.3. Chicago
+ M. Leach 6/3 6/1 1
+ J. Sadri 6/4 7/6 2
+ P. Annacone . . . .6/4 6/4 . . . . .Q
+ J. Connors . . . . . .7/6 4/6 6/4 . . . . . . .S
+ I. Lendl . . . . .7/6 6/3 . . . . .F W
6.4. Atlanta
- T. Wilkison . . . . . .2/6 6/2 1/6 . . . . . . .1 1
13.4. Dallas
+ P. Annacone . . . .7/5 .7/5 .6/1 . . . . . . .Q
+ S. Edberg . . . . . . .7/6 7/6 4/6 7/6 . . .S
- A. Jarryd . . . . .7/6 1/6 .1/6 .4/6 . . .F F
11.5. Forest Hills
+ J. Aguillera 6/2 6/4 1
+ E. Edwards 6/4 6/1 2
+ H. de la Pena . . .7/5 .7/5 3
- M. Jaite . . . . .2/6 6/7 . . . . .Q Q
18.5. Rom
+ M. Westphal 6/2 6/0 1
+ H. de la Pena . . .6/2 6/3 2
+ L. Lavalle . . . . . . .6/1 .6/3 3
- E. Sanchez . . . . . .3/6 4/6 . . . . .Q Q
8.6. French Open, Paris
+ J. Potier 6/0 6/3 6/0 1
+ B. Oresar . . . . . . .6/2 6/0 6/7 6/3 . . .2
+ E. Teltscher . . . . .6/3 6/3 5/7 6/4 . . .3
+ E. Sanchez 6/0 4/6 4/6 6/4 6/2 4
- M. Pernfors . . . . .6/2 4/6 3/6 0/6 . .Q Q
15.6. Queens
+ K. Flach 6/2 6/2 1
+ A. Chesnokov 6/4 6/2 2
+ S. Youl 6/3 6/1 3
- T. Mayotte . . . . .7/6 6/7 2/6 . . .Q Q
6.7. Wimbledon
+ E. Bengoechea . .6/4 6/2 6/1 1
+ T. Gullikson 6/4 6/3 6/2 2
+ P. McNamee . . . .6/4 6/4 4/6 6/4 . . .3
+ M. Pernfors 6/3 7/6 6/2 4
+ M. Mecir . . . . . . .6/4 6/2 7/6 . . . . . . .Q
+ H. Leconte . . . . . .6/2 6/4 6/7 6/3 . . .S
+ I. Lendl . . . . .6/4 6/3 7/5 . . . . . . .F W
10.8. Stratton Mountain
+ B. Shultz 6/3 7/6 1
+ K. Flach 6/4 6/7 6/4 2
+ K. Curren 6/2 3/6 7/6 3

LEGENDE: q = Qualifkation, 1 = 1. Runde, 2 = 2. Runde (usw.), Q = Viertelfinale, S = Semifinale, F = Finale, W = Turniersieg, DC =Daviscup, WC = World Team Cup, WG = Warsteiner GP, TC = Tulip Cup, SC = Sunshine-Cup, EC = Europacup, ++ = kampfloser Sieg (walk over oder ret.), -- kampflose Niederlage (walk over oder ret.), ret.Aufgabe, + = Sieg, - = Niederlage.

Boris ganz privat – Ruhepausen

DER SPORTLER-BECKER IST MEHR ALS NUR TENNIS

adidas

lotto

+ M. Laurendeau .7/5 .6/2 . . . . .Q
+ J. McEnroe . . . . . .3/6 7/5 .7/6 . . . . . .S
- I. Lendl . . . . .4/6 6/7 . . . . .F F
17. 8. Toronto
+ A. Krickstein 6/2 6/1 2
+ F. Maciel 6/3 6/3 3
+ B. Schultz . . . . . . .6/4 7/6 . . . . .Q
+ J. Canter . . . . .7/6 7/6 . . . . .S
+ S. Edberg . . . . . . .6/4 3/6 6/3 . . . . . . .F W
19. 3. US Open, New York
+ G. Michibata . . .6/2 5/7 6/4 6/2 . . .1
+ C. Motta 6/3 6/0 6/2 2
+ S. Casal . . . . .7/5 .6/4 6/2 3
+ G. Donnelly . . . . .6/4 6/3 6/7 6/4 . . .4
+ M. Srejber . . . . . .6/3 6/2 6/1 . . . . . . .Q
- M. Mecir . . . . 6/4 3/6 4/6 6/3 3/6 . . .S S
21. 9. German Open, Hamburg
- M. Purcel . . . . . . .5/7 6/2 6/7 . . . . . . .2 2
5.10. Daviscup, Essen
+ R. Viver . . . . .6/4 6/4 10/8 . . . . . .DC
+ A. Gomez . . . . . . .7/5 .6/2 . . . . .DC*
19.10. Sydney
+ D. Maasdorp . . . .6/1 .6/3 1
+ J. Fitzgerald 6/4 7/5 2
+ B. Dyke . . . . .6/4 6/4 . . . . .Q
+ G. Layendecker .6/4 6/4 . . . . .S
+ I. Lendl . . . . .3/6 7/6 6/2 6/0 . .F W
26.10. Tokio
+ M. Anger 6/3 6/4 1
+ J. Yzaga 6/3 6/2 2
+ P. Annacone . . . .6/2 6/4 . . . . .Q
+ J. Connors . . . . . .7/6 2/6 6/3 . . . . . . .S
+ S. Edberg . . . . . . .7/6 6/1 . . . . .F W
2.11. Bercy, Paris
+ H. Nunez . . . . . . .7/5 .6/4 1
+ K. Curren 6/2 6/4 2
+ J. Svensson . . . . .6/4 6/4 . . . . .Q
+ H. Leconte . . . . . .6/2 3/6 6/3 . . . . . . .S
+ S. Casal . . . . .6/4 6/3 7/6 . . . . . . .F W
8.12. Masters, New York
+ J. Nyström . . . . . .6/1 .6/3 . . . . .RR
+ H. Leconte . . . . . .0/6 6/1 .6/1 . . . . . . .RR
+ M. Wilander . . . .6/3 3/6 6/3 . . . . . . .RR
+ S. Edberg . . . . . . .6/4 6/4 . . . . .S
- I. Lendl . . . . .4/6 4/6 4/6 . . . . . . .F F
14.12. Stuttgart, Junioren-WM
+ A. Vysand . . . . . . .6/3 6/2 . . . . .RR
+ J. Canter . . . . .6/4 6/1 . . . . .RR
- A. Chesnokov . . .2/6 6/4 6/7 . . . . . . .RR
+ E. Jelen . . . . .6/3 6/4 . . . . .S
+ J. Svensson . . . . .7/6 7/6 6/3 . . . . . . .F W
1987
25. 1. Australian Open, Melbourne
+ B. Dyke . . . . . .6/7 6/1 .6/4 6/7 6/2 . . .2
+ S. Zivojinovic . . .6/3 6/3 3/6 6/3 . . .3
- W. Masur . . . 6/4 6/7 4/6 7/6 2/6 . . .4 4
22. 2. Inidan Wells
+ T. Wilkison . . . . . .7/5 .6/4 2
+ S. Davis . . . . .6/1 .6/2 3
+ E. Sanchez . . . . . .6/3 7/5 . . . . .Q
+ Y. Noah . . . . .6/4 6/2 . . . . .S
+ S. Edberg . . . . . . .6/4 6/4 7/5 . . . . . . .F W
15. 3. Barcelona, Daviscup
+ E. Sanchez . . . . . .6/4 7/5 .5/7 3/6 6/3DC
- S. Casal . . . . .2/6 6/0 2/6 3/6 . . .DC*
29. 3. Brüssel
+ P. Lundgren 7/6 6/3 1
+ S. Zivojinovic . . .3/6 6/4 6/4 2
- A. Jarryd . . . . .6/4 3/6 4/6 . . . . . . .Q Q
5. 4. Mailand
+ S. Birner . . . . .6/1 .6/3 1
+ S, Casal 6/2 6/4 2
+ J. Hlasek . . . . .6/4 6/2 . . . . .Q
+ S. Zivojinovic . . .6/2 3/6 6/2 . . . . . . .S
+ M. Mecir . . . . . . .6/4 6/3 . . . . .F W
16. 4. Monte Carlo
- J. Arias . . . . .3/6 3/6 . . . . .2 2
10. 5. Forest Hills
+ F. Maciel . . . . .2/2 ret. 1
+ J. Avendano 7/6 5/7 6/2 2
+ H. De La Pena . . .6/4 7/6 3
+ G. Vilas . . . . .7/6 6/2 . . . . .Q
- A. Gomez . . . . . . .6/4 4/6 3/6 . . . . . . .S S
7. 6. French Open, Paris
+ D. Perez . . . . .6/0 6/1 .7/5 1
+ M. Buckley . . . . . .6/1 .4/6 6/3 6/2 . . .2
+ H. Sundström . . .6/1 .3/6 6/3 6/1 . . .3
+ J. Arias . . . . .5/7 6/3 6/2 6/0 . .4
+ J. Connors . . . . . .6/3 6/3 7/5 . . . . . . .Q
- M. Wilander . . . .4/6 1/6 .2/6 . . . . . . .S S
14. 6. Queens
+ P. Doohan 6/2 6/4 1
+ P. Fleming 6/4 6/2 2
+ J. Sadri 6/4 6/4 3
+ D. Pate . . . . .6/4 7/6 . . . . .Q
+ T. Mayotte . . . . . .4/6 7/6 6/4 . . . . . . .S
+ J. Connors . . . . . .6/7 6/3 6/4 . . . . . . .F W
5. 7. Wimbledon
+ K. Novacek 6/4 6/2 6/4 1
- P. Doohan . . . . . .6/7 6/4 2/6 4/6 2 .2
26. 7. Daviscup, Hartford
+ J. McEnroe . . . . . .4/6 15/13 8/10 6/2 6/2 DC
+ T. Mayottte . . . . .6/2 6/3 5/7 4/6 6/2 DC*
2. 8. Washington
+ R. Matuszewski .6/4 7/5 2
+ J. Ross 6/4 6/2 3
+ J. Berger . . . . .6/3 6/2 . . . . .Q
- B. Gilbert . . . . . . .6/3 3/6 0/6 . . . . . .S S
16. 8. Montreal
+ K. Jones . . . . .7/5 .6/4 2
+ R. Reneberg 6/2 6/2 3
+ P. Lundgren . . . . .1/6 .6/2 6/1 . . . . . . .Q
- S. Edberg . . . . . . .2/6 4/6 . . . . .S S
23. 8. Cincinnati
+ M. Freeman 3/6 6/3 6/1 1
+ B. Testerman 3/6 6/4 6/3 2
+ D. Rostagno 6/4 7/6 3
+ M. Pernfors . . . . .6/3 2/1 .ret. . . . . . . .Q
+ A. Jarryd . . . . .6/3 6/3 . . . . .S
- S. Edberg . . . . . . .4/6 1/6 . . . . .F F
13. 9. US Open, New York
+ T. Wilkison . . . . . .4/6 4/6 7/5 .6/4 6/2 1
+ J. Canter 6/4 6/2 7/6 2
+ A. Castle . . . . .6/4 5/7 6/2 7/5 . . . 3
- B. Gilbert 6/2 7/6 6/7 5/7 1/6 4
4
18.10. Sydney
+ T. Pawsat 6/4 6/0 1
+ S. Giammalva . . .6/2 6/4 2
+ P. Annacone . . . .6/3 6/2 . . . . .Q
- P. Cash . . . . .3/6 6/2 6/7 . . . . . .S S
25.10. Tokio
+ J. Grabb . . . . .7/5 .7/5 1
+ D. Keretic 6/2 6/3 2
- S. Zivojinovic . . .3/6 6/1 .0/3 ret. . . .Q Q
30.11. Friedrichshafen, Junioren-WM
+ C. Pistolesi . . . . . .6/1 .6/2 . . . . .RR
- M. Gustafsson . .6/2 4/6 2/6 . . . . . . .RR
+ N. Kulti . . . . .7/5 .6/3 . . . . .RR *
7.12. Masters, New York
+ J. Connors . . . . . .7/5 .2/6 6/3 . . . . . . .RR
- B. Gilbert . . . . . . .6/4 4/6 4/6 . . . . . . .RR
- I. Lendl . . . . .4/6 7/6 3/6 . . . . . . .RR *
1988
7. 2. Daviscup, Essen
+ C. Motta . . . . .6/0 6/2 6/0 . . . . . .DC
21. 2. Mailand
+ G. Forget . . . . . . .6/4 1/6 .6/4 1
+ M. Gustafsson . .6/3 6/3 2
+ H. Leconte . . . . . .6/1 .6/2 . . . . .Q
- Y. Noah . . . . .4/6 6/4 6/7 . . . . . . .S S
6. 3. Indian Wells
+ T. Wilkison 6/3 6/4 2
+ J. Fitzgerald 6/0 6/2 3
+ J. Kriek . . . . .6/3 6/4 . . . . .Q
+ A. Agassi . . . . . . .4/6 6/3 7/5 . . . . . . .S
+ E. Sanchez . . . . . .7/5 .6/4 2/6 6/4 . . .F W
13. 3. Orlando
+ E. Sanchez 7/6 6/4 1
- A. Mansdorf . . . .4/6 4/6 . . . . .2 2
3. 4. Dallas
+ A. Gomez . . . . . . .6/4 3/6 6/2 6/4 . . .Q
+ B. Gilbert . . . . . . .6/4 6/2 6/1 . . . . . .S
+ S. Edberg . . . . . . .6/4 1/6 .7/5 .6/2 . . .F W
10. 4. Daviscup, Frankfurt
+ M. Tauson . . . . . .7/5 .6/4 6/3 . . . . . . .DC
+ M. Christensen .6/3 6/4 . . . . .DC*
24. 4. Monte Carlo
- M. Vajda . . . . .3/6 7/5 .1/6 . . . . . . .2 2
1. 5. Hamburg
+ M. Bahrami 6/3 6/3 2
+ T. Nijssen 6/2 6/4 3
+ G. Perez Roldan .6/1 .6/3 . . . . .Q
- H. Leconte . . . . . .6/3 6/7 6/7 . . . . . . .S S
15. 5. Rom
- T. Tulasne . . . . . . .4/6 6/7 . . . . .1 1
05. 6. French Open, Paris
+ C. Mezzadri 6/4 6/2 7/5 1
+ P. Korda 6/4 6/3 6/4 2
+ T. Muster . . . . . . .6/1 .4/6 7/5 .6/3 . . .3
- H. Leconte . . 7/6 3/6 1/6 .7/5 .4/6 . . .4 4
12. 6. Queens
+ C. Eagle . . . . .6/1 .6/3 1
+ S. Davis 4/6 6/3 6/4 2
+ B. Scanlon 6/3 6/4 3
+ E. Jelen . . . . .7/5 .6/2 . . . . .Q
+ D. Cahill . . . . .6/2 6/4 . . . . .S
+ S. Edberg . . . . . . .6/1 .3/6 6/3 . . . . . . .F W
4. 7. Wimbledon
+ J. Frawley . . . . . . .6/3 6/1 .6/2 1
+ K. Novacek 6/3 6/4 6/4 2
+ S. Giammalva . . .7/6 6/4 6/4 3
+ P. Annacone 6/3 6/4 6/4 4
+ P. Cash . . . . .6/4 6/3 6/4 . . . . . . .Q
+ I. Lendl . . . . .6/4 6/3 6/7 6/4 . . .S
- S. Edberg . . . . . . .6/4 6/7 4/6 2/6 . . .F F
25. 7. Daviscup, Dortmund
+ S. Zivojinovic . . .7/5 .6/2 6/4 . . . . . . .DC
+ G. Prpic . . . . .7/5 .6/4 . . . . .DC *
7. 8. Indianapolis
+ T. Nelson 6/3 6/7 6/2 2

+ R. Leach 6/3 6/4 3
+ Y. Doumbia . . . . .6/2 6/3 . . . . .Q
+ T. Witsken . . . . . .6/1 .4/6 6/4 . . . . . . .S
+ J. McEnroe . . . . . .6/4 6/2 . . . . .F W

11. 9. US Open, New York
+ T. Nelson 6/3 6/0 7/6 1
- C. Cahill . . . . .3/6 3/6 2/6 . . . . . . .2 2

13.10. Tokio
+ R. Seguso 6/4 6/3 1
+ C.U. Steeb . . . . . .6/7 6/1 .6/2 2
+ E. Jelen . . . . .6/2 6/1 . . . . .Q
+ R. Matuszewski .7/6 6/1 . . . . .S
+ J. Fitzgerald . . . . .7/6 6/4 . . . . .F W

6.11. Stockholm
+ J. Carlsson 6/2 2/6 6/3 2
+ J. Kriek 6/2 6/0 3
+ R. Seguso . . . . . . .6/4 7/6 . . . . .Q
+ D. Goldie . . . . . . .6/3 6/2 . . . . .S
+ P. Lundgren . . . . .6/4 6/1 .6/1 . . . . . . .F W

5.12. Masters, New York
+ M. Wilander . . . .7/6 6/7 6/1 . . . . . . .RR
- S. Edberg . . . . . . .6/7 6/3 1/6 . . . . . . .RR
+ H. Leconte . . . . . .6/0 1/0 ret. . . . . . . .RR
+ J. Hlasek . . . . .7/6 7/6 . . . . .S
+ I. Lendl . . . . . . .5/7 7/6 3/6 6/2 7/6 . . .F W

18.12. Daviscup, Göteborg
+ S. Edberg . . . . . . .6/3 6/2 6/4 . . . . . . .DC*

1989

29. 1. Australian Open, Melbourne
+ S. Guy . . . . .6/2 3/6 6/2 6/2 . . .1
+ K. Evernden . . . . .7/5 .6/1 .6/3 2
+ C. Pridham . . . . .6/0 6/1 .6/2 3
- J. Svensson . . . . .6/7 4/6 3/6 . . . . . . .4 4

5. 2. Daviscup, Karlsruhe
+ A Kahar Min . . . .6/0 6/1 .6/1 . . . .DC
+ T.A. Wibowo . . . .6/2 7/5 . . . . .DC*

19. 2. Mailand
+ R. Agenor 6/7 6/2 6/1 1
+ G. Forget 6/3 7/6 2
+ V. Bergström . . . .7/6 7/5 . . . . .Q
+ J. McEnroe . . . . . .6/2 6/3 . . . . .S
+ A. Volkov . . . . . . .6/1 6/2 . . . . .F W

26. 2. Philadelphia
+ D. Wheaton . . . . .6/1 .6/4 2
+ D. Pate . . . . .6/1 .6/1 3
+ C. van Rendsburg . . .3/6 6/1 .6/4 . . .Q
+ M. Pernfors . . . . .6/2 6/3 . . . . .S
+ T. Mayotte . . . . . .7/6 6/1 .6/3 . . . . . . .F W

19. 3. Indian Wells
+ D. Visser 6/3 6/4 2
- J. Berger . . . . .1/6 .1/6 . . . . .3 3

9. 4. Daviscup, Prag
+ K. Novacek . . . . . .7/6 6/4 6/4 . . . . . . .DC
+ M. Srejber . . . . . .6/3 6/4 6/3 . . . . . . .DC*

30. 4. Monte Carlo
+ L. Duncan 6/4 6/1 2
+ J. Arrese . . . . .6/1 .6/3 3
+ G. Perez Roldan .6/3 6/3 . . . . .Q
+ H. Skoff . . . . .6/3 6/3 . . . . .S
- A. Mancini . . . . . .5/7 6/2 6/7 5/7 . . .F F

14. 5. German Open, Hamburg
+ J. Sanchez . . . . . .6/1 .6/3 1
+ M. Jaite 6/2 6/2 2
+ P. Cane . . . . .w.o. . . . . .Q
- H. Skoff . . . . .6/7 2/6 . . . . .S S

28. 5. Worldteamcup, Düsseldorf
+ J. Sanchez . . . . . .6/3 6/3 . . . . .WC
+ J. Hlasek . . . . .6/3 6/4 . . . . .WC
+ T. Mayotte . . . . . .6/4 6/3 . . . . .WC
+ G. Perez Roldan .6/0 2/6 6/2 . . . .WC*

11. 6. French Open, Paris
+ J. Pugh . . . . .6/4 6/2 6/3 . . .1
+ E. Winogradsky . . . . .7/6 7/5 .6/3 . . .2
+ J. Bates . . . . .7/5 .6/1 .6/2 . . .3
+ G. Perez Roldan 3/6 6/4 6/2 4/6 7/5 .4
+ J. Berger . . . . .6/3 6/4 6/1 . . .Q
- S. Edberg . . . .3/6 4/6 7/5 .6/3 2/6 . . .S S

9. 7. Wimbledon
+ B. Shelton . . . . .6/1 .6/4 7/6 . . .1
+ R. Matuszewski .6/3 7/5 .6/4 2
+ J. Gunnarsson . . . . . .7/5 .7/6 6/3 . . .3
+ A. Krickstein . . . . .6/4 6/4 7/5 . . .4
+ P. Chamberlin . . . . . .6/1 .6/2 6/0 . .Q
+ I. Lendl . . . . .7/5 .6/7 2/6 6/4 6/3 S
+ S. Edberg . . . . .6/0 7/6 6/4 . . .F W

23. 7. Daviscup, München
+ A. Agassi . . . .6/7 6/7 7/6 6/3 6/4 . . .DC*

20. 8. Cincinnati
+ R. Leach 6/3 7/6 1
+ P. McEnroe 6/4 6/1 2
+ V. Amritraj . . . . . .6/1 .6/1 3
+ J. Yzaga . . . . .6/1 .6/2 . . . . .Q
- Brad Gilbert . . . .6/3 3/6 4/6 . . . . . . .S S

10. 9. Us Open, New York
+ D. Pate . . . . .6/1 .6/3 6/1 1
+ D. Rostagno 1/6 6/7 6/3 7/6 6/3 2
+ M. Mecir . . . . . . .6/4 3/6 6/4 6/3 . . .3
+ M. Pernfors . . . . .5/7 6/3 6/2 6/1 . . .4
+ Y. Noah . . . . .6/3 6/3 6/2 . . . . . . .Q
+ A. Krickstein . . . .6/4 6/3 6/4 . . . . . . .S
+ I. Lendl . . . . .7/6 1/6 .6/3 7/6 . . .F W

5.11. Bercy, Paris
+ M. Srejber 6/3 6/3 1
+ M. Forget 6/7 6/4 7/6 2
+ W. Masur . . . . . . .6/7 6/4 7/6 . . . . . . .Q
+ J. McEnroe . . . . . .7/6 3/6 6/3 . . . . . . .S
+ S. Edberg . . . . . . .6/4 6/3 6/3 . . . . . . .F W

12.11. Stockholm
+ J. Pugh 3/6 6/0 6/4 2
- J. Gunnarsson . .3/6 5/7 . . . . .3 3

3.12. Masters, New York
+ B. Gilbert . . . . . . .2/6 6/3 6/4 . . . . . . .RR
+ A. Agassi . . . . . . .6/1 .6/3 . . . . .RR
+ S. Edberg . . . . . . .6/1 .6/4 . . . . .RR
+ J. McEnroe . . . . . .6/4 6/4 . . . . .S
- S. Edberg . . . . . . .6/4 6/7 3/6 1/6 . . .F F

11.12. Stuttgart, Daviscup
+ S. Edberg . . . . . . .6/2 6/2 6/4 . . . . . . .DC
+ M. Wilander . . . .6/2 6/0 6/2 . . . . . . .DC*

1990

14. 1. Sydney
+ A. Volkov 6/2 6/3 1
+ W. Masur 6/3 6/3 2
- C.U. Steeb . . . . . .6/7 3/6 . . . . .Q Q

28. 1. Australian Open, Melbourne
+ P. Haarhuis . . . . .6/1 .6/2 6/1 1
+ S. Davis . . . . .6/3 7/6 4/6 6/2 . . .2
+ O. Delaitre . . . . . .6/3 6/1 .6/4 3
+ M. Mecir 4/6 6/7 6/4 6/1 6/1 4
- M. Wilander . . . .4/6 4/6 2/6 . . . . . . .Q Q

18. 2. Brüssel
+ K. Novacek 7/6 6/2 1
+ G. Forget 3/6 6/3 7/6 2
+ P. Cane . . . . .6/4 3/2 ret. . . . . . . .Q
+ M. Gustaffson . .6/4 7/6 . . . . .S
+ C.U. Steeb . . . . . .7/5 .6/2 6/2 . . . . . . .F W

25. 2. Stuttgart
+ B. Dyke 7/6 6/4 1
+ A. Volkov 6/4 3/6 6/3 2
+ M. Mecir . . . . . . .6/4 6/2 . . . . .Q
+ J. Svensson . . . . .7/5 .6/2 . . . . .S
+ I. Lendl . . . . .6/2 6/2 . . . . .F W

11. 3. Indian Wells
+ J. Sanchez 7/6 6/3 2
+ H. Skoff . . . . .6/4 1/6 .7/6 3
+ J. Berger . . . . .6/1 .6/2 . . . . .Q
- A. Agassi . . . . . . .4/6 1/6 . . . . .S S

25. 2. Key Biscayne, Lipton
+ F. Santoro 6/3 5/7 6/2 2
- J.P. Fleurian . . . . .6/7 1/6 . . . . .3 3

29. 4. Monte Carlo
+ C. Pioline . . . . . . .7/5 .6/4 2
+ R. Agenor 6/2 4/6 6/4 3
E. Sanchez . . . . . 6/4 5/7 6/7 . . . . . . .Q Q

13. 5. German Open, Hamburg
+ P. Cane . . . . .7/5 .6/1 2
+ A. Cherkasov 6/2 6/3 3
+ J. Arias . . . . .6/3 6/1 . . . . .Q
+ H. Leconte . . . . . .6/3 3/6 6/3 . . . . . . .S
- J. Aguilera . . . . . .1/6 .0/6 6/7 . . . . . . .F F

27. 5. Düsseldorf, World Team Cup
+ A. Cherkasov . . . .6/4 6/3 . . . . .WC
+ B. Gilbert . . . . . . .6/1 .6/1 . . . . .WC
- J. Arrese . . . . .2/6 1/6 . . . . .WC*

10. 6. French Open, Paris
- G. Ivanisevic . . . .7/5 .4/6 5/7 2/6 . . .1 1

17. 6. Queens
+ P. Chamberlin . . .6/4 6/4 2
+ A. Antonitsch . . .3/6 6/1 .9/7 3
+ D. Wheaton . . . . .6/3 6/3 . . . . .Q
+ S. Edberg . . . . . . .6/4 6/4 . . . . .S
- I. Lendl . . . . .3/6 2/6 . . . . .F F

8. 7. Wimbledon
+ L. Herrera 7/6 7/6 7/5 1
+ W. Masur . . . . . . .6/7 6/2 6/3 6/2 . . .2
+ D. Goldie . . . . . . .6/3 6/4 4/6 7/5 . . .3
+ P. Cash . . . 7/6 6/1 .6/4 4
+ B. Gilbert . . . . . . .6/4 6/4 6/1 . . . . . . .Q
+ G. Ivanisevic . . . .4/6 7/6 6/0 7/6 . . .S
- S. Edberg . . . .2/6 2/6 6/3 6/3 4/6 . . .F F

6. 8. Kitzbühel
+ C. Pistolesi 6/2 6/1 2
+ D. Engel 6/4 4/6 6/0 3
- K. Novacek . . . . . .3/6 3/6 . . . . .Q Q

19. 8. Indianapolis
+ B. Garrow 6/2 6/4 2
+ K. Curren 7/6 6/4 3
+ J. Courier . . . . . . .4/6 7/5 .3/1 .ret. . . .Q
+ J. Berger . . . . .6/4 6/3 . . . . .S
+ P. Lundgren . . . . .6/3 6/4 . . . . .F W

9. 9. US Open, New York
+ J. Aguilera . . . . . .7/5 .6/3 6/2 1
+ Y. Noah 6/4 6/2 7/6 2
+ T. Carbonell 6/4 6/2 6/2 3
+ D. Cahill 2/6 6/2 6/3 3/6 6/4 4
+ A. Krickstein . . . .3/6 6/3 6/2 6/3 . . .Q
- A. Agassi . . . . . . .7/6 3/6 2/6 3/6 . . .S S

7.10. Sydney
+ M. Wilander 6/2 7/5 2
+ K. Evernden 6/4 6/3 3
+ R. Reneberg . . . . .6/4 6/4 . . . . .Q

LEGENDE: q = Qualifkation, 1 = 1. Runde, 2 = 2. Runde (usw.), Q = Viertelfinale, S = Semifinale, F = Finale, W = Turniersieg, DC =Daviscup, WC = World Team Cup, WG = Warsteiner GP, TC = Tulip Cup, SC = Sunshine-Cup, EC = Europacup, ++ = kampfloser Sieg (walk over oder ret.), -- kampflose Niederlage (walk over oder ret.), ret.Aufgabe, + = Sieg, - = Niederlage.

+ T. Woodbridge . . 7/5 6/4 . . . . S
+ S. Edberg . . . . . . 7/6 6/4 6/4 . . . . . . F W

14. 10. Tokio
+ R. Tsujino 6/4 7/6 2
+ T. Witsken 6/2 6/3 3
+ A. Cherkasov . . . . 6/4 6/4 . . . . Q
+ R. Reneberg . . . . 7/6 6/2 . . . . S
- I. Lendl . . . . 6/4 3/6 6/7 . . . . . . F F

28. 10. Stockholm
+ D. Cahill 6/2 6/0 2
+ R. Reneberg 6/4 6/3 3
+ G. Ivanisevic . . . . 6/4 6/2 . . . . Q
+ P. Sampras . . . . . 6/4 6/4 . . . . S
+ S. Edberg . . . . . . 6/4 6/0 6/3 . . . . . . F W

4. 11. Bercy, Paris
+ R. Reneberg 4/6 6/3 6/2 2
+ J. Courier 6/1 7/5 3
+ M. Stich . . . . 6/1 6/2 . . . . Q
+ J. Svensson . . . . . 4/6 7/6 6/1 . . . . . . S
- S. Edberg . . . . . . 3/3 ret. . . . . F F

18. 11. Masters, Frankfurt
+ A. Gomez . . . . 4/6 6/3 6/3 . . . . RR
+ T. Muster . . . . 7/5 6/4 . . . . RR
+ I. Lendl . . . . 1/6 7/6 6/4 . . . . RR
- A. Agassi . . . . 2/6 4/6 . . . . S S

1991

6. 1. Adelaide
- M. Larsson . . . . . . 4/6 6/3 6/7 . . . . 1 1

27. 1. Australian Open, Melbourne
+ J. Bates . . . . 6/4 6/2 6/3 . . . . !
+ M. Vajda 6/4 6/1 6/3 2
+ O. Camporese 7/6 7/6 0/6 4/6 14/12 3
+ W. Ferreira 6/4 7/6 6/4 4
+ G. Forget . . . . 6/2 7/6 6/3 . . . . Q
+ P. McEnroe . . . . . . 6/7 6/4 6/1 6/4 . . . S
+ I. Lendl . . . . 1/6 6/4 6/4 6/4 . . . F W

3. 2. Daviscup, Dortmund
+ P. Cane . . . . 3/6 6/1 6/4 6/4 . . . DC
+ O. Camporese. . 3/6 4/6 6/3 6/4 6/3 . DC *

17. 2. Brüssel
+ A. Volkov 6/4 3/6 6/3 1
+ E. Jelen 7/6 7/6 2
+ M. Chang . . . . 7/6 6/1 . . . . Q
- A. Cherkasov . . . . 6/2 3/6 2/2 ret. . . . S S

24. 3. Key Biscayne, Lipton
+ S. Devries 5/7 6/3 7/6 2
- P. McEnroe . . . . . . 1/6 4/6 . . . . 3 3

31. 3. Daviscup, Berlin
+ J. Frana . . . . 6/3 6/4 6/4 . . . . DC
+ M. Jaite . . . . 6/1 7/6 . . . . DC *

16. 4. Barcelona
+ J. P. Fleurian 7/5 6/1 2
- S. Bruguera . . . . . 2/6 4/6 . . . . 3 3

29. 4. Monte Carlo
+ J. Sanchez 6/7 6/3 6/3 2
+ A. Volkov 3/6 6/1 6/1 3
+ A. Chesnokov . . . 6/1 6/3 . . . . Q
+ G. Prpic . . . . 6/3 6/3 . . . . S
- S. Bruguera . . . . . 7/5 4/6 6/7 6/7 . . . F F

9. 6. French Open, Paris
+ J. Arrese 6/2 7/5 6/2 1
+ T. Woodbridge . 5/7 1/6 6/4 6/4 6/4 . 2
+ W. Masur 6/3 6/3 6/2 3
+ F. Clavet 7/6 6/4 6/3 4
+ M. Chang . . . . 6/4 6/4 6/2 . . . . Q
- A. Agassi . . . . 5/7 3/6 6/3 1/6 . . . S S

7. 7. Wimbledon
+ C.U. Steeb 6/4 6/2 6/4 1
+ P. Lundgren 7/6 7/5 7/5 2
+ A. Olhovskiy . . . . 6/4 6/4 3/6 6/3 . . . 3
+ C. Bergström . . . 6/4 6/7 6/1 7/6 . . . 4
+ G. Forget . . . . 6/7 7/6 6/2 7/6 . . . Q
+ D. Wheaton . . . . . 6/4 7/6 7/5 . . . . S
- M. Stich . . . . 4/6 6/7 4/6 . . . . F F

11. 8. Cincinnati
+ J. P. Fleurian 6/3 6/3 2
+ M. Washington . 6/4 6/4 3
+ A. Cherkasov . . . . 7/6 6/3 . . . . Q
- G. Forget . . . . 6/7 6/4 3/6 . . . F F

18. 8. Indianpolis
+ D. Pate 6/3 6/2 2
+ C. Bergström 6/2 6/2 3
+ J. Hlasek . . . . 7/5 7/5 . . . . Q
+ D. Wheaton . . . . 7/6 6/4 . . . . S
- P. Sampras . . . . 6/7 6/3 3/6 . . . F F

8. 9. US Open, New York
+ M. Jaite 7/6 6/4 6/4 1
+ A. Volkov 6/0 7/6 6/1 2
- P. Haarhuis . . . . . 3/6 4/6 2/6 . . . . 3 3

13. 10. Tokio
+ J. Gunnarsson . . 6/2 6/4 2
+ S. Matsuoka 2/6 6/3 6/4 3
- D. Rostagno . . . . . 6/7 6/4 3/6 . . . . Q Q

27. 10. Stockholm
+ O. Camporese . . . 4/6 7/5 6/3 2
+ G. Prpic 7/6 6/1 3
+ P. Sampras . . . . . . 7/5 7/5 . . . . Q
+ J. Courier . . . . 6/7 6/3 6/4 . . . . S
+ S. Edberg..3/6 . . . 6/4 1/6 6/2 6/2 . . . F W

3. 11. Bercy, Paris
+ H. Skoff 6/2 6/4 2
-- J. Svensson . . . . . w.o. 3 3

10. 11. ATP-WM, Frankfurt
- A. Agassi . . . . 3/6 5/7 . . . . RR
+ P. Sampras . . . . . . 6/4 6/7 6/1 . . . . RR
+ M. Stich . . . . 7/6 6/3 . . . . RR *

1992

26. 1. Australien Open, Melbourne
+ J. Gunnarsson . . 6/1 6/4 6/2 1
+ G. Pozzi 7/5 7/5 6/2 2
- J. McEnroe . . . . . . 4/6 3/6 5/7 . . . . 3 3

2. 2. Daviscup, Rio de Janeiro
+ L. Mattar . . 6/4 . . 5/7 1/6 7/6 6/0 . . DC *

16. 2. Brüssel
+ J. Svensson 6/4 6/0 1
+ P. McEnroe 7/6 6/1 2
+ C.U. Steeb . . . . . . 6/3 7/6 . . . . Q
+ S. Edberg . . . . 4/6 6/4 6/2 . . . . S
+ J. Courier. . . 6/7 . . 2/6 7/6 7/6 7/5 . F . W

23. 2. Stuttgart
+ J. Svensson 4/6 7/5 6/2 1
- J. Siemerink . . . . 3/6 4/6 . . . . 2 2

1. 3. Rotterdam
+ M. Schapers 6/3 6/1 1
+ A. Jarryd 6/2 6/4 2
+ P. McEnroe . . . . . . 6/3 7/5 . . . . Q
+ J: McEnroe . . . . . . 6/2 7/6 . . . . S
+ A. Volkov . . . . 7/6 4/6 6/2 . . . . F W

22. 3. Key Biscayne, Lipton
+ A. Boetsch 3/6 7/5 6/3 2
+ P. Haarhuis 6/4 7/6 3
- A. Mancini . . . . . . 6/4 1/6 4/6 . . . . Q Q

12. 4. Barcelona
- J. Burillo . . . . 6/1 6/7 4/6 . . . . 2 2

26. 4. Monte Carlo
+ T. Nijssen 6/2 3/6 6/2 2
- A. Krickstein . . . . 1/6 4/6 . . . . 3 3

10. 5. German Open, Hamburg
+ T. Champion 6/3 7/6 2
+ R. Furlan 4/6 6/4 6/3 3
+ K. Novacek . . . . . . 6/1 7/6 . . . . Q
- M. Stich . . . . 1/6 1/6 . . . . S S

14. 6. Queens
- C. van Rendsburg . . . 4/6 3/6 . . . . 2 2

5. 7. Wimbledon
+ O. Camporese . . . 7/5 6/3 7/5 1
+ M. Damm. . . 4/6 6/4 6/4 3/6 6/3 . . . 2
+ B. Shelton . . . . . . 6/4 3/6 7/6 7/6 . . . 3
+ W. Ferreira . . 3/6 6/3 6/4 6/7 6/1 . . . 4
- A. Agassi . . . . 6/4 2/6 2/6 6/4 3/6 . . . Q Q

19. 7. Stuttgart, Weissenhof
- O. Delaitre . . . . . . 3/6 4/6 . . . . 2 2

9. 8. Olympia, Barcelona
+ C. Ruud. . . . . . 3/6 7/6 5/7 7/6 6/3 . . . 1
+ Y. El Aynaoui . . . . 6/4 5/7 6/4 6/0 . . . 2
- F. Santoro . . . . . . 1/6 6/3 1/6 3/6 . . . 3 3

23. 8. Indianapolis
+ M. Zoecke 6/4 6/4 2
+ D. Wheaton 7/6 6/3 3
+ J. Connors . . . . . . 6/4 6/3 . . . . Q
- P. Sampras . . . . . . 7/6 2/6 6/7 . . . . S S

30. 8. Long Island
+ A. Mancini 6/2 6/2 1
+ C.U. Steeb 4/6 6/1 6/4 2
- I. Lendl . . . . w.o. . . . . Q Q

13. 9. US Open, New York
+ K. Curren . . . . 6/2 5/7 6/3 6/4 . . . 1
+ R. Weiss . . . . 4/6 6/2 6/1 1/0 ret. 2
+ C.U. Steeb . . . . . . 6/1 4/6 7/6 6/3 . . . 3
- I. Lendl . . . . . . 7/6 2/6 7/6 3/6 4/6 4 . 4

27. 9. Daviscup, Essen
+ F. Dewulf . . . . 6/4 6/4 6/4 . . . . DC *

4. 10. Basel
+ M. Larsson 7/5 7/6 1
+ N. Kulti 6/4 7/5 2
+ A. Mansdorf . . . . 7/6 6/7 6/3 . . . . Q
+ M. Rosset . . . . 6/2 6/4 . . . . S
+ P. Korda . . . . 3/6 6/3 6/2 6/4 . . . F W

18. 10. Tokio
+ G. Prpic 6/4 7/5 2
- H. Holm . . . . 1/6 2/6 . . . . 3 3

1. 11. Stockholm
+ J. Svensson 6/4 6/2 2
+ A. Mansdorf 7/6 7/5 3
- G. Ivanisevic . . . . 5/7 4/6 . . . . Q Q

8. 11. Bercy, Paris
+ J. McEnroe 6/4 6/4 2
+ B. Gilbert 6/2 6/2 3
+ J. Courier . . . . 7/6 6/3 . . . . Q
+ G. Ivanisevic . . . . 6/1 6/2 . . . . S
+ G. Forget . . . . 7/6 6/3 3/6 6/3 . . . F W

22. 11. ATP-WM, Frankfurt
- P. Sampras . . . . . . 6/7 6/7 . . . . RR
+ P. Korda . . . . 6/4 6/2 . . . . RR
+ S. Edberg . . . . 6/4 6/0 . . . . RR
+ G. Ivanisevic . . . . 4/6 6/4 7/6 . . . . S
+ J. Courier . . . . 6/4 6/3 7/5 . . . . F W

1993

10. 1. Doha
+ G. Muller 6/7 6/2 6/0 1
+ S. Simian 7/6 6/2 2

+ J. Sanchez ......6/4 6/3 ....Q
+ S. Edberg ....6/4 6/4 ....S
+ G. Ivanisevic ....7/6 4/6 7/5 ....F W

31. 1. Australian Open, Melbourne
- A. Jarryd. .6/3 ...5/7 6/3 3/6 2/6 ...1 1

14. 2. Mailand
+ C. U. Steeb 7/6 6/3 1
+ W. Ferreira ......7/5 .6/3 2
+ M. Stich ....6/2 6/2 ....Q
+ W. Masur ....6/4 7/6 ....S
+ S. Bruguera .....6/3 6/3 ....F W

21. 2. Stuttgart
+ H. Leconte 6/4 6/7 6/3 1
+ K. Carlsen 6/4 7/6 2
+ W. Ferreira ......7/6 7/5 ....Q
-- R.Krajicek ....w.o. ....S S

21. 3. Key Biscayne, Lipton
++G. Pozzi ....w.o. 2
-- N. Kulti ....w.o. 3 3

18. 4. Nizza
+ J. Oncins 6/3 3/6 6/1 1
- F. Davin ....6/4 3/6 1/6 ....2 2

25. 4. Monte Carlo
- M. Rosset ....6/7 3/6 ....2 2

2. 5. Madrid
- F. Davin ....2/6 2/6 ....1 1

9. 5. German Open, Hamburg
+ C.U. Steeb 6/4 6/2 2
- B. Karbacher ....3/6 4/6 ....3 3

16. 5. Rom
+ A. Cherkasov 6/4 6/3 1
+ S. Noszaly 6/3 6/2 2
- A.Chesnokov ....2/6 6/3 6/7 ....3 3

6. 6. French Open, Paris
+ N. Escude 6/0 6/3 6/0 1
- R. Gilbert ....5/7 3/6 5/7 ....2 2

13. 6. Queens
+ C. Adams ....6/1 .6/3 2
+ G. Raoux 6/4 6/4 3
- M. Stich ....4/6 6/7 ....Q Q

4. 7. Wimbledon
+ M. Goellner .....4/6 6/3 6/2 6/4 ...1
+ A. Volkov ....7/6 6/1 .6/3 2
+ J. Hlasek ....6/3 3/6 6/2 6/3 ...3
+ H. Leconte ......6/4 6/4 3/6 6/3 ...4
+ M. Stich ......7/5 6/7 6/7 6/2 6/4 ...Q
- P. Sampras ......6/7 4/6 4/6 ....S S

1. 8. Montreal
+ C. Pridham 3/6 6/3 6/3 2
- T. Martin ....5/7 6/7 ....3 3

22. 8. Indianapolis
+ A. Sznajder 6/4 5/7 6/4 2
+ A. Cherkasov 6/4 7/5 3
+ R. Reneberg .....6/4 6/3 ....Q
+ P. Rafter ....6/4 3/6 6/4 ....S
- J. Courier ....5/7 3/6 ....F F

29. 8. Long Island
- A. Chesnokov ...4/6 6/3 2/6 ....1 1

12. 9. US Open, New York
+ A. Cherkasov.....3/6 6/7 7/5 6/4 6/4 1
+ J.Hlasek 6/2 6/2 6/4 2
+ S. Cortes 6/4 6/4 6/3 3
- M. Larsson ......2/6 3/6 6/3 5/7 ...4 4

10.10. Sydney
- N. Borwick ......6/4 6/7 3/6 ....1 1

17.10. Tokio
+ N. Borwick 6/2 6/2 2

+ P. McEnroe ......6/1 .7/6 3
- I. Lendl ....3/6 6/1 .6/7 ....Q Q

24.10. Lyon
+ O. Delaitre ......6/7 7/6 3/6 ....1 1

31.10. Stockholm
+ A. Krickstein ....7/5 .6/4 2
- M. Washington .1/6 .3/6 ....3 3

7.11. Bercy, Paris
+ A. Olhovskiy 6/7 6/2 7/6 2
+ K. Novacek 7/6 6/2 3
- A. Boetsch ......6/3 3/6 6/7 ....Q Q

14.11. Antwerpen
+ J. Stoltenberg ...2/6 6/3 7/5 1
+ C. Adams 7/6 6/4 2
+ M. Larsson ......6/1 .7/6 ....Q
- M. Gustafsson ..6/7 3/6 ....S S

12.12. Grand Slam Cup, München
- W. Ferreira ......5/7 4/6 ....1 1

1994

6.2. Marseille
+ J. Bates 6/2 6/4 1
- H. Leconte ......6/4 2/6 1/6 ....2 2

13. 2. Mailand
+ A. Boetsch 5/7 6/2 6/4 1
+ A. Mansdorf 6/3 3/6 6/3 2
+ C. Pioline ....6/2 4/6 6/2 ....Q
+ R. Agenor ....7/6 6/1 ....S
+ P. Korda ....6/2 3/6 6/3 ....F W

20. 2. Stuttgart
+ D. Prinosil ......6/1 .6/4 1
+ A. Volkov ....7/5 .7/5 2
+ M. Stich ....6/3 7/6 ....Q
- G. Ivanisevic ....6/3 3/6 3/6 ....S S

27. 2. Rotterdam
- P. Haarhuis .....6/4 6/7 4/6 ....1 1

20. 3. Key Biscayn, Lipton
+ N. Kulti 3/6 6/4 6/0 2
- A. Agassi ....2/6 5/7 ....3 3

3. 4. Osaka
- R. Weiss ....6/4 3/6 4/6 ....1 1

10. 4. Tokio
+ S. Simian 6/3 7/6 2
+ K. Carlsen 6/4 7/5 3
+ B. Gilbert ....6/3 6/0 ....Q
- M. Chang ....6/7 2/6 ....S S

8. 5. German Open, Hamburg
- A. Corretja ......1/6 .7/5 .5/7 ....2 2

15. 5. Rom
+ K. Novacek ......6/1 .1/6 .6/1 1
+ J. Sanchez 6/2 6/2 2
+ C. Pioline 6/3 6/4 3
++M. Stich ....w.o. ....Q
+ G. Ivanisevic ....6/2 7/6 ....S
- P. Sampras ......1/6 .2/6 2/6 ....F F

12. 6. Queens
- J. Bates ....5/7 6/7 ....2 2

3. 7. Wimbledon
+ D. Wheaton 6/2 6/4 6/3 1
+ A. Thoms 7/6 6/2 6/4 2
+ J. Frana ....7/6 6/4 1/6 .6/3 ...3
+ A. Medvedev .6/7 7/5 7/6 6/7 7/5 ...4
+ C. Bergström ...7/6 6/4 6/3 ....Q
- G. Ivanisevic ....2/6 6/7 4/6 ....S S

7. 8. Los Angeles
+ G. Stafford ......7/5 .6/3 1
+ C. Adams 7/6 6/1 2
+ K. Braasch ......2/6 7/6 6/2 ....Q

+ J. Stoltenberg ...6/4 6/4 ....S
+ M. Woodforde ..6/2 6/2 ....F W

14. 8. Cincinnati
+ C. Caratti 7/6 6/3 2
- A. Mansdorf ....6/7 4/6 ....3 3

21. 8. New Haven
+ R. Smith 6/3 6/4 2
+ A. Chesnokov ...6/3 6/4 3
+ M. Washington .6/2 6/4 ....Q
+ M. Stich ....6/2 7/5 ....S
+ M. Rosset ....6/3 7/5 ....F W

11. 9. US Open, New York
- R. Reneberg .....1/6 .4/6 6/4 6/1 5/7 1 1

9.10. Sydney
+ S. Stolle 4/6 6/2 6/4 1
+ S. Bryan ....6/4 1/6 .6/0 2
+ J. Stark ....7/6 6/3 ....Q
+ M. Woodforde ..7/6 6/1 ....S
- R. Krajicek ......6/7 6/7 6/2 3/6 ...F F

16.10. Tokio
- B. Steven ....3/6 4/6 ....2 2

30.10. Stockholm
+ R. Reneberg 7/6 6/1 2
+ A. Chesnokov ...6/4 6/3 3
+ M. Stich ....7/6 6/3 ....Q
+ P. Sampras ......6/4 6/4 ....S
+ G. Ivanisevic ....4/6 6/4 6/3 7/6 ...F W

06.11. Bercy, Paris
+ P. Haarhuis 4/6 6/3 6/4 2
+ G. Forget ....7/5 .7/6 3
- M. Rosset ....6/7 6/7 ....Q Q

20.11. ATP-WM, Frankfurt
+ G. Ivanisevic ....6/3 3/6 6/7 ....RR
+ P. Sampras ......7/5 .7/5 ....RR
+ S. Edberg ....6/7 6/4 7/5 ....RR
+ S. Bruguera .....6/7 6/4 6/1 ......S
- P. Sampras ......6/4 3/6 5/7 4/6 ...F F

11.12. Grand Slam Cup, München
+ W. Ferreira 5/7 6/4 6/3 1
- G. Ivanisevic ....4/6 1/6 ....Q Q

1995

29. 1. Australian Open, Melbourne
- P. McEnroe ......3/6 4/6 6/7 ....1 1

5. 2. Daviscup, Karlsruhe
+ S. Hirszon ......6/4 6/1 .6/3 ....DC*

12. 2. Marseille
+ J. Viloca 6/2 6/4 1
+ H. Leconte 6/0 6/4 2
+ J. Renzenbrink ..7/6 6/7 6/2 ....Q
+ O. Delaitre ......6/4 6/2 ....S
+ D. Vacek ....6/7 6/4 7/5 ....F W

19. 2. Mailand
+ L. Manta 6/3 7/6 1
+ R. Agenor 6/4 6/4 2
+ G. Forget ....7/5 .6/2 ....Q
+ P. Korda ....7/6 6/7 6/2 ....S
- Y. Kafelnikov ....5/7 7/5 .6/7 ....F F

26. 2. Stuttgart
+ P. Kühnen 6/3 6/3 1
+ A. Krickstein 6/3 6/3 2
+ Y. Kafelnikov ....7/6 7/6 ....Q
- M. Stich ....0/6 3/6 ....S S

13. 3. Indian Wells
+ J. Palmer 6/4 6/4 2
+ M. Rios ....6/3 2/2 ret. 3
+ M. Larsson ......3/6 6/1 .6/4 ....Q
- M. Agassi ....4/6 6/7 ....S S

LEGENDE: q = Qualifkation, 1 = 1. Runde, 2 = 2. Runde (usw.), Q = Viertelfinale, S = Semifinale, F = Finale, W = Turniersieg, DC =Daviscup, WC = World Team Cup, WG = Warsteiner GP, TC = Tulip Cup, SC = Sunshine-Cup, EC = Europacup, ++ = kampfloser Sieg (walk over oder ret.), -- kampflose Niederlage (walk over oder ret.), ret.Aufgabe, + = Sieg, - = Niederlage.

Die Trainer – von „Vater“ Bosch bis Kumpel Mike

Das Bad in der Menge – Boris hautnah

BORIS
Ford
Ford Australian Open

I ♥ Deutschland
ESPN
BORIS IST DER BESTE

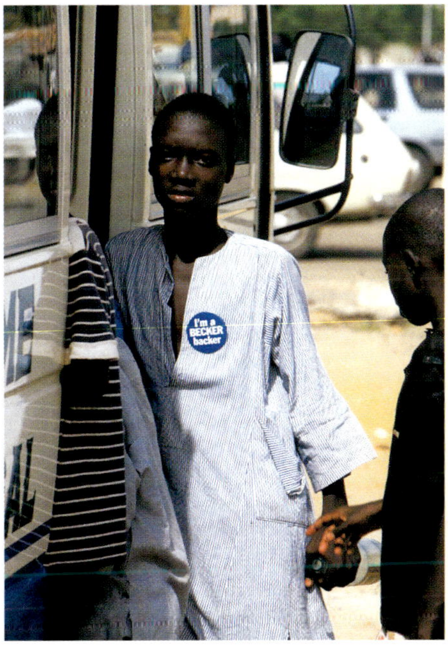
I'm a BECKER backer

2. 4. Daviscup, Utrecht
- P. Haarhuis . . . . .6/4 2/6 4/6 6/7 . . .DC
+ R. Krajicek . . . . . .6/3 6/4 3/6 6/1 . . .DC*

30. 4. Monte Carlo
+ J. Björkman 6/3 6/1 2
+ A. Corretja 6/2 6/2 3
+ R. Krajicek . . . . . .6/2 7/5 . . . . .Q
+ G. Ivanisevic . . . .7/6 3/6 6/1 . . . . . . .S
- T. Muster . . . .6/4 7/5 .1/6 .6/7 0/6 . .F F

7. 5. München
- H. Dreekmann . .7/5 .2/6 2/6 . . . . . . .1 1

14. 5. German Open, Hamburg
- J. Yzaga . . . . .6/2 2/6 3/6 . . . . . . .2 2

11. 6. French Open, Paris
+ J. Frana 7/6 6/4 6/3 1
+ J. Palmer 6/2 6/2 6/2 2
- A. Voinea . . . . . . .3/6 4/6 6/3 5/7 . . .3 3

18. 6. Queens
+ D. Sapsford . . . . .6/1 .6/1 2
+ J. Frana 6/4 6/2 3
+ J. Stoltenberg . . .6/4 6/1 . . . . .Q
- G. Forget . . . . . . .6/4 3/6 4/6 . . . . . . .S S

9. 7. Wimbledon
+ E. Alvarez 6/3 6/3 6/4 1
+ J. Apell . . . . .6/3 3/6 6/1 .6/2 . . .2
+ J. Siemering . . . .2/6 6/2 6/2 6/4 . . .3
+ D. Norman 7/6 6/3 6/4 4
+ C. Pioline . . . .6/3 6/1 .6/7 6/7 9/7 . . .Q
+ A. Agassi . . . . . . .2/6 7/6 6/4 7/6 . . .S
- P. Sampras . . . . . .7/6 2/6 4/6 2/6 . . .F F

13. 8. Cincinnati
- J. Siemerink . . . .5/7 6/7 . . . . .2 2

20. 8. New Haven
+ R. Gilbert 6/4 6/4 2
+ J. McEnroe 3/6 7/6 6/4 2
- R. Krajicek . . . . . .6/7 6/3 6/7 . . . . . . .Q Q

10. 9. US Open, New York
+ A. Lopez Moron .6/1 .6/0 6/3 1
+ C. Arriens . . . . . . .6/1 .6/3 7/5 2
+ J. Stoltenberg . . .6/2 4/6 6/0 6/4 . . .3
+ M. Rosset 7/6 6/3 6/3 4
+ P. McEnroe . . . . . .6/4 7/6 6/7 7/6 . . .4
- A. Agassi . . . . . . .6/7 6/7 6/4 4/6 . . .S S

24. 9. Daviscup, Moskau
+ A. Chesnokov . . .6/7 6/3 7/6 7/5 . . .DC*

1.10. Basel
+ B. Black 6/4 6/3 1
+ Y. Noah 6/4 7/5 2
+ S. Edberg . . . . . . .6/4 3/6 6/3 . . . . . . .Q
-- J. Siemerink . . . .w.o. . . . . .S

29.10. Essen
+ N. Gustafsson . .7/6 6/4 2
- R. Krajicek . . . . . .4/6 7/6 3/6 . . . . . . .3 3

5.11. Bercy, Paris
+ A. Volkov 3/6 6/3 6/4 2
+ T. Martin 6/4 4/6 7/5 3
+ R. Krajicek . . . . . .4/6 7/6 6/4 . . . . . . .Q
+ W. Ferreira . . . . . .6/2 6/1 . . . . .S
- P. Sampras . . . . . .6/7 4/6 4/6 . . . . . . .F F

19.11. ATP-WM, Frankfurt
+ W. Ferreira . . . . . .4/6 6/2 7/6 . . . . . . .RR
- P. Sampras . . . . . .2/6 6/7 . . . . .RR
+ Y. Kafelnikov . . . .6/4 7/5 . . . . .RR
+ T. Enqvist . . . . . . .6/4 6/7 7/5 . . . . . . .S
+ M. Chang . . . . . . .7/6 6/0 7/6 . . . . . . .F W

10.12. Grand Slam Cup, München
+ C. Pioline . . . . . . .6/1 .6/7 9/7 1
+ B. Black . . . . .7/6 6/1 . . . . .Q
- T. Martin . . . . . . .7/5 .3/6 4/6 6/7 . . .S S

1996

7. 1. Doha
+ S. Edberg 6/2 7/5 1
- N. Pereira . . . . . . .6/7 7/6 6/7 . . . . . . .2 2

28. 1. Australian Open, Melbourne
+ G. Rusedski . .6/4 3/6 4/6 6/3 6/3 . . .1
+ J. Johansson .4/6 3/6 6/2 6/1 .6/4 . . .2
+ M. Larsson 7/6 6/3 6/3 3
+ B. Steven . . . . . . .1/6 .6/4 6/3 6/2 . . .4
+ Y. Kafelnikov . . . .6/4 7/6 6/1 . . . . . . .Q
+ M. Woodforde . .6/4 6/0 6/2 . . . . . . .S
+ M. Chang . . . . . . .6/2 6/4 2/6 6/2 . . .F W

25. 2. Antwerpen
+ M. Damm 6/4 6/4 1
+ A. Olhovskiy . . .3/6 6/4 6/1 2
+ F. Clavet . . . . .6/3 6/3 . . . . .Q
- G. Ivanisevic . . . .4/6 6/7 . . . . .S S

3. 3. Mailand
- B. Ulihrach . . . . .4/6 2/6 . . . . .1 1

17. 3. Indian Wells
- C. Costa . . . . .3/6 5/7 . . . . .2 2

28. 4. Monte Carlo
+ D. Rikl 6/4 4/6 6/3 2
- M. Rios . . . . .4/6 3/6 . . . . .3 3

5. 5. München
+ F. Roig 6/4 6/4 1
+ J. Burillo . . . . .7/5 .4/6 6/3 2
+ B. Karbacher . . . .7/6 7/6 . . . . .Q
- S. Dosedel . . . . . .6/7 6/2 6/7 . . . . . . .S S

12. 5. German Open, Hamburg
+ L. Alvarez 6/2 3/6 6/3 2
- G. Schaller 2/6 2/6 3

26. 5. World Team Cup, Düsseldorf
- M. Rosset . . . . . . .6/7 4/6 . . . . .WC*

16. 6. Queens
+ C. Haggard 6/4 6/2 2
+ J. Stark 6/4 6/2 3
+ P. Rafter . . . . .7/5 .6/4 . . . . .Q
+ W. Ferreira . . . . . .7/6 6/4 . . . . .S
+ S. Edberg . . . . . . .6/4 7/6 . . . . .F W

7. 7. Wimbledon
+ J.P. Fleurian 6/0 6/2 6/3 1
+ T. Carbonell . . . . .4/6 6/3 6/4 6/2 . . .2
- N. Godwin . . . . . .6/6 ret. 3 3

15. 9. Bukarest
- C. Ruud . . . . .5/3 ret. 1 1

29. 9. Basel
+ B. Ulihrach . . . . .6/1 .5/7 6/3 1
- J. Novak . . . . .3/6 6/7 . . . . .2 2

13.10. Wien
+ M. Woodforde . .7/6 3/6 6/4 1
+ M. Stich 3/6 6/3 6/4 2
+ M. Rosset . . . . . . .7/6 7/5 . . . . .Q
+ T. Martin . . . . . . .3/6 6/4 6/2 . . . . . . .S
+ J. Siemerink . . . .6/4 6/7 6/2 6/3 . . .F W

20.10. Ostrau
+ F. Fetterlein 6/3 6/4 1
-- M. Damm . . . . . .w.o. 2 2

27.10. Stuttgart
+ G. Rusedski 6/4 6/4 2
+ T. Enqvist 6/4 7/5 3
+ M. Gustafsson . .6/2 6/2 . . . . .Q
+ M. Chang . . . . . . .6/4 6/3 . . . . .S
+ P. Sampras . . .3/6 6/3 3/6 6/3 6/4 . . .F W

3.11. Bercy, Paris
- C. Moya . . . . .3/6 7/5 .4/6 . . . . . . .2 2

24.11. ATP-WM, Hannover
+ Y. Kafelnikov . . . .6/4 7/5 . . . . .RR
+ P. Sampras . . . . . .7/6 7/6 . . . . .RR
- T. Enqvist . . . . . . .3/6 6/7 . . . . .RR
+ R. Krajicek . . . . . .6/7 7/6 6/3 . . . . . . .S
- P. Sampras. . .6/3 6/7 6/7 7/6 4/6 . . .F F

8.12. Grand Slam Cup, München
+ J. Stoltenberg . . .6/3 6/2 1
+ J. Hlasek . . . . .6/4 6/1 . . . . .Q
+ T. Henman . . . . .7/6 6/3 6/1 . . . . . . .S
+ G. Ivanisevic . . . .6/3 6/4 6/4 . . . . . . .F W

1997

13. 1. Australian Open, Melbourne
- A. Moya . . . . .7/5 6/7 6/3 1/6 .4/6 . . .1 1

10. 2. Dubai
+ M. Goellner 6/2 6/7 6/2 1
+ S. Stolle 7/6 6/1 2
-- G. Ivanisevic . . . .w.o. . . . . .Q Q

14. 4. Tokio
+ S. Lareau 6/2 4/6 6/2 2
- L. Roux . . . . .6/4 3/6 1/6 . . . . . . .3 3

21. 4. Monte Carlo
- R. Furlan . . . . . . .6/1 .3/6 6/7 . . . . . . .1 1

5. 5. German Open, Hamburg
+ N. Kiefer . . . . .7/5 .6/2 2
- F. Mantilla 6/7 2/6 3

12. 5. Rom
+ A. Gaudenzi 7/6 6/2 1
+ C. Pioline 6/4 7/5 2
- G. Ivanisevic . . . .6/7 3/6 . . . . .3 3

9. 6. Halle
+ A. Radulescu 6/3 7/6 1
+ H. Dreekmann . .6/3 6/4 2
+ J. Tarango 6/4 6/2 3
- Y. Kafelnikov . . . .3/6 4/6 . . . . .S S

23. 6. Wimbledon
+ M. A. Gorriz 6/3 6/2 6/3 1
+ T. Johansson . . . .6/1 .6/4 6/4 2
+ M. Petchey 6/3 6/3 6/2 3
+ M. Rios 6/2 6/2 7/6 4
- P. Sampras . . . . . .1/6 .7/6 1/6 .4/6 . . .Q Q

14. 7. Stuttgart, Weissenhof
+ K. Alami 7/6 7/6 2
-- A. Costa . . . . .w.o. 3 3

LEGENDE: q = Qualifkation, 1 = 1. Runde, 2 = 2. Runde (usw.), Q = Viertelfinale, S = Semifinale, F = Finale, W = Turniersieg, DC =Daviscup, WC = World Team Cup, WG = Warsteiner GP, TC = Tulip Cup, SC = Sunshine-Cup, EC = Europacup, ++ = kampfloser Sieg (walk over oder ret.), -- kampflose Niederlage (walk over oder ret.), ret.Aufgabe, + = Sieg, - = Niederlage.

Danke!

15 Jahre Boris Becker - einer der spannendsten Sportler-Karrieren unserer Zeit ist dieses Buch gewidmet. Keine leichte Aufgabe, Worte und Bilder zu finden, die das Bild dieser wichtigsten Jahre des deutschen Tennis einigermaßen treffend skizziert. Ob Sportreportage oder Feature, ob Interview oder Kolumne - wir haben jede journalistische Darstellungsform gewählt, um das Phänomen Becker greifen zu können. Sie entscheiden, ob es uns gelungen ist.

Ich möchte an dieser Stelle als Herausgeber vor allem meinen Kollegen danken, die mich bei diesem Vorhaben unterstützt haben, das Buch mit ihrer Feder oder Kamera lebendig und authentisch machten. In den 20 Jahren Tennis-Tour sind sie mir Freunde und liebenswerte Wegbegleiter geworden.

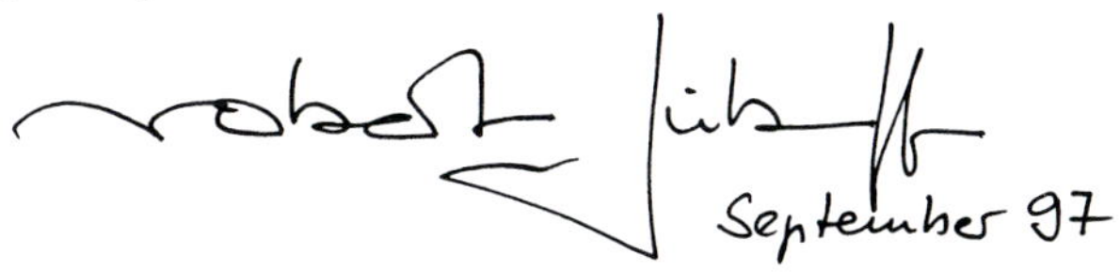

PAUL ZIMMER, 39 - der Fotograf. „Paule", der Mann, dem Boris von Beginn an vertraute. Der Schwabe ist einer der bekanntesten Fotografen der internationalen Tennisszene, hat das größte und beste Archiv von Becker-Bildern. Für Advantage Becker hat er seine „Schatztruhe" geöffnet.

GERHARD WALDHERR, 37 - brillianter Wort-Künstler. „Waldo" war früher Redakteur der Süddeutschen Zeitung, dann Reporter des Sterns. Heute arbeitet der gebürtige Bayer als freier Journalist in New York. Er produzierte für den Stern vier Becker-Titel, machte die meisten großen Interviews mit dem Tennis-Star.

MARKUS BOCKELKAMP, 32 - der News-Jäger. „Bocki" ist Chefreporter der Bild-Zeitung, seit drei Jahren Dauergast im Leben von Boris. Scharfe Recherche, hintergründige Spekulation, Boulevard, wie er sein sollte: informativ und unterhaltend.

DIETER SCHÖN, 57 - der „alte Hase". Dieter ist Chefredakteur der Tennis Revue. Der gebürtige Riesengebirgsler folgt seit über 20 Jahren dem Tennisball. Bestens bekannt auch mit den Eltern Beckers hat Schön die Karriere von Boris vom ersten Ball an begleitet

DAS TITELBILD. Sie kennen dieses Lächeln? Natürlich, der Nutella-Werbespot, der in diesem Jahr für Furore sorgte. Becker-Partner Ferrero hat dieses Becker-Lächeln eingefangen, das den 17jährigen Spitzbuben Boris gleichermaßen charakterisiert wie den bald 30jährigen Weltstar Becker. Kein anderes Bild hätte die Aussage dieses Buches besser tragen können. Mein Dank gilt deshalb vor allem Ferrero-Direktor Christian Greiff, der keine Kosten und Mühen scheute, uns dieses Motiv erarbeiten zu lassen.

Impressum

ISBN 3-328-00771-7

Die Deutsche Bibliothek - CIP-Einheitsaufnahme
Advantage Becker/Robert Lübenoff (Hrsg.).-Berlin: Sportverl., 1997 ISBN 3-328-00771-7

HERAUSGEBER: Robert Lübenoff
AUTOREN: Markus Bockelkamp, Robert Lübenoff, Dieter Schön, Gerhard Waldherr
FOTOGRAFEN: Paul Zimmer (alle), Jürgen Hasenkopf (2), Hans Rauchensteiner (2), Michael Cole (1), Bongarts (1)
STATISTIK: Dieter Schön
GRAPHISCHE GESTALTUNG: Peter Przybylla
UMSCHLAG: Volkmar Schwengle, Buch und Werbung Berlin
TITELFOTO: Ferrero
TECHNISCHE KOORDINATION: Dieter Schön
HERSTELLUNG UND SATZ: Pagina GmbH München
LITHOGRAPHIE: Repro Ring, München
DRUCK UND BINDUNG: Neue Stalling, Oldenburg
REDAKTIONSCHLUSS: 10. September 1997

Printed in Germany
Gedruckt auf alterungsbeständigem Papier mit chlorfrei gebleichtem Zellstoff.